14.3.2013

In Erinnerung an
den (Laufner Aufenthalt)

Daniel Schäfer

Lilly Kron

S. ...

J. ...

Daniel Hagmann/Peter Hellinger
700 Jahre Stadt Laufen

© 1995, Buchverlag Basler Zeitung

Herausgeber: Daniel Hagmann, Basel, und Peter Hellinger, Laufen. Im Auftrag von Einwohnergemeinde Laufen und Laufentaler Museum, Laufen

Redaktion: Daniel Hagmann und Peter Hellinger

Satz, Lithos und Druck: Basler Zeitung, 4002 Basel

Graphische Gestaltung: Hans Bill/Paul Göttin

Photo Umschlagseite: Der Wasserfall in Laufen. Photo Patrik Hänggi, Breitenbach

Signet: Kurt Sigrist, Liesberg

ISBN 3-85815-285-4

Daniel Hagmann/Peter Hellinger
700 Jahre Stadt Laufen

Buchverlag Basler Zeitung

Ein Buch als Denkanstoss

1995 feiert Laufen 700 Jahre Stadtrecht: am 26. Dezember 1295 (nach alter Zeitrechnung 1296) liess der Basler Bischof Peter Reich von Reichenstein eine Urkunde ausstellen, in welcher er den Bürgern von Laufen dieselben Rechte wie den Bürgern von Basel zusprach. Für die kleine Stadt an der Birs ist dies heute Grund genug, nach sieben Jahrhunderten Rückschau zu halten auf die eigene Vergangenheit. Der Museumsverein Laufental veranstaltet deshalb – mit Unterstützung der Stadtgemeinden, des Kantons Basel-Landschaft sowie vieler Privatpersonen und Stiftungen – im Laufentaler Museum in Laufen eine Ausstellung zur Stadtgeschichte. Unter der Leitung der beiden Historiker Daniel Hagmann und Peter Hellinger werden ab August 1995 Dokumente präsentiert, welche Auskunft geben über grosse Ereignisse wie auch über das alltägliche Leben innerhalb der Stadtmauern.

Ermöglicht wurde diese Ausstellung «Documenta 700: Dokumente zur Geschichte der Stadt Laufen 1295–1995» durch die intensiven Forschungen, welche in den letzten Jahren über die Geschichte Laufens stattgefunden haben. Damit deren Resultate über die Ausstellung hinaus einem breiten Publikum zugänglich werden, haben die Ausstellungsleiter im vorliegenden Band die wichtigsten und neusten Forschungsbeiträge zusammengetragen. Die Autoren und Autorinnen dieser Artikel stammen aus verschiedenen Bereichen der Wissenschaft und der Praxis, und entsprechend unterschiedlich ist ihr jeweiliger Blick auf die Geschichte der Stadt Laufen. Nicht immer kommen sie zu denselben Schlüssen, aber alle zeigen sie Fragen auf, geben Denkanstösse und öffnen den Blick für weitere vertiefte Forschungen. Entstanden ist so kein zweites «Laufen-Buch», keine scheinbar abgeschlossene Darstellung – sondern ein anregender Diskussionsbeitrag für eine fruchtbare Auseinandersetzung mit dem, was Laufen war, ist und vielleicht sein wird.

Ich möchte an dieser Stelle im Namen des Museumsvereins Laufental all jenen danken, welche durch ihre Hilfsbereitschaft und ihr Engagement mitgeholfen haben, dass das vorliegende Buch entstehen konnte: den Verantwortlichen in Archiven und Behörden, den Forschern und Forscherinnen, den vielen einzelnen Auskunftspersonen. Gemeinsam bringen sie Leben in die Geschichte der Stadt Laufen.

Robert Kamber
Präsident des Museumsvereins Laufental

Der kleine Unterschied
Was die Stadt zur Stadt macht

Wenn die Bevölkerung von Laufen 1995 die 700jährige Existenz ihrer Stadt feiert, steht ein Dokument im Zentrum der Aufmerksamkeit: der Stadtrechtsbrief von 1295. Doch was steht auf diesem Pergament? Die Urkunde[1] sagt ja nichts aus über die real vorhandene Stadtanlage, über Lebensbedingungen und -weisen der mittelalterlichen Stadtbewohner und -bewohnerinnen. Ebensowenig wie Rom entstand die Stadt Laufen in einem Tag, doch über ihre Anfänge und über ihr Wachstum in den folgenden Jahrhunderten ist nur Oberflächliches bekannt: Jahreszahlen von Schlachten und Kaufverträgen sowie vereinzelte Informationen über den wirtschaftlichen und politischen Erfolg einer kleinen wohlhabenden Elite von Adeligen.

Doch wer sonst wohnte in Laufen? Wie bewältigte die Mehrheit der Stadtbewohner und -bewohnerinnen ihr alltägliches Leben? Offensichtlich wuchs Laufen nie zu einer grossen Stadt heran – aber warum, ist nicht bekannt. Auf dem Papier respektive auf dem Pergament bildete Laufen seit 1295 eine Stadt; wie gross war aber in der alltäglichen Realität der Unterschied zwischen Stadt und ländlicher Umgebung? Bauern, Miststöcke und Kuhställe gab es innerhalb Laufens Mauern genauso wie in Röschenz oder Brislach. Der kleine Unterschied, welcher die Stadt erst zur Stadt macht, liegt nicht im Namen oder im blossen Rechtsanspruch: er muss in der unterschiedlichen politischen Struktur, den unterschiedlichen sozialen und wirtschaftlichen Bedingungen sowie in der unterschiedlichen Mentalität jener Gemeinschaft namens Laufen gesucht werden.

Neue Fragen – neue Erkenntnisse

Ein Interesse an der eigenen Geschichte ist in Laufen selbst durchaus vorhanden: 1986 erschien bereits die zweite Auflage der 1975 veröffentlichten Beitragssammlung «Laufen. Geschichte einer Kleinstadt». Da die Anfänge dieser Veröffentlichung auf 1946 zurückgehen, stand darin allerdings nicht viel Neues. Nur ein Jahr nach der Zweitauflage begann jedoch der Aufbruch – im wörtlichen Sinne. Denn an mehreren Stellen in der Stadt wurden umfangreiche archäologische Grabungen vorgenommen[2]. Systematisch und kompetent durchforschten Fachleute den Untergrund Laufens nach Spuren früherer Besiedlung – und was sie fanden, stellt viele bisherige Vermutungen und Theorien auf den Kopf.

Die Geschichte Laufens muss neu geschrieben werden – das zeigen nicht nur die Ausgrabungen, das belegen auch zahlreiche Studien jüngerer Historiker, welche sich in den letzten Jahren mit dem Gebiet der Stadt und des Tals auseinandersetzten. Nicht nur kann noch viel Neues entdeckt respektive ausgegraben werden, es müssen vor allem *neue Fragen* gestellt werden.

---

[1] *Stadtrechtsbrief von Laufen, 26. Dezember 1295. Städtische Urkunden Nr. 102, Staatsarchiv des Kantons Basel-Stadt*
[2] *Vergleiche dazu den Beitrag Pfrommer in diesem Band.*

Beschränkte Freiheit

Wie entstand die Stadt? Und wie entwickelte sich das Leben hinter den Mauern? Die archäologischen Ausgrabungen beim Amtshaus und auf dem Rathausplatz belegen, dass im 13. Jahrhundert auf dem heutigen Stadtareal bereits gewisse Siedlungsstrukturen vorhanden waren. Wahrscheinlich war dort in der Nähe des Flussübergangs, unter Schutz und Kontrolle der im 12./13. Jahrhundert errichteten Wasserburg (des Herrschaftszentrums), ein neuer Siedlungskern herangewachsen[3]. Die Gründung der Stadt Laufen vollzog sich also – und das ist die erste neue Erkenntnis – nicht im leeren Raum, sondern war vielmehr eine Umstrukturierung bereits bestehender Anlagen. Warum auch sonst hätte die Stadtmauer einen solchen Bogen hinüber zur Wasserburg gemacht, wenn nicht diese bereits vor 1295 dort gestanden wäre? Vielleicht befand sich auch am Standort der späteren Katharinenkapelle bereits ein (sakrales) Gebäude; jedenfalls ist nur schwer zu erklären, weshalb die Kapelle 1364 leicht schräg zur Wehrmauer, am Rand der Stadt, erbaut wurde[4].

Kombiniert man diese archäologischen Befunde mit den Quellenstudien zur fürstbischöflichen Territorialpolitik[5] und zu den effektiven städtischen Rechten[6], ergibt sich ein neues, bescheideneres Bild von den Freiheiten der neuen Stadt. Der Fürstbischof hatte bei seiner Stadtrechtsverleihung keineswegs Dankbarkeit im Sinn, sondern suchte klare strategische und wirtschaftliche Vorteile. Die gewährten Rechte waren denn auch nicht der Anfang der grossen Freiheit, sondern stellten nur bestimmte Privilegien gegenüber den ländlichen Gemeinschaften dar. Über allem wachte nach wie vor die bischöfliche Obrigkeit, der Stadtmeier. Laufen war so in den ersten Jahrhunderten seiner städtischen Existenz vor allem eine Gewerbesiedlung zu Diensten des Fürstbischofs. Den Handlungsspielraum, welchen sich die Stadtgemeinde im Spätmittelalter und zur Zeit der Reformation[7] erwarb, verkleinerten die Fürstbischöfe im 17. und vor allem im 18. Jahrhundert wieder ganz erheblich. Die Freiheit der Stadt – das ist eine weitere wichtige Erkenntnis – existierte nur als relative Freiheit, das heisst im Vergleich mit den Rechten der Dorfgemeinden.

Land und Stadt

Die Siedlung Laufen, welche mit der Urkunde vom 26. Dezember 1295 zur Stadt erhoben wurde, bildete trotz Mauern und Toren lange keine räumliche Einheit. In Wirklichkeit überlagerten sich hier die Rechtsansprüche und Herrschaftsgebiete verschiedener Mächte: zum Beispiel gehörte der Dinghof mitsamt mehreren Dörfern bis 1470 zum Hoheitsgebiet der Freiherren von Ramstein. Die rechtliche Abgrenzung von Stadt und Umgebung, das heisst vor allem von Stadt und Vorstadt, dürfte nur auf dem Papier eindeutig gewesen sein – in der Praxis gab dieses Verhältnis immer wieder Anlass zu Konflikten. Trotz strenger Ein-

[3] Vergleiche dazu den Beitrag Pfrommer in diesem Band.
[4] Vergleiche dazu den Beitrag Bächtold in diesem Band.
[5] Vergleiche dazu den Beitrag W. Meyer in diesem Band.
[6] Vergleiche dazu den Beitrag Hellinger in diesem Band.
[7] Vergleiche dazu den Beitrag Berner in diesem Band.

bürgerungsregelungen[8] wohnten Vorstädter in der Stadt wie auch Städter in der Vorstadt, und die Besitzverhältnisse überschnitten sich immer wieder.

Das Verhältnis von Stadt und Umland lässt sich am ehesten anhand der Beziehungen zwischen den jeweiligen Einwohnern und Einwohnerinnen erfassen. Das Marktrecht und die Privilegien der städtischen Zünfte machten Laufen zum Zentrum und Umschlagsplatz für die gewerbliche und landwirtschaftliche Produktion der ländlichen Gemeinden. Und bis ins ausgehende 18. Jahrhundert wachte der Pfarrer der St. Martinspfarrei in Laufen auch über die Gläubigen in Dittingen, Röschenz, Wahlen, Brislach und Zwingen. Von ihrer Sozial- und Berufsstruktur her unterschieden sich Stadt Laufen und Umland nur wenig; ein städtisches Bewusstsein wird hingegen in der ständischen Abgrenzung der Kleidung (Trachten) deutlich[9]. So grenzten sich Stadtburger und Stadtburgerinnen kulturell ab vom ländlich-bäuerlichen Milieu der Dorfbewohner und -bewohnerinnen, genau so wie die städtische Wirtschaft im Austausch mit der dörflichen ihre Vorrangsstellung zu bewahren wusste.

Diese Zentrumsfunktion Laufens blieb erhalten bis heute – obwohl inzwischen Industrialisierung und Bevölkerungswanderung[10] den Grössenunterschied zwischen Stadt und Dorf stark verringert haben. Umso stärker tritt hervor, dass die Stadt an sich nicht existiert. Erst die Abgrenzung gegen das umliegende Land, die ungleichgewichtigen Beziehungen zwischen Laufen und den übrigen Gemeinden, machen die Stadt zur Stadt.

Kein Ende in Sicht

Die Geschichte der Stadt Laufen ist unendlich und unbekannt; auch die hier vorliegenden Beiträge vermögen nur Ausschnitte daraus zu erhellen. Darüber hinaus machen sie aber auch deutlich, dass Geschichte gar nie abschliessend begriffen und beschrieben werden kann. Das liegt nicht nur an der Menge von Informationen und Daten, die es herauszufinden gilt, an der Vielfalt von Themen und Ereignissen, welche Gegenstand des historischen Interesses sein können. Geschichte, oder besser: was von späteren Generationen als Geschichte beschrieben wird, ist immer ein Prozess der Erinnerung und der Interpretation. Deshalb können durchaus verschiedene Geschichten nebeneinander erzählt werden, ohne dass die eine oder andere wahrer wäre.

Geschichte beziehungsweise Geschichtsschreibung ist aber nicht beliebig, sondern beruht auf kritischer Arbeit, auf Fragen, Vergleichen, Überprüfungen. Darin liegt nun doch ein bedauerlicher Nachteil etlicher lokalhistorischer Beiträge, gerade zur Geschichte der Stadt Laufen. Wenn nämlich Vermutungen und Schlussfolgerungen als Tatsachen hingestellt und ohne Belege veröffentlicht werden, wird eher einer Legendenbildung Vorschub geleistet denn einer ehrlichen Auseinandersetzung mit der eigenen Vergangenheit. Die Herausgeber hoffen, dass die

[8] *Vergleiche dazu den Beitrag A. Meyer in diesem Band.*
[9] *Vergleiche dazu den Beitrag Hagmann in diesem Band.*
[10] *Vergleiche dazu den Beitrag Gallusser in diesem Band.*

vorliegende Publikation das Gegenteil bewirkt, dass sie nämlich das Interesse an neuen Fragen an die Geschichte der Stadt Laufen weckt.

Dieses Buch und die Ausstellung «Documenta 700: Dokumente zur Geschichte der Stadt Laufen 1295–1995» sind nicht die einzigen aktuellen Beiträge zur Stadtgeschichte. Im Jahr 1996 wird eine Publikation des Archäologischen Dienstes des Kantons Bern erscheinen, worin die Ergebnisse der Grabungen in Laufen ausführlich dargestellt werden sollen. Und seit Frühjahr 1995 arbeitet Anna Fridrich aus Basel in der Forschungsstelle Baselbieter Geschichte an einem Forschungsprojekt zur Geschichte der Stadt Laufen im Mittelalter und Ancien Régime. Im selben Rahmen erforscht Daniel Hagmann aus Basel Grenzveränderungen und Identitätsbewusstsein im Bezirk Laufen (19. und 20. Jahrhundert). Noch lange über das Jubiläumsjahr 1995 hinaus wird also die Geschichte Laufens und seiner Umgebung neu geschrieben werden.

Daniel Hagmann / Peter Hellinger

700 Jahre Laufen
Eine erzählte Chronik der Kleinstadt

Gegen Ende des 13. Jahrhunderts kehrten im heiligen römischen Reich deutscher Nation, zu dem auch das Fürstbistum Basel gehörte, ruhigere Zeiten ein. Vorher, während der kaiserlosen Zeit des Interregnums, war auch unsere Region von hartem Zwist zwischen den Feudalherren nicht verschont geblieben: Bischof Heinrich von Neuenburg lag im Streit mit Rudolph dem III. von Habsburg, Basel wurde 1273 belagert, der Jura geplündert, das Kloster Moutier-Grandval brannte; andererseits erwarb Bischof Heinrich Soyhières, die Ajoie und die Löwenburg. Viele damalige Bischöfe waren vor allem Fürsten, selten in der Mitra, oft in Rüstung oder Jagdkleidung. Bischof Humbert von Neuenburg trug nie ein geistliches Gewand.

Zeitalter der Städtegründungen

Da nun in diesen Kämpfen die Bedeutung der Städte als feste Plätze, Rekrutierungsmöglichkeit für Truppen und Steuerquelle stets wuchs, gründeten auch die Fürstbischöfe von Basel neue Städte: 1273 erhielt Basel städtische Rechte, 1275 Biel dieselben wie Basel, 1283 Pruntrut die gleichen wie Kolmar. 1289 gründete Peter Reich von Reichenstein Delsberg, 1295 erhielt Laufen dieselben Rechte wie Basel, wurde also Stadt. 1312 wurde Neuenstadt gegründet.

Wie viele neugegründete Städtchen erlebte Laufen einen raschen Aufschwung mit Handwerkerstand und Kaufleuten, blieb aber bis ins letzte Jahrhundert ein Bauernstädtchen. In einer Zeit, wo viele Ritter verarmten, war Laufen eine gute Geldanlage für die Bischöfe. Es wurde auch verschiedentlich verpfändet, meist an reiche Bürgerfamilien aus Basel, denen der Bischof Geld schuldete.

Vom festen Platz der Städte aus führten die Bischöfe auch den Kampf gegen jene verarmten Ritter, die als Räuber den Handel durch ständige Überfälle unsicher machten; so zerstörte der Bischof 1409 Neuenstein bei Wahlen, Blauenstein sowie Istein ob Basel und Fürstenstein bei Eptingen. Ebenso wichtig als militärische Basis mag Laufen gewesen sein, als der Bischof Friedrich zu Rhein (1437–51) im Kampf gegen die mit den Armagnaken verbündeten Habsburger und deren Freunde auf Thierstein, der Landskron und Falkenstein stand. Auch im Kampf der Eidgenossen gegen den burgundischen Herzog Karl den Kühnen machten Laufner mit, unter den 500 bischöflichen Streitern bei Murten befanden sich etwa ein Bernhard Riz, Uli Weber, Jakob Imhof, Andrees Scherrer, Bernhard Kellerhals und Konrad Rem.

Unter bischöflicher Verwaltung

Ausser kriegerischen Ereignissen und Verpfändungen erfährt man sehr wenig über die Schicksale des Städtchens Laufen, das man sich als kleinen, befestigten Platz mit Bauern sowie Handwerkern, regiert vom Dienstadel des Bischofs, vorstellen muss. Am «Lauffen», dem Wasserfall, der dem Städtchen den Namen gab, wurde wohl Zoll eingezogen von den Flössern und Schiffern, die umladen mussten und allenfalls hier übernachteten. Wurstisen schreibt in seiner Chronik: «Lauffen hat den Namen von der Cataracta oder Wasserfall, welcher die Birs daselbst, oberhalb der Brücke über die Felsen herab tut; er ist, obwohl nit hoch, den Holzflössern sorglich. Denn ihnen bestecken bisweilen, wo sie nicht behutsamlich fahren, die Flösse darinnen, dass diese mit Arbeit kaum wieder herauszubringen sind.» Von den reisenden Kaufleuten, die hinter sicheren Mauern die Nacht zubrachten, wurde ein Weggeld verlangt, von den Marktfahrern ein Standgeld.

Regiert wurde das Städtchen von einem fürstbischöflichen Beamten, dem Stadtmeier, meist einem Vertreter des niederen Adels. Ihm zur Seite stand ein Rat aus freien Bürgern. Daneben gab es unfreie Handwerksgesellen, Knechte und Mägde, die alle nicht frei heiraten durften. Zuunterst standen Bettler, Fahrende, Aussätzige. Die Stadtverwaltung durfte Steuern einziehen, einen Teil davon musste sie aber für den Unterhalt der Wehranlagen ausgeben. Bei diesen Steuern handelte es sich meist um indirekte Abgaben, so zum Beispiel den «Bös Pfennig» auf jede Mass Wein, die Salzsteuer, Abgaben für die Benutzung von Mühle und Ölpresse, Brückengelder. Daneben gab es direkte Steuern wie den Zehnten, Erbschaftssteuern, Landzinsen. Öffentliche Bauten, die Geld kosteten, waren nebst Wehranlagen und Graben das Rathaus mit Kerker, Pranger und Trülle (für Holzfrevler), das Schlachthaus mit Wachtlokal und die Brücke.

Die Vorstädter aber standen immer unter der Verwaltung des Vogtes in Zwingen. Zusammen mit Dörfern wie Brislach, Röschenz, Dittingen, Blauen und Nenzlingen gehörten sie mit Gebiet, Holz und Feld, Wein und Weid, Wasser, Fischrechten und Jagdrecht, Mühlen und Wirtschaftsrechten zur Vogtei Zwingen, wo sie auch vor Gericht mussten. Die Städter wurden vom Stadtmeier verurteilt und hatten einen eigenen Galgen oberhalb der Lochbrugg.

Die Geschichte des Laufentals im Mittelalter ist voll von Fehden und Machtwechseln, in denen zwischen dem Bischof und dem Adel der Region um Lehensleute mit ihren Höfen und um einträgliche Rechte wie Brückenzölle, Jagdrechte, Trottengelder gerungen wurde.

Reformation und Rekatholisierung

Mit der Erfindung des Buchdrucks wurde das Lesen für Bürger erschwinglich, mit Flugblättern konnte man Politik betreiben.

Von Helias Helye, einem als Chorherr in Beromünster lebenden Laufner Bürger, wurde übrigens 1470 das erste in der damaligen Eidgenossenschaft gedruckte Buch herausgegeben. Stolz schreibt er am Ende, es sei dies ein Erstling in der Kunst des Druckens ohne Anwendung der Schreibfeder. Nur mit Hilfe von Gedrucktem war die zunehmende Kritik an den Missständen in der Kirche möglich, die schliesslich zur Massenbewegung der Reformation wuchs.

Von der durch Luther und Zwingli verkündeten «Freyheit des Christenmenschen» wurden auch die Laufentaler angesteckt. Am 5. Mai 1525 verlangten sie vom Bischof in Reinach freie Jagd und Fischfang, Abschaffung der Frondienste und Aufhebung drückender kirchlicher und weltlicher Abgaben. Gegen den Willen des Bischofs nahm die reformierte Stadt Basel am 27. September 1525 «stettlin und ambt Lauffen» unter Schutz und Schirm, gewährte ihnen also ein Burgrecht, wohl in der Hoffnung, sie wie das Birseck schliesslich als Untertanen dem Bischof abspenstig zu machen.

Im gleichen Jahr wurde in Laufen der erste evangelische Geistliche gewählt. Gegen den Widerstand des Meiers beschlossen die Bürger eigenmächtig, die «Getzen heruss zu tund», das heisst die Heiligenbilder zu entfernen, den Gottesdienst deutsch zu halten, Beicht und Ablassgeschäft abzuschaffen. Bis 1540 hatten sich die Neugläubigen durchgesetzt und in Basel erhielt das «fänly von Louffen» einen Ehrenplatz neben dem der Stadt. Als 1547 der Bischof in finanziellen Nöten der Stadt Basel um 16 000 Gulden Birseck, Laufen und anderes verpfändete, schien auch das Ende der weltlichen Herrschaft des Bischofs in Laufen gekommen, nachdem die geistliche Gewalt durch die Reformation schon geschwächt war. Der Bischof war bereits 1527 aus Basel an die damals spanische Grenze nach Pruntrut geflohen, das bis zum Ende des Bistums 1792 neue Hauptstadt blieb. Um ein Haar wäre Laufen damals zu Basel und damit zur Eidgenossenschaft gekommen.

Aber als 1575 der 33jährige Jakob Blarer von Wartensee zum Bischof gewählt wurde, machte er sich energisch daran, seine Diözese nach den Vorschriften des Konzils von Trient zu reformieren, die Finanzen ins Lot zu bringen und das Laufental zum alten Glauben zurückzuführen. Ein Bündnis mit den katholischen Orten der Eidgenossenschaft 1580 gab ihm den nötigen Rückhalt gegenüber der Stadt Basel. Es gelang ihm, 1585 Basel praktisch zum Verzicht auf das Burgrecht mit Laufen zu zwingen, da der Stadt, die von katholischen Gebieten umgeben war, die Hände gebunden waren, und da sie sich in der Eidgenossenschaft neutral zu verhalten hatte, also nicht mit Hilfe von Zürich und Bern rechnen konnte.

1588 sandte Blarer den Jesuitenpater Jodocus Ittäus nach Laufen, und er setzte die volksnahen Kapuziner ein, um die Leute wieder zur Messe und zur Beichte zurückzubringen. Die Benutzung des Friedhofs St. Martin, der dem Bischof gehörte, wurde den Evangelischen verboten und ein katholischer Schulmeister angestellt. Eine 1592 errichtete fürstbischöfliche Druckerei in Pruntrut unterstützte die Bekehrungsarbeit. Bis zum Tode Bischof Blarers 1608 war der Widerstand der Evangelischen weitgehend gebrochen, 1611 wurde die Katharinenkapelle in der Stadt wieder katholisch geweiht.

Kriegerisches 17. Jahrhundert

Als Anfang des 17. Jahrhunderts im deutschen Reich der 30jährige Krieg zwischen Protestanten und Katholiken ausbrach, hatte der Fürstbischof als deutscher Reichsfürst auf der Seite des katholischen Kaisers mitzumachen. Vor die Wahl gestellt, entweder monatlich 4000 Gulden Kriegssteuer zu bezahlen oder drei Kompagnien zu stellen, entschieden sich die Landstände (das vom Bischof zusammengerufene Parlament), denen auch je ein Vertreter aus Stadt und Amt Laufen angehörte, 1629 in Pruntrut für das kleinere Übel: die Kriegssteuer. Diese obrigkeitlichen Forderungen führten aber in den folgenden Jahren oft zu Rebellion und Widerstand gegen Pruntrut. Ab 1634 wurde es schlimmer, die Kriegshandlungen und damit Flüchtlinge, fremde Truppen und die von ihnen verbreitete Pest kamen ins Laufental. So mussten Franzosen und später Schweden, die auf protestantischer Seite gegen die Kaiserlichen kämpften, im Städtchen einquartiert werden. Wenn Kaiserliche aus dem eigenen Lager zu beherbergen waren, kosteten sie auch nicht viel weniger.

Mehr als die Hälfte der Bewohner war mit ihrer Habe um 1644 in die benachbarte und neutrale Eidgenossenschaft nach Breitenbach oder Bärschwil geflohen. Allein für die Truppen des schwedischen Kommandanten Bernhard von Weimar musste Laufen nebst Getreide 12 Pferde, 59 Stück Vieh und 600 Fuder Heu abliefern. Dazu kamen verbrannte Häuser, verlorene Fuhrwerke und die profanierte Pfarrkirche St. Martin, deren Glocken zu Munition umgegossen wurden. Von 3000 Soldaten des Bischofs in kaiserlichen Diensten kamen nur wenige Hunderte zurück. Auch als mit dem Westfälischen Frieden 1648 der Krieg zu Ende war, fand das Laufental als Teil des deutschen Kaiserreichs keine Ruhe: in den langen Kriegen des Kaisers mit Frankreich (1672–79 und 1690–91) musste es immer wieder fremde und eigene Truppen erdulden.

Trotzdem erholte sich das Städtchen nach dem Dreissigjährigen Krieg offenbar recht schnell, der Wiederaufbau brachte einen gewissen Wohlstand. 1672 liess Johann Franz von Roggenbach, Vogt in Zwingen, ein städtisches Wohnhaus mit freskengeschmücktem Festsaal (heute Stadthaus) errichten, und 1699 wurde die neuerbaute barocke Katharinenkirche am andern Ende der Stadt geweiht.

Widerstand gegen die fürstbischöfliche Herrschaft

Wie überall in Europa begann etwa um 1700 die Zeit der absoluten Fürstenherrschaft oder der Beginn des modernen Staates. Von vielem profitierten auch die Laufner: Herausgabe einer soliden Währung, Gründung eines Seminars in Pruntrut, Massnahmen gegen Bettel, Armenfürsorge, Abschaffung von Folter und Galeerenstrafe, strenger Schutz der Wälder vor Abholzung. Vieles aber drückte den Bürger: vor allem eine Verschärfung der Steuern, mit denen die Kosten der langen Kriege bezahlt werden mussten, und der Ersatz von selber gewählten Dorfvorstehern oder niederen Richtern durch zentral ausgebildete Fachleute und Beamte. Speziell verhasst war das Verbot zu jagen und zu fischen, was ein Vorrecht der Herren war. Die Bischöfe, die damals immer deutschsprachige Adelige waren, lebten wie ihre Vorbilder in Versailles.

Gegen die zentralistische neue Landesordnung von 1726 begann bald überall Widerstand, die Troublen. Auch Rat und Burger von Laufen wandten sich ohne Erfolg gegen die Beschneidung ihrer Rechte und Einnahmen und gegen die hohen Holzpreise. Vor allem in der Ajoie unter Pierre Péquinat, aber auch im Laufental unter Hans Tschäni kam es zu offenem Widerstand, worauf der Fürstbischof 1739 französische Truppen zur Niederschlagung des Aufstandes einmarschieren liess. Pierre Péquignat wurde geviertelt, 2 andere Rädelsführer geköpft, Hans Tschäni knapp vor der Hinrichtung begnadigt und zu lebenslangem Verweilen in Dittingen verurteilt. 21 weitere Beteiligte aus dem Laufental wurden bestraft. Erst 1782 erhielten die Laufner die Waffen zurück, die sie 1740 hatten abliefern müssen.

Laufen war 1770 mit 791 Einwohnern noch weitgehend ein Bauernstädtchen, mit wenigen Handwerkern und Gewerblern, von denen die meisten noch vom Ertrag einiger Haustiere und der Gärten lebten. Es gab Zünfte der Schreiner, Glaser und Schlosser, der Schuhmacher, der Gerber, Strumpfstricker sowie der Schneider und Leinenweber, die mit strengen Regeln die ländliche Konkurrenz ausschalteten und für gleiche Qualität sorgten. Die Nahrung war einfach: Brot, Breie, Mehlspeisen, Hülsenfrüchte, getrocknete Äpfel und Birnen, Kabis, wenig Fleisch, Kartoffeln (ab 1750), Kaffee (etwa ab 1816).

Ein neuer Staat

Nach Ausbruch der Französischen Revolution in Paris 1789 sprangen revolutionäre Gedanken auch ins Bistum über, obwohl Pruntrut vom Kaiser 400 Fussoldaten, 40 Artilleristen und 30 Kavalleristen zu deren Unterdrückung erhielt. Nach der französischen Kriegserklärung ans Reich am 20. April 1792, nachdem die französische Königin Marie Antoinette samt ihrem Gatten hingerichtet worden war, marschierten die Franzosen praktisch kampflos im Bistum ein. Der letzte Bischof, Johann Sigismund von Roggenbach, floh nach Biel und später nach Konstanz, wo er begraben wurde. Unterdessen erklärte eine Nationalversammlung von Revolutionären in Pruntrut, dass der Fürstbischof Roggenbach abgesetzt sei. Auch in Laufen wurde ein Freiheitsbaum aufgepflanzt, Pranger und Galgen wurden zerstört, ebenso das Kloster Lucelle.

Am 19. Dezember 1792 wurden die Freie Raurachische Republik und die Menschenrechte ausgerufen, es gab keine Adelstitel mehr, jeder war Bürger. Knapp 3 Monate lang war Laufen Teil dieser freien Republik, dann beschlossen am 7. März 1793 die eben gewählten Abgeordneten unter französischem Druck den Anschluss an Frankreich. Das jahrhundertealte jurassische Staatswesen wurde als 84. Département du Mont-Terrible Teil der französischen Republik, bestehend aus den Bezirken Pruntrut und Delsberg. Innerhalb des letzteren war Laufen ein «Canton», die Kantonshauptstadt Laufen zählte 924 Einwohner. Die Gemeinden Laufen-Stadt und Vorstadt mussten in eine Municipalität unter dem Maire Johann Conrad Feninger verschmolzen werden.

Der Revolutionskalender mit 10tägigen Wochen und Monaten wie brumaire und fructidor wurde eingeführt, die alten Masse wie Sester, Sack und Quadratschuh durch das metrische System ersetzt. Die Zivilehe mit der Möglichkeit der Scheidung und die Vorschrift, dass die Priester den Eid auf die neue Verfassung leisten mussten, führten zur Flucht vieler Priester in die Eidgenossenschaft. Der Boden, der vorher weitgehend dem Adel des bischöflichen Hofes gehört hatte, konnte von den Bürgern oder den Gemeinden erworben werden. Das verwaiste Pfarrhaus wurde Schulhaus, die Volksschule obligatorisch. Trotz vieler Fortschritte auf dem Weg zu einem modernen Staat war das strenge Revolutionsregime unbeliebt, denn es war kirchenfeindlich, verlangte mehr und mehr Soldaten für die Kriege Napoleons gegen das alte Europa und harte Steuern, um diese zu finanzieren.

Nach den Niederlagen Napoleons in Russland und Leipzig marschierte ein Teil der 200 000 Alliierten auch via Laufental nach Frankreich. Das Bistum wurde von den Siegermächten Österreich, Russland, Preussen und England dem Generalgouverneur Baron Conrad Friedrich von Andlau zur Verwaltung übergeben. Dieselben Mächte übergaben mit Beschluss des Wiener Kongresses vom 20. März 1815 das ehemalige Bistum der Eidgenossenschaft. Die Gründe, weshalb das Laufental nicht wie die andere deutschsprachige Vogtei Birseck zum Staat Basel kam, sind nicht klar: Wahrscheinlich wusste der Unterhändler Baron de Billieux in Wien gar nicht, dass man im Laufental deutsch sprach, oder Basel wünschte nach den schlechten Erfahrungen mit durchziehenden Heeren das militärisch starke Bern möglichst in der Nähe.

Auseinandersetzungen um die Staatsform

Wie überall in Europa in der Zeit der Restauration versuchten auch die gnädigen Herren Berns das Rad der Zeit zurückzudrehen, die Bürgergemeinden Laufen-Stadt und Vorstadt entstanden wieder, die Gewerbefreiheit und die bürgerlichen Rechte verschwanden. Erst nach der kantonsweiten Volksbewegung der Liberalen erhielt Bern eine moderne Verfassung und Menschenrechte: in Laufen stimmten 1831 51 Bürger für die neue Verfassung, 2 dagegen. Im Jura gab es bei dieser ersten Abstimmung 6905 ja und 894 nein, was auch als nachträgliche Zustimmung zum Anschluss an die Eidgenossenschaft und an Bern gedeutet werden kann.

Dem Sieg der Liberalen und der Radikalen (1846) im Kanton verdankt Laufen die Schaffung eines eigenen Amtsbezirks, er führte aber auch mehr und mehr, wie im benachbarten Baselbiet, im Aargau und Solothurn, zu Spannungen mit der konservativen katholischen Kirche: zum Kulturkampf. Die Kirche wehrte sich gegen die Zivilehe, die Scheidung, gegen gemischte Schulklassen und die Mitbestimmung des Staates bei der Wahl von Bischöfen und Priestern.

Seit 1815 hatte sie im Jura 20 religiöse Feiertage wieder eingeführt, 1867 strich der Grosse Rat 13 davon. Als am Konzil in Rom 1870 der Papst für unfehlbar erklärt wurde, spitzte sich die Lage dramatisch zu, Bischof Lachat entliess Priester, die diese Erklärung nicht unterstützten, worauf ihn die Kantone der Nordwestschweiz 1873 absetzten. Bern erklärte die zivile Trauung für obligatorisch und 69 Priester wurden entlassen, weil sie den Entscheid der Diözesankonferenz betreffend die Absetzung des Bischofs nicht akzeptierten.

1874 wurde ein neues Kirchengesetz eingeführt, das die eben erst im Widerstand gegen Rom entstandene altkatholische Kirche zur Staatskirche machte, und die periodische Wahl der Pfarrer durch die Gemeinde vorschrieb. In Laufen erhielten die Altkatholiken die Katharinenkirche. Am 31. Oktober 1875 wurde im Kanton Bern ein Gesetz angenommen, das den Gottesdienst im Freien und in Scheunen verbot. Dort hielten nämlich notgedrungen diejenigen Priester Messen, die auf Seiten des abgesetzten Bischofs standen. Mit dem Einsatz von Militär suchte Bern im Jura seine Ordnung durchzusetzen, ab 1878 trat eine gewisse Beruhigung des Kulturkampfes ein, der Bischof konnte nun zwar einen Pfarrer vorschlagen, die Gemeinde aber wählte ihn. 1914 wurde die Herz-Jesu-Kirche als neue römisch-katholische Kirche geweiht, vorher mussten die Römisch-Katholischen ihre Gottesdienste in einer Baracke an der Baselstrasse durchführen.

Aufbruch ins 20. Jahrhundert

Eine andere Folge der entstehenden modernen Staatsordnung war die Sprengung der Zunftfesseln und die industrielle Entwicklung. Mit der Eröffnung der Bahnlinie Delsberg–Basel hatte Laufen Anschluss an die Märkte: 1887 wurde die Zementfabrik, 1892 die Tonwarenfabrik Laufen gegründet. Eine Papierfabrik, eine Pfeifenfabrik, eine Korkwarenfabrik, eine Mühle sowie eine Hefe- und Teigwarenfabrik folgten. Die Steinhauerei erlebte ab 1880 einen gewaltigen Aufschwung. 1925 wurde die AG für Keramische Industrie gegründet und bis heute zu einer weltweit tätigen Holding ausgebaut; 1927 wurde die Aluminiumfabrik am Standort der vormaligen Portlandzementfabrik errichtet.

1865 kam der Telegraf, 1892 das Telefon nach Laufen. Die Tage, wo arme Laufner mit Gemeindegeld nach Amerika abgeschoben wurden, und wo der Feldmauser mehr als der Gemeindeschreiber verdiente, waren gezählt, die Bevölkerung und der Wohlstand wuchsen stark. Trotzdem war die Arbeit in der Fabrik kein Honigschlecken: keine Ferien, Arbeitstage bis zu 14 Stunden, keine Kranken- und Unfallversicherung. Aus den Dörfern kamen viele zu Fuss, später per Velo zur Arbeit, die karge Mittagsration im Rucksäckli. Sogar die Grenzbesetzungen 1866, 1870/71 und 1914–18 brachten dem Garnisonsstädtchen einen gewissen Aufschwung (22 Wirtschaften). Die jüngste Erfolgsgeschichte ist der Aufstieg der Ricola von einem Einmannbetrieb zur weltweit exportierenden Firma innert drei Generationen.

Neben dem im 20. Jahrhundert erkämpften Anstieg der sozialen Wohlfahrt ist der damit gleichlaufende Ausbau der Dienstleistungen beeindruckend. Immer mehr Kinder besuchten die seit 1837 bestehende Sekundarschule, ab 1969 das regionale Gymnasium. 1954 konnte das neue Spital bezogen und das alte, von Josef Feninger 1869 im heutigen Stadthaus am Vorstadtplatz gestiftete verlassen werden. 1971 wurde das Altersheim eröffnet. Schwimmbad (1965) und Eishalle (1994) sind weitere Beispiele für die Bedeutung Laufens als regionalem Zentrum, nebst den Banken und Einkaufszentren.

Zusammen mit dem Tal machte Laufen am 1. Januar 1994 noch einmal Geschichte, als es zum Kanton Basel-Landschaft übertrat, ein in der Schweizer Geschichte der letzten 200 Jahre einmaliger Vorgang für einen Bezirk. Er war möglich geworden durch die Ablösung des Nordjuras von Bern, die das Laufental zur Exklave machte. Gemäss Zusatz zur bernischen Staatsverfassung erhielt der Bezirk Laufen die Möglichkeit, sich für den Anschluss an einen Nachbarkanton zu entscheiden oder aber im Kanton Bern zu bleiben. In Laufen selber gab es nie eine Mehrheit für den Kantonswechsel, der Bezirk aber entschied sich in der Jahrhundertabstimmung 1989 bei einer Stimmbeteiligung von 93,6 Prozent mit 51,7 Prozent der Stimmen knapp dafür. Kirchlich gesehen allerdings gehört das Städtchen weiterhin zum Bistum Basel.

Peter Bossart

Spielball der Mächte
Bischöfliche Territorialpolitik und Stadtgründung

Die Stadt Laufen ist um 1295 an der Stelle eines alten Herrschaftszentrums entstanden – die Gründung hätte aber auch fehlschlagen können. Laufens Geschichte spielte sich nicht als stetige, linear nach oben führende Entwicklung ab. Einige Aspekte, welche das Schicksal der Stadt im Mittelalter geprägt haben, sollen deshalb im nachfolgenden Aufsatz vorgestellt werden[1].

Unter einer Stadtgründung im Mittelalter hat man sich keine Besetzung oder Überbauung unbesiedelten und herrenlosen Landes vorzustellen, kein Herauswachsen aus wilder Wurzel, sondern die Neuorganisation eines bereits bestehenden Wirtschafts- und Siedlungsraumes. Dabei ist die Konzentration einer vorher in Dörfern und Höfen zerstreut lebenden Bevölkerung auf einen engen, befestigten, mit Sonderrechten ausgestatteten Platz (die Stadt) das auffälligste Merkmal dieses oft über eine längere Zeit verteilten Vorganges.

Dorf und Dinghof

Hinter der Gründung einer Stadt stand stets ein herrschaftspolitischer Wille, der durch wirtschaftliche, verkehrstechnische, demographische und territoriale Überlegungen bestimmt wurde. Über die Wahl des Standortes entschieden bestehende Herrschaftszentren wie Burgen und Dinghöfe, Verkehrsrouten, Voraussetzungen für Gewerbeanlagen, nicht unbedingt in erster Priorität auch der durch die natürliche Topographie vorgegebene Verteidigungswert des Platzes.

Urkundlich wird der Ort Laufen erstmals 1141 erwähnt. Damals trat das Schwarzwaldkloster St. Blasien den Dinghof (lateinisch curtis) Laufen zusammen mit den Höfen von Sierenz, Oltingen und Villnachern an den Bischof von Basel als Abgeltung für dessen Verzicht auf die Vogteirechte über das Kloster ab. Die Bischöfe waren im 12. Jahrhundert territorialpolitisch allerdings mehr am Breisgau als am Jura interessiert, doch wurden sie bis gegen 1200 aus ihrer rechtsrheinischen Machtstellung durch die Zähringer verdrängt[2].

Um den Dinghof Laufen, der bei der Kirche St. Martin lag, bildete sich ein urkundlich erstmals 1195/96 genanntes Dorf[3]. Städtischer Charakter ist für Laufen erstmals für das Jahr 1295 bezeugt, als Bischof Peter Reich von Reichenstein den Bürgern von Laufen die gleichen Rechte zubilligte, wie sie bereits die Bürger von Basel genossen. Die Ausstellung dieser Urkunde bildete den vorläufigen Abschluss eines Entstehungsprozesses, der nur aus der bischöflichen Territorialpolitik des 13. Jahrhunderts heraus verstanden werden kann[4].

---

[1] *Ausgeklammert bleiben aus der Darstellung die gewerblich-wirtschaftlichen Verhältnisse, die Sozialstrukturen und die Aspekte des Alltagslebens in der Stadt. Vergleiche zu diesen Fragen die Beiträge Pfrommer, Karg und Descœudres in diesem Band.*
[2] *Vergleiche zum Rechtsstreit zwischen dem Bischof und St. Blasien Merz, Walter: Schloss Zwingen im Birstal, Aarau 1923, p. 2ff. und Büttner, Heinrich: St. Blasien und das Bistum Basel im 11./12. Jahrhundert, in: Zeitschrift für schweizerische Kirchengeschichte 44, 1950, p. 138ff.*
[3] *Vergleiche Urkunde Nummer 281 in Trouillat, J. (Hg.): Monuments de l'ancien Evêché de Bâle, Porrentruy 1852–67 und Merz 1923, p. 76, Anmerkung 22.*
[4] *Original der Urkunde vom 26. Dezember 1295: Staatsarchiv Basel, Städtische Urkunden Nr. 102. Druck: Urkunde Nummer 497 in Trouillat 1852–67*

Griff nach dem Jura

Mit dem Zusammenbruch der bischöflichen Machtstellung rechts des Rheines im Breisgau und Schwarzwald wuchs in der 2. Hälfte des 12. Jahrhunderts das herrschaftspolitische Interesse der Bischöfe am Jura, zunächst vor allem im Bereich der alten Güterkomplexe von Moutier-Grandval und St-Ursanne. Zwischen dem Delsberger Tal und dem Nordrand des Jura stiessen die bischöflichen Pläne zunehmend auf den Widerstand der Grafen von Pfirt, die sich im Sornetal schon um 1150 festgesetzt hatten und hier gegen Ende des 12. Jahrhunderts erbweise in die Rechte des Hauses Saugern-Pfeffingen eingetreten waren. Diese umfassten ausser der Lehensgewalt über einige Burgen vor allem die gräflichen Befugnisse in dem geographisch nur ungenau definierten, vorwiegend auf das Delsberger Becken konzentrierten Sornegau. Die Auseinandersetzung zwischen den Bischöfen und den Pfirter Grafen endete um 1234 mit einem Vergleich, der im wesentlichen den besitzmässigen Status quo bestätigte.

In der Zwischenzeit hatten die Bischöfe ihre territorialpolitischen Vorstösse in den Breisgau und Schwarzwald wieder aufgenommen. Voraussetzung bot das Aussterben des Hauses Zähringen im Jahre 1218, das rechts des Rheines vorübergehend ein Machtvakuum hinterliess. Bischof Heinrich von Thun entwickelte ein grossräumiges Expansionsprogramm, das vom Bau der Rheinbrücke und der Gründung der Stadt Kleinbasel seinen Ausgang nehmen und schliesslich den südwestlichen Schwarzwald mit der Klosterherrschaft St. Blasien einbeziehen sollte.

Diese von Burgengründungen begleiteten Anstrengungen lenkten um die Mitte des 13. Jahrhunderts die Aufmerksamkeit der Bischöfe vom Jura vorübergehend ab. Für Laufen wirkte sich das etwa darin aus, dass 1265 Bischof Heinrich von Neuenburg die Patronatsrechte über die Martinskirche von Laufen dem Domkapitel tauschweise gegen die gleichen Rechte über die Kleinbasler Pfarrkirche St. Theodor abtrat, da er danach trachtete, möglichst viele Güter und Rechte rechts des Rheines seiner eigenen Verfügungsgewalt zu unterstellen[5].

Des Bischofs Expansionsdrang im Breisgau und Schwarzwald weckte die Feindschaft des Hauses Habsburg, das am rechtsrheinischen Raum gleiches Interesse bekundete wie der Basler Bischof. Gegen 1270 kam es zwischen Bischof Heinrich und dem Grafen Rudolf von Habsburg, dem nachmaligen König, zu einem jahrelangen, wechselvollen Krieg, der die Hoffnungen des Bischofs, im Breisgau und Schwarzwald eine Territorialherrschaft aufzurichten, ein zweites Mal – und diesmal für immer – zunichte machte. In dieser Auseinandersetzung hatte der Bischof seine Machtstellung im Jura gestärkt, um seine Ressourcen für die Kriegführung zu stärken. Nach der an eine bischöfliche Niederlage grenzenden Beilegung des Konfliktes infolge der Wahl Rudolfs zum König im Jahre 1273 konnte diese Ausbreitung der Macht im Birstal die Grundlage für eine flächendeckende Territorialpolitik im Jura bilden.

[5] Vergleiche Urkunde Nummer 114 in Trouillat 1852–67.

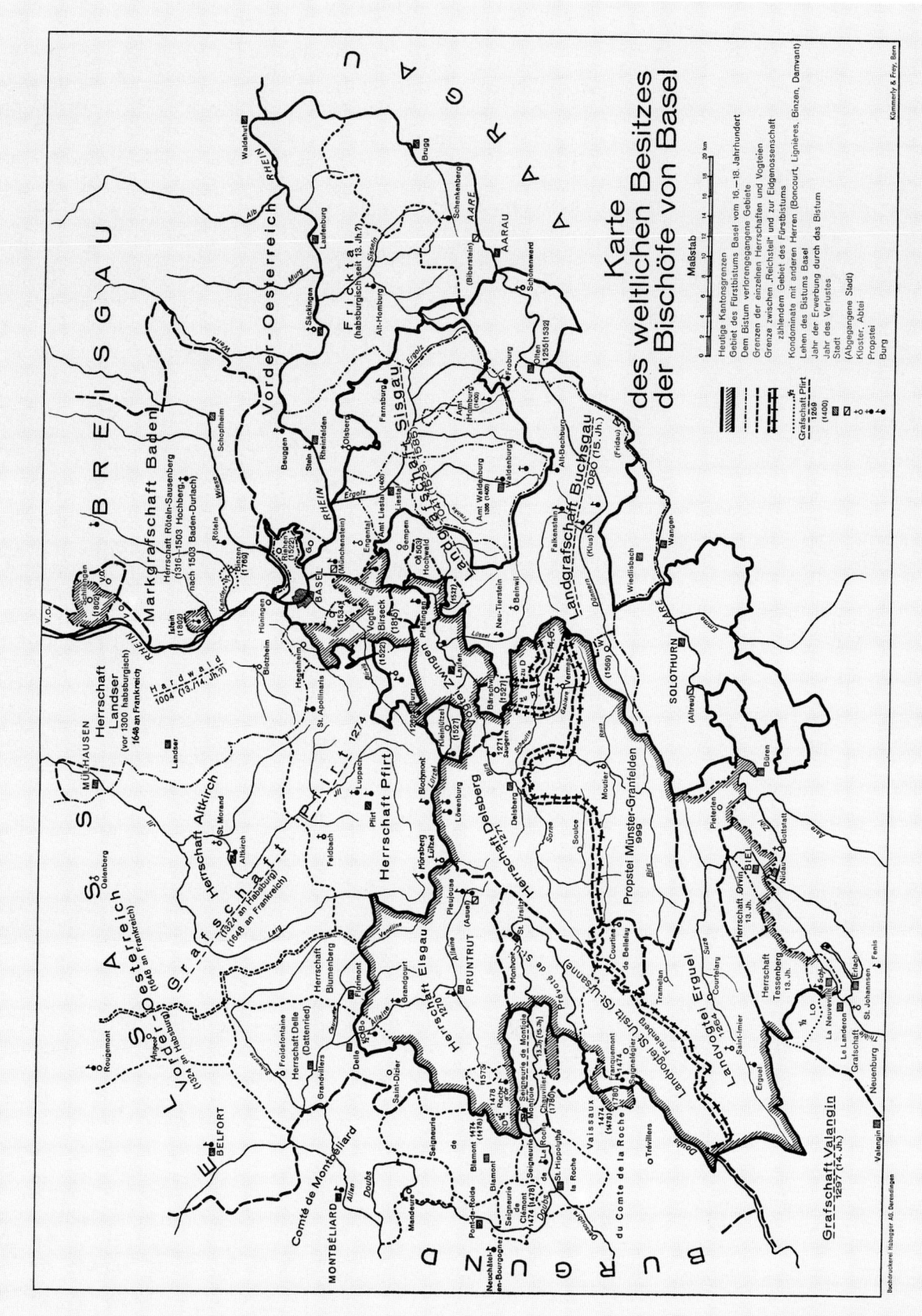

Schrittweise Eroberung

Im Sisgau gelang es den Bischöfen, die Lehnsgewalt über die frohburgischen Herrschaften Liestal, Homberg und Waldenburg zu erwerben, nachdem sie schon früher die frohburgischen Ansprüche auf Arlesheim und Birseck abgewiesen hatten. Im unteren Birstal stellten sich zu nicht näher bestimmbarer Zeit, wohl zwischen 1260 und 1300, die Herren von Ramstein mit den Burgen Gilgenberg, Ramstein und Zwingen unter die Lehnshoheit des Bischofs, die Grafen von Thierstein mit der Burg Pfeffingen, aber nicht mit Dorneck und Neu-Thierstein. Unter den kleineren, burggestützten Herrschaften, die der Bischof lehnsweise unter seine Kontrolle brachte, könnten am Nordhang des Blauens Fürstenstein, Frohberg, Schalberg, Engenstein und Münchsberg genannt werden, am hinteren Blauen Waldeck und Burg, im Birstal Aesch (später Bärenfels) und Neuenstein, im Lützeltal schliesslich Blauenstein.

Der wichtigste diplomatische Erfolg glückte dem Bischof aber mit der Erwerbung der mächtigen Herrschaft Pfirt. 1271 verkaufte Graf Ulrich den grössten Teil seines Besitzes an Bischof Heinrich von Neuenburg und empfing ihn von diesem als Lehen zurück. Der Kauf wurde 1278 durch Graf Diebold bestätigt, wobei die Liste der veräusserten Güter und Rechte präzisiert beziehungsweise erweitert wurde. Im mittleren Birstal umfassten diese ausser der Burg Soyhières die gräflichen Rechte über den Sornegau, als «vogetheie ze Serengoewe» umschrieben. Damit bot sich dem Bischof die Möglichkeit, als Ersatz für sein gescheitertes Schwarzwaldprojekt eine geschlossene Territorialherrschaft im Jura aufzubauen, die vom Bielersee bis in die Ajoie und vom Doubs bis an die Hauensteinpässe reichte. Für dieses Projekt konnte der Bischof auf die Unterstützung der Habsburger zählen, nachdem mit dem Tode Bischof Heinrichs von Neuenburg die Bischofswürde an einen engen Vertrauten König Rudolfs, an Heinrich von Isny, gefallen war und so für gut zwanzig Jahre ein gutes politisches Einvernehmen zwischen Bischof und Habsburg hatte hergestellt werden können.

Schwachstelle Laufental

Im territorialpolitischen Gefüge des Bischofs klaffte um 1280 allerdings eine Lücke, die sich auf die Dauer als verhängnisvolle Schwachstelle hätte erweisen können. Im Laufental unterstand dem Bischof bloss die Lehnsgewalt über einige, oben bereits erwähnte Adelsherrschaften. Deren Inhaber erfreuten sich aber einer weitgehenden Autonomie, die schlecht zu den landesherrlichen Ambitionen des Bischofs passte. Wohl gelang es diesem, das ehrgeizige Projekt der Ramsteiner, in Zwingen eine kleine Stadt zu gründen, rechtzeitig abzublocken und sich mit dem lehensrechtlichen Vorbehalt des Heimfallrechtes die Anwartschaft auf eine Übernahme Zwingens in seine direkte Verwaltung zu sichern.

Westlich von Zwingen sah es mit der bischöflichen Machtstellung noch bedenklicher aus: Der Blauen bildete mit den Reichsdörfern Nenzlingen, Blauen und Dittingen Eigengut der Herren von Ramstein, und südlich der Birs begann bei Breitenbach das unter thiersteinischer Kastvogtei stehende Klostergebiet von Beinwil. Zwischen das Thiersteiner und das Rotberger Reichsgut zwängte sich als schmaler Korridor das Gebiet des Dinghofes von Laufen, und ausgerechnet über dieses verfügte der Bischof auch nicht mehr.

Auf unbekannte Weise und zu unbekannter Zeit war dieser seit 1141 bischöfliche Dinghof an die Habsburger gefallen. Seine Rückgewinnung musste vom Bischof aus territorialpolitischen Gründen als unverzichtbares Ziel angestrebt werden. Tatsächlich gelang es ihm, sich nach dem Ausgleich mit den Habsburgern – leider ist keine datierte Urkunde erhalten – dank dem Tausch mit einem gleichwertigen Hof zu Hirsingen wieder in den Besitz des Laufner Dinghofes zu bringen. Zur strategischen Sicherung dieses gefährdeten Talabschnitts erfolgte um 1290 die Umwandlung der lockeren, um die Kirche und den Herrenhof gruppierten Dorfsiedlung in eine befestigte Stadt.

Idealer Standort

Die Stelle unterhalb des durch eine Felsbarriere verursachten Wasserfalles der Birs, der dem Ort den Namen gab, eignete sich vortrefflich für die Errichtung einer Stadt: Die natürliche Schwelle (der «Lauffen») war wichtig für die Flösserei und als Staustufe für Kanäle, die Wasserräder antreiben konnten. Zum alten Dinghof gehörige Mühlenbetriebe dürften in Laufen schon vor der Stadtgründung bestanden haben. Dass durch das Abstecken des Stadtareals auf dem linken Birsufer die alte Pfarrkirche St. Martin beim Dinghof ausserhalb der befestigten Siedlung zu liegen kam, lässt sich bei Stadtgründungen im Raume frühmittelalterlicher Herrschafts- und Sakralzentren häufig beobachten. Eine der Heiligen Katharina geweihte Kapelle innerhalb des Laufner Mauerrings ist erst um 1364 errichtet worden, über allfällige frühere Kultbauten an diesem Ort ist nichts bekannt.

Gemäss dem Befund der 1987/88 auf dem Rathausplatz vorgenommenen Ausgrabungen[6] muss die Gründungsstadt Laufen auch als landesherrlicher Mittelpunkt der Eisengewinnung konzipiert worden sein. Der hochmittelalterliche Eisenbergbau hat im Jura wenig schriftliche Spuren hinterlassen. Umso deutlicher tritt er seit einigen Jahren in archäologischen Befunden zutage. Der Rolle von Laufen als bischöfliches Bergbauzentrum – mindestens in den ersten Jahrzehnten nach der Gründung – kommt insofern territorialpolitische Bedeutung zu, als die Bischöfe mit dem Verlust der rechtsrheinischen Besitzungen auch die vom Kaiser verliehenen Bergbaurechte im Schwarzwald verloren hatten.

Wie bei der bischöflichen Gründungsstadt Kleinbasel fehlte in Laufen eine Stadtburg, wie sie sich bei den anderen Städten

[6] Vergleiche dazu den Beitrag Pfrommer in diesem Band.

Karte des Birstals von Emanuel Büchel, 1756

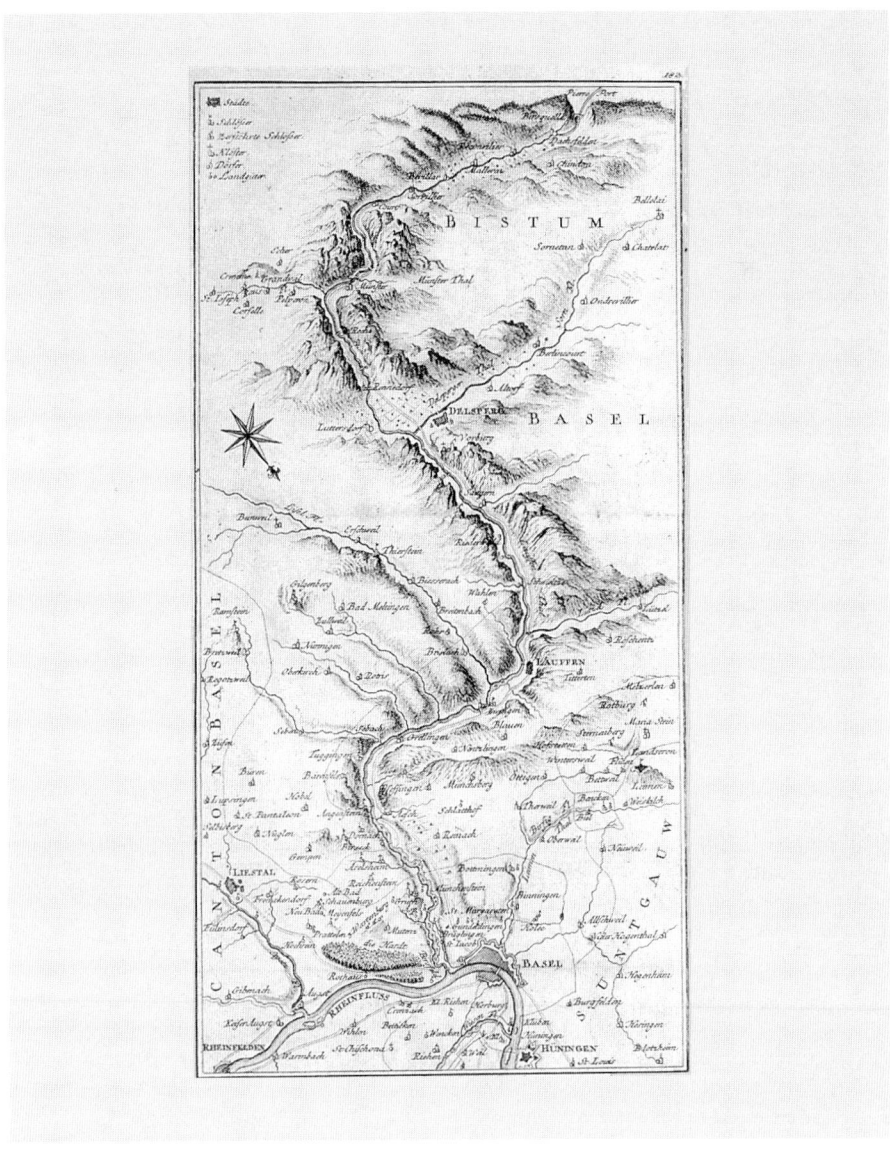

erhob, die (wie Delsberg, St-Ursanne, Pruntrut, Biel und Neuenstadt) auf Veranlassung des Bischofs entstanden waren. Nachweisbar ist nur die Existenz einer Wasserburg seit dem 12./13. Jahrhundert[7] (beim heutigen Amtshaus), welche eventuell dem Herrschaftsgebäude des Dinghofkomplexes entsprach. Es fällt auch auf, dass in den bischöflichen Privilegien für Laufen die Bürger auf lateinisch nie als «cives» wie in Basel, sondern stets als «burgenses» angesprochen werden. Im 13. und früheren 14. Jahrhundert bezeichnete in Basel der Begriff «civis» noch nicht den Bürger schlechthin, sondern nur den Angehörigen der vornehmen, grundbesitzenden, meist aus Adligen und Kaufleuten zusammengesetzten Oberschicht. Laufen galt demnach – zumindest anfänglich – vor allem als landesherrliche Grossburg, und es fragt sich, ob die in der Urkunde von 1295 genannten Rechte und Freiheiten tatsächlich für die ganze Stadtbevölkerung oder nur für die Gruppe der stadtsässigen Adligen gegolten haben[8].

[7] Vergleiche dazu den Beitrag Pfrommer in diesem Band.
[8] Vergleiche dazu den Beitrag Hellinger in diesem Band.

Städtische Freiheit unter bischöflicher Kontrolle

Wie wichtig für den Bischof die rechtliche und militärische Sicherung der Stadt Laufen war, zeigt sich daran, dass er den Bürgern zwar einen Rat, aber keinen Schultheissen zubilligte, da ein solches Amt immer Tendenzen zur autonomen Machtentfaltung entwickelte. Als bischöflicher Stellvertreter amtierte deshalb der vom Landesherrn viel abhängigere Meier des Dinghofes, was sich in der wiederholt bezeugten Formel «Meier, Rat und Bürger von Laufen» spiegelt. Zur Verstärkung der militärischen Verteidigung richtete der Bischof wie in anderen Städten auch in Laufen Burglehen ein. Das bedeutete, dass ritterliche Herren mit Gütern belehnt wurden und dafür in der Stadt ein Haus zu beziehen sowie sich im Kriegsfall an der Verteidigung zu beteiligen hatten.

Die Lage der Stadt unmittelbar am Ufer der Birs scheint anfänglich eine Änderung des Ortsnamens[9] bewirkt zu haben. Während der Hof und das Dorf im 12. und 13. Jahrhundert stets «Laufen» genannt werden, taucht in der bischöflichen Urkunde von 1295 plötzlich die Form «Loufenowe» auf, was so viel wie «Laufenau» bedeutet. Zur Unterscheidung vom alten Dinghof beim Kirchhügel wählte der Stadtgründer einen Namen, der wie die Stadtnamen Eglisau, Fridau, Nidau oder Willisau auf die «Aue», die Flussniederung anspielte. Der neue Name vermochte sich aber nicht durchzusetzen. Er verschwand bereits zu Beginn des 14. Jahrhunderts wieder aus den Akten.

Mit der Verleihung der Bürgerrechte nach dem Muster Basels an Laufen im Jahre 1295 war die Umwandlung der offenen Dorfsiedlung in eine landesherrliche Stadt rechtlich vollzogen. Die weitere Entwicklung hing weniger von den «burgenses» und ihrem Rat ab als vielmehr von den Entscheidungen des Bischofs, welche dieser im Rahmen seiner territorialpolitischen Massnahmen für Laufen traf.

Verkauft und verpfändet

Das gute Einvernehmen zwischen den Basler Bischöfen und dem Hause Habsburg, das sich nach 1275 unter Heinrich von Isny und Peter Reich von Reichenstein entwickelt hatte, fand um 1300 ein jähes Ende, als mit dem Luxemburger Peter von Aspelt ein erklärter Gegner König Albrechts zum Bischof gewählt wurde. Peters Nachfolger, Otto von Grandson, eröffnete jene Reihe von Basler Bischöfen aus dem burgundischen Raume, die erst 1417 mit dem Tode Humberts von Neuenburg zu Ende gehen sollte und eine Schwergewichtsverlagerung der bischöflichen Territorialpolitik an die Westgrenze des Fürstbistums zur Folge hatte. Für die Geschichte von Laufen ist wesentlich, dass die konfliktgeladene Politik der Bischöfe im 14. Jahrhundert die ökonomischen und administrativen Kräfte des Bistums überstieg, was unvermeidlich zu einer Zerrüttung der Finanzen und des von den Bischöfen des 13. Jahrhunderts weitsichtig geplanten Herrschaftsgefüges führte.

[9] *Vergleiche dazu auch den Beitrag Bächtold in diesem Band.*

Wie in anderen Teilen des Fürstbistums bewirkte die namentlich unter Johann von Vienne (1365–82) katastrophale Politik der Bischöfe im Laufental statt einer Straffung und Verdichtung der landesherrlichen Gewalt, wie sie damals im Zuge der Zeit lag, eine Zersplitterung und Destabilisierung der territorialen Gewalt, was um 1400 eine Auflösung des Basler Fürstbistums befürchten lassen musste. Unter Bischof Humbert von Neuenburg (1395–1417) war der Machtbereich des Bistums wegen Verkäufen, Verpfändungen und kriegerischer Verluste auf die Gebiete um Biel und Neuenstadt, Erguel im Tale von St-Imier sowie Delsberg zusammengeschrumpft.

Auch die Herrschaft über Laufen war damals dem Fürstbistum entfremdet. Anteile am Dinghof von Laufen, zu denen auch Herrschaftsrechte in der Vorstadt von Laufen gehörten, müssen um 1318/20 an das Haus Habsburg-Österreich gelangt sein, das sie zunächst den Herren von Eptingen und später den Herren von Ramstein zu Lehen gab. Erst 1459 fielen diese österreichischen Rechte am Laufner Dinghof wieder an den Bischof[10].

Die Stadt Laufen blieb von der teilweisen Erwerbung der Dinghofrechte durch Österreich unberührt. Wiederholt bestätigten die Bischöfe die 1295 erstmals erteilten Bürgerrechte. 1339 überliess Bischof Johann von Münsingen den Laufnern, den Bürgern und sonstigen Einwohnern, das «Ungeld» (eine Markt- und Getränkesteuer), allerdings mit der Auflage, dass die Stadt jährlich aus diesen Steuereinnahmen 16 Pfund für den Unterhalt der Befestigungsanlagen aufzubringen habe. Solche Ansätze zur Autonomie wurden allerdings durch den Umstand aufgehoben, dass zahlreiche Güter und Rechte in der Stadt und Herrschaft Laufen vom Bischof an auswärtige Herren als Lehen ausgegeben waren und von diesen adligen Nachbarn als Bestandteil ihres Familiengutes betrachtet wurden. Auf die Burglehen, die den Verteidigungswert der Stadt erhöhten, ist bereits hingewiesen worden. Solche Burglehen sind etwa für die Herren von Frick, von Ramstein und von Neuenstein bezeugt.

Weitere Lehen in und um Laufen befanden sich im 14. Jahrhundert in den Händen der Herren von Rotberg, der Kuchimeister, der Zu Rhein sowie der Burgleheninhaber. Eine Mühle ausserhalb der Stadt, 1360 an das Kloster Beinwil verkauft, gehörte als Eigengut den Grafen von Thierstein[11].

Zurück zum Fürstbischof

Trotz dieser Aufsplitterung herrschaftlicher Güter und Rechte an eine Vielzahl von Lehensträgern konnte sich der Bischof zunächst als unumstrittener Stadtherr fühlen. Wiederholt hielt er sich in Laufen auf, um in Audienzen und an Gerichtstagen Rechtsgeschäfte zu erledigen und Urkunden auszustellen. Die Laufner selbst scheinen sich mit den etwas komplizierten Besitz- und Rechtsverhältnissen inner- und ausserhalb der Stadt abgefunden zu haben, indem sie über das Netz vielschichtiger, persönlicher Beziehungen, das sich zwischen ihnen, den Unter-

[10] Merz 1923, p. 4ff.
[11] Eggenschwiler, Ferdinand: Geschichte des Klosters Beinwil von seiner Gründung bis 1648, in: Jahrbuch für solothurnische Geschichte 3, 1930, p. 10ff.

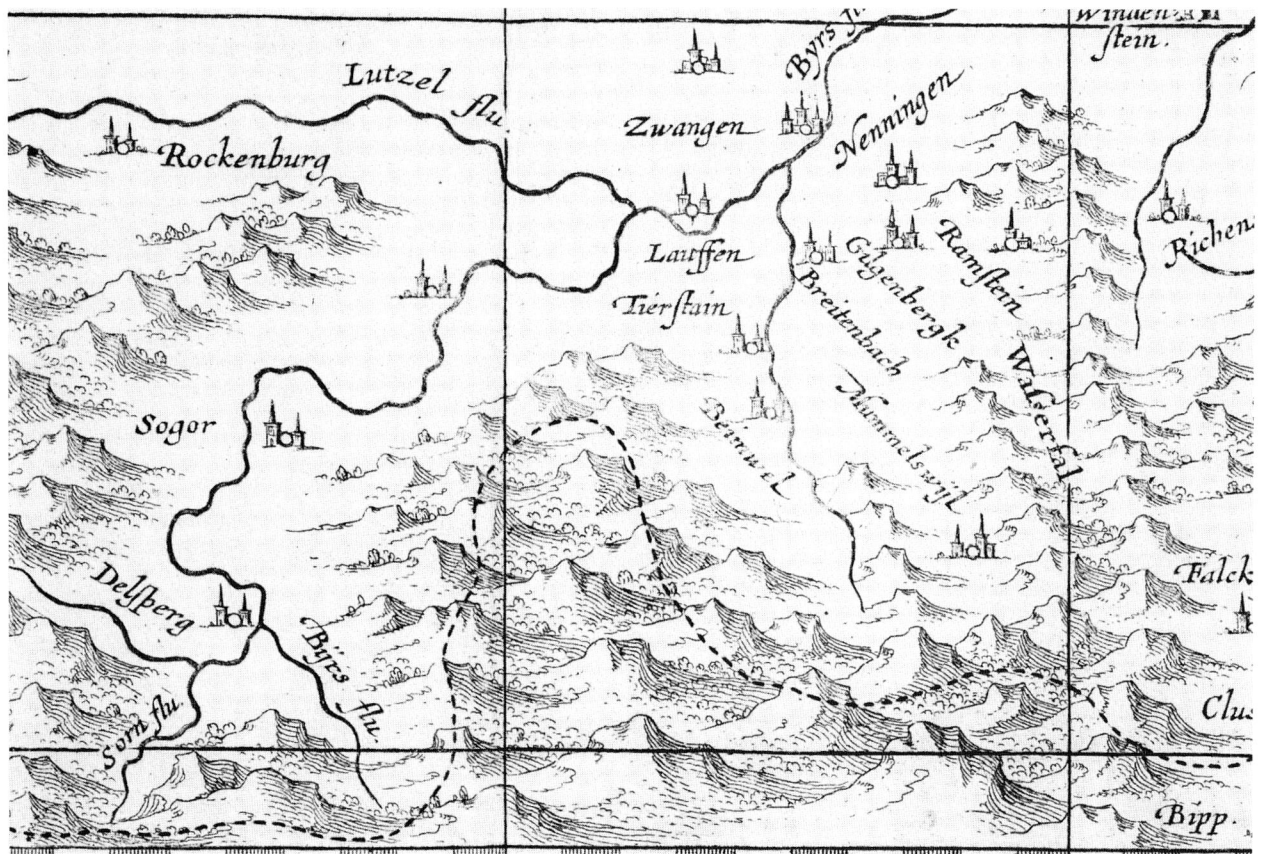

tanen in der Umgebung und den adligen Grundherren spannte, jene Verbindungen suchten, die sie zur Wahrung ihrer Interessen benötigten.

So konnten sie dank der Vermittlung des Grafen Walraf von Thierstein 1379 die Lehensinhaber des österreichischen Anteils, den Domherrn Imer von Ramstein und den Ritter Heinrich von Eptingen, dazu bringen, ihnen vor den Stadtmauern Grund und Boden zum Anlegen von Weihern und Gräben zu überlassen.

Unsicherheit und Zukunftssorgen brachte die wirtschaftliche Zerrüttung des Fürstbistums, die den Landesherrn zur schrittweisen Veräusserung und Verpfändung seiner Herrschaftsrechte zwang. Bereits unter Johann von Vienne wurde Laufen 1371 für einige Jahre um 2000 Gulden an den Grafen Walraf von Thierstein verpfändet. Wenn es diesem gelungen wäre, die Pfandrechte in festen Besitz umzuwandeln, hätte der aus der Herrschaft Pfeffingen und der Kastvogtei über Beinwil bestehende Güterverband der Grafen von Thierstein, verstärkt um eine Stadt mit herrschaftlichem Umfeld, vielleicht jene Festigung erfahren, die ihm in den Territorialkonflikten des späteren 15. Jahrhunderts fehlen sollte. Doch konnte der Bischof nach 1380 die thiersteinischen Pfandrechte über Laufen wieder einlösen, allerdings nicht für lange.

Ausschnitt aus der Karte «Territory Basiliensis Nova descriptio» von Peter Schenk und Gerald Valk, ca. 1640

Im Jahre 1400 versetzte er die Stadt und Herrschaft Laufen an den reichen Jakob Zibol aus Basel; zur Lösung der Pfandschaft musste er der Geistlichkeit seiner Diözese eine «Collechte», eine Sondersteuer, auferlegen. Kurz darauf wurde Laufen den Pfandrechten des Diebold von Neuenburg zugeschlagen, die einen grossen Teil des Fürstbistums umfassten, und kurz nach deren Auslösung mit 8000 Gulden erfolgte 1407 eine neue Verpfändung an Kunzmann von Ramstein, der umgehend den Laufnern die alten, bischöflichen Rechte bestätigte und so die Herrschaft über die Stadt antrat.

Erst 1424 vermochte der Bischof die ramsteinische Pfandschaft zurückzukaufen. Damit gelangte die Stadt wieder unter die direkte Herrschaft des Bischofs, der bereits am Tage der Pfandlösung die Rechte der Laufner Bürger urkundlich garantierte. Die Versetzung von Einkünften aus der Herrschaft Laufen an die Stadt Basel im Jahre 1425 bedeutete für den Bischof keine Einschränkung seiner territorialherrlichen Rechte[12].

Endgültige Grenzen

Der alte, zum Dinghof Laufen gehörende Güterkomplex wurde im 14. Jahrhundert in einen bischöflichen Amtsbezirk umgewandelt. Als «ambt ze Louffen» wird dieser in der Verpfändungsurkunde von 1375 ausdrücklich genannt. Eine genauere Umschreibung liegt von 1424 vor, als «rat und gemein ze Louffen und die meyer und gemein ze Liesperg, Bermschwilr, Röschentz, Walen und ander in das ampt gen Louffen gehörend» nach der Auslösung der ramsteinischen Pfandschaft dem Bischof den Huldigungseid leisteten.

Nach der Mitte des 15. Jahrhunderts erfuhr dieses Amt dank den Erwerbungen des Bischofs im Laufental eine Umstrukturierung und beträchtliche Erweiterung. 1459 verstarb Rudolf III. aus dem freiherrlichen Zweig der Ramsteiner ohne legitimen Leibeserben. Sein unehelicher Sohn Hans Bernhard erhielt die Herrschaft Gilgenberg, während der Bischof für die Herrschaft Zwingen, die als verschworenes Lehen galt, das Heimfallrecht beanspruchte und den Besitz an sich zog.

Wichtig ist auch ein weiterer Gebietszuwachs. 1452 hatte Bernhard von Rotberg an Rudolf von Ramstein die Reichsdörfer Blauen, Dittingen, Nenzlingen und Brislach abgetreten. Nach Rudolfs Tod fiel dieser Besitz erbweise an den Rotberger zurück, der ihn 1462 mit der Einwilligung Kaiser Friedrichs III. an den Bischof verkaufte. Nachdem 1459 auch der österreichische Anteil am Dinghof Laufen an den Bischof zurückgefallen war, hatte sich nunmehr im Laufental ein kompakter Herrschaftsbezirk gebildet, über den der Bischof einen Vogt setzte, der in Zwingen residierte.

Dessen Zuständigkeitsbereich umfasste den Dinghofbereich von Laufen mit der Stadt und der Vorstadt sowie die Herrschaft Zwingen mit den ehemals rotbergischen Dörfern. Diese herr-

[12] Abschriften der Verpfändungsurkunden zwischen 1400 und 1425 finden sich bei Merz 1923, p. 76f., Anmerkung 34.

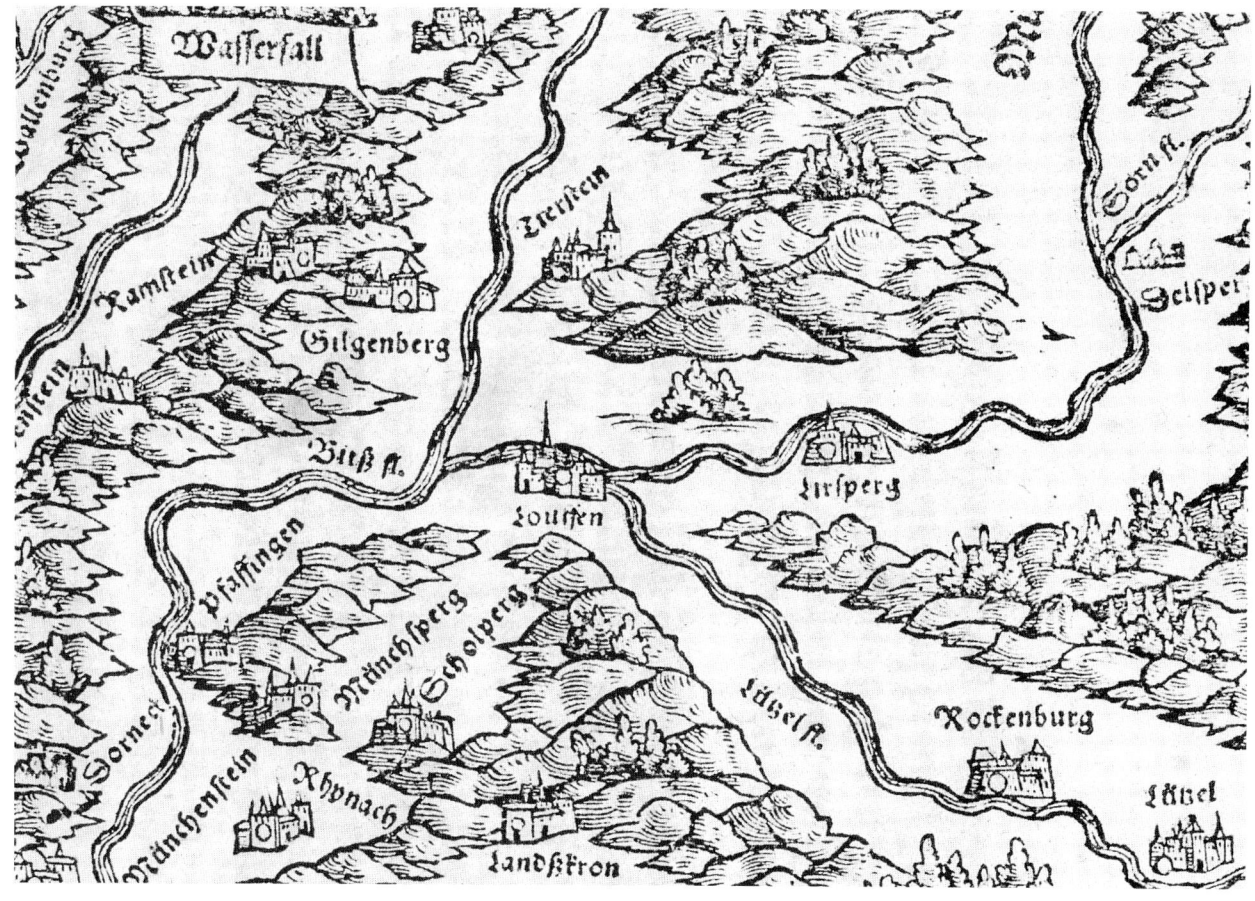

schaftliche Verwaltungseinheit Zwingen – Laufen blieb im wesentlichen bis zum Untergang des Fürstbistums Basel im Jahre 1792 erhalten.

Ausschnitt aus Karte von Johann Stumpf, 1548

Neuer Wohnraum

Die Entstehung der Stadt Laufen ist nicht nur als Ergebnis der bischöflichen Territorialpolitik zu verstehen, sondern muss auch vor dem Hintergrund einer für das 12. und 13. Jahrhundert in ganz Mitteleuropa nachweisbaren Bevölkerungszunahme gesehen werden, die einen ungeheuren Siedlungsdruck auf unerschlossene Waldgebiete ausgeübt haben muss. Wenige Spuren hat dieser Prozess der Siedlungs- und Bevölkerungsexpansion auch im Laufental hinterlassen, wie die Bildung eines Dorfes im Umfeld des Laufner Dinghofes oder die Burgengründungen auf Rodungsland in der Umgebung zeigen.

Die Ausgrabungen in Laufen von 1987/88 haben den Nachweis einer dichten Überbauung des Stadtareals bereits für die ersten Jahrzehnte nach der Gründung erbracht, was nichts anderes bedeuten kann, als dass der Bischof im Dinghofbereich von Laufen über genügend grosse Bevölkerungsüberschüsse verfügt haben muss, um die Stadt praktisch auf Anhieb besiedeln zu können. Die archäologisch festgestellte Bedeutung des Eisen-

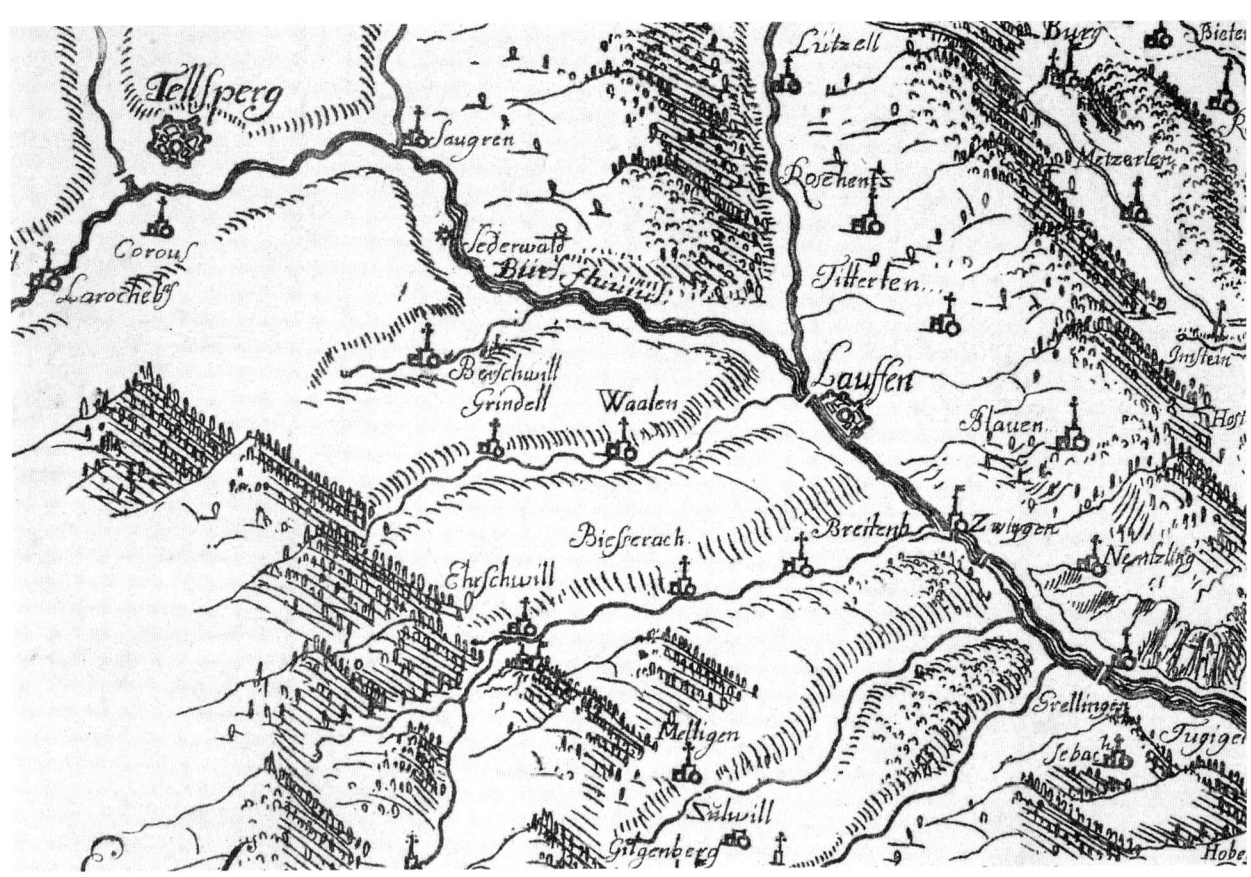

Ausschnitt aus der «Alsatia»-Karte von Georg Friedrich Meyer, 1677

bergbaues für die älteste Phase der Stadtentwicklung könnte auch vermuten lassen, dass auf die Gewinnung und Primärverarbeitung von Eisen spezialisierte Fachleute aus dem Gebiet von Moutier-Grandval nach Laufen geholt worden sind, denn eine Bergbautätigkeit dieses Klosters ist für das 12. Jahrhundert urkundlich ausdrücklich bezeugt.

Bis ins 14. Jahrhundert hinein bleibt in den Quellen die Bevölkerung weitgehend anonym und kaum fassbar. Bei isolierten Namensnennungen ist überdies schwer zu beurteilen, von welcher Ortschaft «Laufen» sich die betreffenden Personen tatsächlich genannt hat. Ob Ritter Heinrich von Laufen, 1241 urkundlich als Zeuge erwähnt, wirklich aus Laufen im Birstal stammt, bleibt zumindest unsicher, während der Geistliche Ludwig, 1265 bezeugt, mit grosser Wahrscheinlichkeit der Martinskirche von Laufen zugewiesen werden kann.

Nach der Stadtgründung erscheinen die Laufner in der schriftlichen Überlieferung meist als Kollektiv, als Bürger («burgenses»). Seit der Mitte des 14. Jahrhunderts unterscheiden die Urkunden auch zwischen Bürgern und Einwohnern («burgenses» und «oppidani» beziehungsweise «habitatores»). Sobald gegen Ende des 14. Jahrhunderts in Laufen sesshafte Leute individuell genannt werden, spiegelt sich in den Familiennamen (zum Beispiel von Bern, Frohburger, Bosselat, Monnier) die ganze, für das Spätmittelalter typische Mobilität der Bevölkerung.

Ausschnit aus der Karte «Les frontières de la Lorraine [...]» von Henri Sengre, 1705

Zu klein geplant?

Wie hoch man sich die Einwohnerzahl von Laufen für die Zeit um 1300 vorzustellen hat, ist schwer abzuschätzen. Das Areal der ummauerten Stadt war gut halb so gross wie die Fläche von Kleinbasel, wo im 14. Jahrhundert 1000 bis 1500 Menschen gelebt haben dürften. Das könnte in grober Schätzung für Laufen auf eine Zahl von 500 bis 800 Einwohnern schliessen lassen. Dazu kämen die Leute in der Vorstadt südlich des befestigten Platzes, die sich im Laufe des 14. Jahrhunderts gebildet hat und vielleicht direkt aus dem älteren Dorf hervorgegangen ist. Wie viele Menschen die Vorstadt bevölkert haben, lässt sich kaum hochrechnen.

Offensichtlich reichte der Wohnraum der Stadt nicht aus, um die ganzen Bevölkerungsüberschüsse des Laufentals aufzunehmen. Seit dem späten 13. Jahrhundert müssen Laufner das Tal verlassen und sich in Basel niedergelassen haben, wo sie uns häufig als Handwerker mit Bürgerrecht begegnen. Eine Familie fällt etwas aus dem Rahmen. Es gelang ihr um die Mitte des 14. Jahrhunderts, in die Schicht der ratsfähigen Achtburger aufzusteigen und sich mit reichen, vornehmen Geschlechtern zu verschwägern. Genealogische Angaben bis in die Zeit um 1400 sind allerdings sehr fragwürdig. Kontakte dieser in Basel wirkenden Laufner mit der alten Heimat sind nur vereinzelt nachzuweisen, obwohl zwischen den beiden Städten enge Wirtschaftsbeziehungen bestanden. Wichtig für Basel war vor allem die Holzflösserei aus dem Jura, woran Laufen beziehungsweise das Laufental einen grossen Anteil hatte[13].

Für das 13. und 14. Jahrhundert lässt sich eine Unrast der Bevölkerung im Laufental vor allem in der expansiven Mobilität mit all den Rodungsvorstössen, mit dem Aufbau eines städtischen Anwesens und der Intensivierung gewerblicher Unternehmungen sowie mit der regionalen Abwanderung, insbesondere nach Basel, quellenmässig fassen. Um 1400 tritt, zunächst nur indirekt erschliessbar und später konkret bezeugt, die Aktivität in Krisen- und Konfliktsituationen deutlicher in Erscheinung.

Unrast und Konflikte

Die herrschaftlichen Fehden, wie sie im Birstal etwa die Blauensteiner, die Ramsteiner, die Neuensteiner oder die Thiersteiner austrugen, trafen die Untertanenbevölkerung sicher hart, doch verhielt sich diese nicht nur duldend und leidend. Waffenfähige Leute beteiligten sich an der Burghut und an der Abwehr plündernder Scharen. Manche liessen sich auch als Söldner für kriegerische Unternehmungen anwerben, wohl nicht nur von den eigenen Herren, sondern auch von der Stadt Basel, die zeitweise einen grossen Bedarf an Reisläufern egal welcher Herkunft hatte.

Dass solche kriegerischen Aufgebote aus der Untertanenbevölkerung sich durchaus erfolgreich ihrer Haut zu wehren verstanden, zeigten die Vorgänge im Jahre 1444, als die bischöflichen Laufner zusammen mit rotbergischen, thiersteinischen und ramsteinischen Untertanen die Letzinen und Verhaue am Blauen besetzten und plündernde Scharen der Armagnaken vertrieben. Allerdings vermochten die Laufner ein Jahr später nicht zu verhindern, dass ihre Vorstadt einem Brandanschlag zum Opfer fiel.

Auf eine Bevölkerung, die wenn nötig zu kämpfen verstand, musste vom Landesherrn Rücksicht genommen werden, vor allem wenn eine Stadtbefestigung bei allfälliger Widerspenstigkeit ein gewisses Gefühl der Sicherheit vermittelte. Der Bischof und die Pfandherren hatten gute Gründe, den Laufnern die alten Bürgerrechte immer wieder zu bestätigen und sie so bei guter Stimmung zu halten, denn weder in der Stadt noch im Landvogteischloss Zwingen lag eine landesherrliche Garnison, mit der eine aufständische Bevölkerung hätte niedergehalten werden können. Dass eine missliebige Herrschaft rasch Feindseligkeit und Bereitschaft zum Widerstand auslösen konnte, mussten im Schwabenkrieg von 1499 die Solothurner erfahren, die vorübergehend Laufen besetzt hatten.

In den Konflikten um Zuständigkeiten und Besitzansprüche bei Herrschaftsrechten liessen sich die Untertanen von ihren Amtleuten zu solidarischen Aktionen bewegen, am liebsten wenn eigene Rachegelüste oder Hoffnungen auf Beute auf dem Spiel

---

[13] Meyer, Werner: *Der Zusammenschluss von Gross- und Kleinbasel im Spätmittelalter*, in: *Leben in Kleinbasel 1392–1892–1992*, hg. von Meles, B./von Wartburg, B., Basel 1992, p. 17. Zur Basler Achtburgerfamilie Von Laufen vergleiche Merz, Walther: *Burgen des Sisgaus*, Aarau 1909–14, Band 3, p. 272, Stammtafel 17.

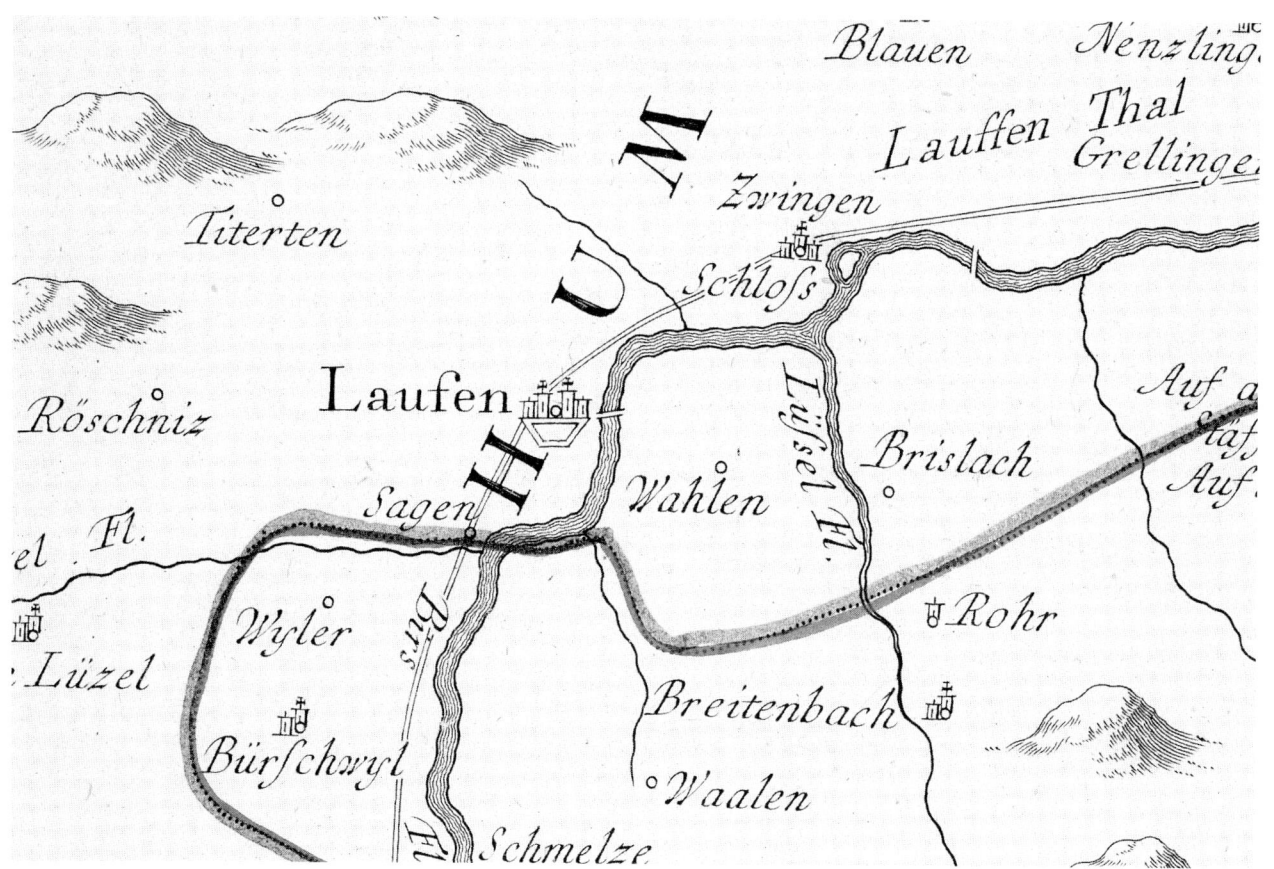

standen. An den Vergeltungszügen des Schwabenkrieges beteiligten sich auch Laufner, und auch in den Streit von 1484, der sich zwischen dem bischöflichen Vogt auf Zwingen und dem Grafen von Thierstein um die Jagd und Fischrechte im Birstal erhob, wurden die Untertanen einbezogen. Denn sowohl der thiersteinische als auch der bischöfliche Vogt ermunterten ihre Leute, gewaltsam im umstrittenen Gebiet zu jagen, zu fischen, Holz zu schlagen und Schweine auf die Waldweide zu treiben.

Ausschnitt aus der Karte des Kantons Basel von Gabriel Walser, 1767

Raubzüge am Rande der Stadt

Die konfliktgeladene Konkurrenzsituation zwischen Basel, Bern, dem Bischof und den Grafen von Thierstein um territorialherrliche Ansprüche im Birstal verschärfte sich gegen Ende des 15. Jahrhunderts durch eine allgemeine Destabilisierung der herrschaftlichen Ordnungsstrukturen, wie sie vor allem durch die chaotischen Erschütterungen der Burgunderkriege hervorgerufen worden war. Private Banden von entwurzelten Söldnern, entlaufenen Untertanen, flüchtigen Verbrechern und rauflustigen Rittern machten das Land unsicher. Im Laufental bildete sich um 1484 eine solche Rotte unter der Führung der Kappeler, dreier Brüder aus Zwingen. Zusammen mit Ulrich und Rudolf Ludi aus Wahlen und anderen Gesellen schlossen sie sich zu einer Bande zusammen, die jahrelang das Land terrorisierte. Ähnliche Vorgänge spielten sich auch am Rande des Schwabenkrieges von

1499 ab. Im Laufental machte sich dabei besonders die Bande des Peter Röschinger aus Zwingen unliebsam bemerkbar[14], welche zum Beispiel im Juli 1499 den Kirchherrn von Laufen gefangen nahm und ihm 15 Ellen Tuch abpresste.

Mit dem Beitritt Basels zur Eidgenossenschaft 1501 erfuhr die politische Lage am Oberrhein und im Jura eine grundsätzliche Veränderung, freilich ohne dass eine wesentliche Entschärfung der Konfliktbereiche eingetreten wäre. Im Gegenteil: die alten territorialpolitischen Gegensätze wurden in den Auseinandersetzungen um Reformation und Gegenreformation wieder neu belebt[15].

Werner Meyer

Quellen:

Die urkundlichen Belege für einzelne Ereignisse werden nicht separat nachgewiesen. Sie stammen zur Hauptsache aus den folgenden Sammlungen:

Basler Chroniken, herausgegeben von der Historischen Gesellschaft in Basel, Band 1 ff., Basel 1872 ff.
Das Habsburgische Urbar, herausgegeben von Rudolf Maag, Basel 1894–1904 (Quellen zur Schweizer Geschichte 14/15, 1 und 2)
Solothurner Urkundenbuch, herausgegeben von Ambros Kocher, Bd. 1 ff., Solothurn 1952 ff.
Trouillat, J. (Hg.): Monuments de l'ancien Evêché de Bâle, Band 1–5, Porrentruy 1852–67
Urkundenbuch der Stadt Basel, bearbeitet von Rudolf Wackernagel, Rudolf Thommen, A. Huber, Band 1–11, Basel 1890–1910

Literatur:

Büttner, Heinrich: St. Blasien und das Bistum Basel im 11./12. Jahrhundert, in: Zeitschrift für schweizerische Kirchengeschichte 44, 1950, p. 138 ff.
Eggenschwiler, Ferdinand: Geschichte des Klosters Beinwil von seiner Gründung bis 1648, in: Jahrbuch für solothurnische Geschichte 3, 1930, p. 10 ff.
Merz, Walther: Burgen des Sisgaus, Band 1–4, Aarau 1909–1914
ders.: Schloss Zwingen im Birstal, Aarau 1923
Meyer, Werner: Der Zusammenschluss von Gross- und Kleinbasel im Spätmittelalter, in: Leben in Kleinbasel 1392–1892– 1992, Redaktion: Brigitte Meles und Beat von Wartburg, Basel 1992
Rück, Peter: Die Urkunden der Bischöfe von Basel, Basel 1966 (Quellen und Forschungen zur Basler Geschichte 1)
Schmid, Michael: Staat und Volk im alten Solothurn, Basel/Stuttgart 1964 (Basler Beiträge zur Geschichtswissenschaft 95)

Abbildungsnachweis:

1: C.A. Müller, Das Buch vom Berner Jura, Derendingen 1953
2: Giuseppe Gerster, Laufen
3: Universitätsbibliothek Basel, Kartensammlung Schw Cl 4
4: Universitätsbibliothek Basel, Kartensammlung Schw B 41
5: Universitätsbibliothek Basel, Kartensammlung Mappe 246 Nr. 4a
6: Universitätsbibliothek Basel, Kartensammlung Schw B 47
7: Universitätsbibliothek Basel, Kartensammlung Schw Cl 18

---

[14] *Schmid, Michael: Staat und Volk im alten Solothurn, Basel 1964, p. 81 f.*
[15] *Vergleiche dazu den Beitrag Berner in diesem Band.*

Freiheit zwischen Zarg und Grendel

Über das Stadtrecht, für wen es galt, was es bedeutete und was es bewirkte

Wenn jener Fürstbischof Peter Reich von Reichenstein Laufen einen Stadtbrief ausstellte, so war dies kein Gnadenakt, wie ältere Historiker meinen, sondern politisches und wirtschaftliches Kalkül, aber auch Forderung der damaligen «burgenses de Loufenowe». In der lateinisch abgefassten Urkunde vom 26. Dezember 1295[1] begründete der Fürstbischof die Stadterhebung mit den treuen Diensten, die die Laufner dem Bistum und der Basler Kirche auf vielfältige Weise erwiesen haben und zukünftig erweisen werden. Treue Dienste waren im Mittelalter keineswegs gratis. Mit dem Stadtbrief beglich der Fürstbischof eine alte Rechnung und schuf gleichzeitig ein Bündnis für die Zukunft.

Die Stadterhebung war in erster Linie ein Rechtsakt. Der Landesherr verlieh den «burgenses de Loufenowe» Rechte und Freiheiten, die sie gegenüber der Landbevölkerung bevorteilten. Ob Laufen in die sozioökonomische Funktion einer Stadt hineinwachsen würde, war damit noch nicht gesichert. Rückblickend kann man festhalten: Das Städtchen an der Birs behauptete sich als lokales Zentrum bis in die Gegenwart. Mehr aber auch nicht. Warum das so war, hat verschiedene Gründe – das Stadtrecht ist einer davon, wie dieser Beitrag verdeutlichen soll.

Im Mittelpunkt steht die Frage nach den tatsächlichen Rechten und Freiheiten, die die Stadt Laufen im Spätmittelalter genoss. Mit Stadtrecht assoziiert man für gewöhnlich Stadtfrieden, Rat, Marktrecht, Stadtgericht, Burgerrecht und Befreiung von Abgaben. Davon steht im Stadtbrief von 1295 nichts geschrieben. Auch spätere Quellen geben kaum Hinweise, inwieweit sich das Laufner Stadtrecht vom Dorfrecht, wie es beispielsweise in der Vorstadt galt, unterschied.

Um zu verstehen, was das Stadtrecht für eine Siedlung im Mittelalter bedeutete, genügt es nicht, nur die rechtliche Seite zu betrachten. Hinter einem Stadtbrief steckt immer auch eine Baugeschichte. Beides waren Voraussetzungen für die Stadterhebung. Bleibt die Frage, was zuerst war: Der Stadtbrief oder die Mauer? In bezug auf Laufen sind sich die Historiker uneins. Zwei Thesen stehen im Raum.

Am Anfang trotzt die Wasserburg

Papst Coelstin III. bestätigte 1196 dem Basler Domstift die Zehnten im Dorf Laufen. Walther Merz und Karl Gauss meinen nun, die Stadt Laufen habe sich aus der «villa Louffen» am linken Ufer der Birs entwickelt. Ernst Baumann und C.A. Müller dage-

[1] *Die Originalurkunde vom 26. Dezember 1295: Staatsarchiv Basel, Städtische Urkunden Nr. 102*

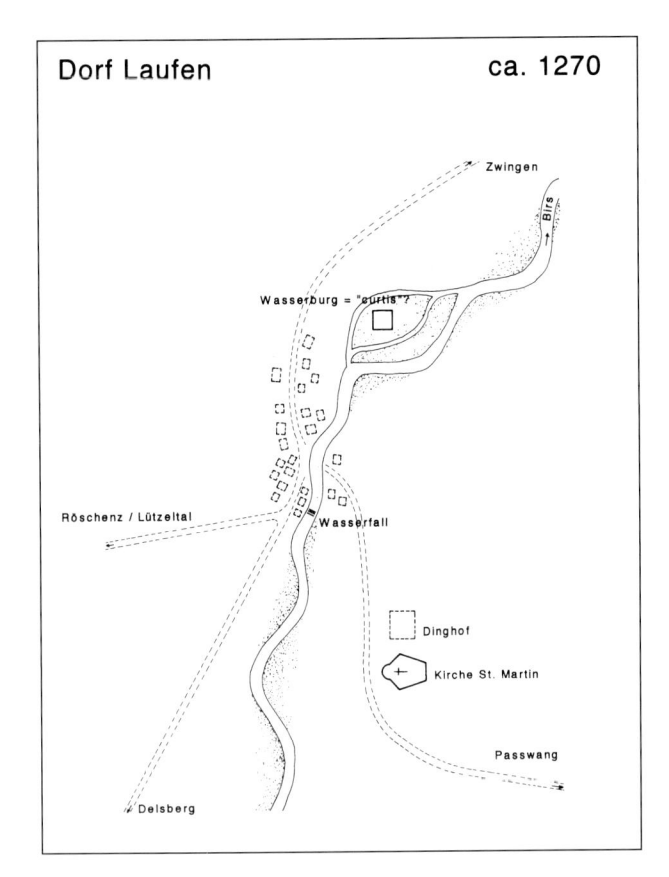

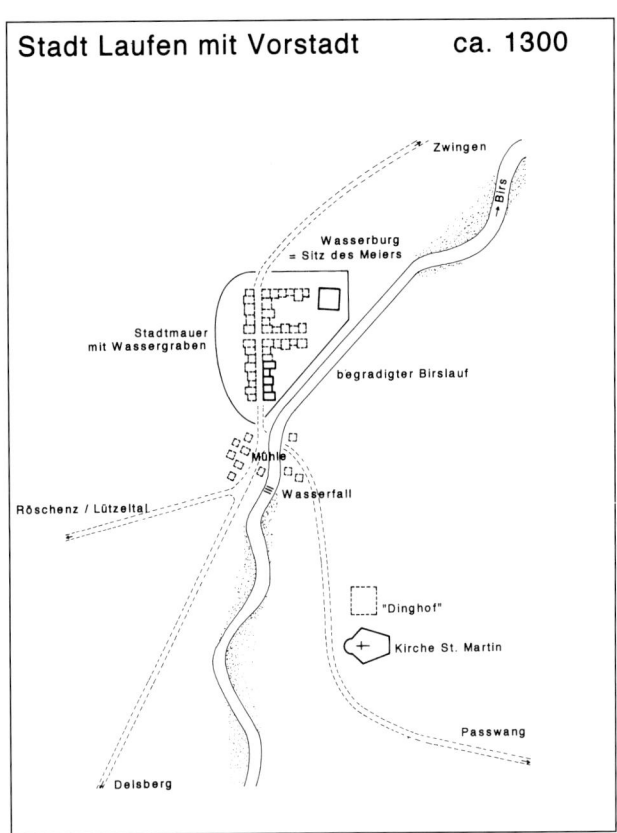

Rekonstruktions-versuch der Siedlung Laufen vor und nach 1295

[Figure: Dorf Laufen ca. 1270 / Stadt Laufen mit Vorstadt ca. 1300]

gen wähnen das Dorf auf der rechten Seite der Birs, wo die frühmittelalterlichen St. Martinskirche und der Dinghof standen. Baumanns These: Die Stadt Laufen war eine Neugründung auf jungfräulichem Kiesboden, entworfen auf dem Reissbrett eines fürstbischöflichen Städteplaners[2].

Jüngste archäologische Ausgrabungen zeigen ein differenziertes Bild: Im 12./13. Jahrhundert thronte eine Wasserburg, von Gräben und einem wilden Birsarm umschlungen, an der Stelle, wo heute das Amtshaus steht. Die Burg war eine strategische, militärische Anlage – ein Machtzentrum. Zum Ökonomiegebäude taugte der hölzerne Bau jedenfalls nicht. War man auf den Dinghof gestossen, wie Daniel Gutscher vom Archäologischen Dienst des Kantons Bern vermutet?[3] Alle archäologischen Befunde sprechen dafür, die These hat nur einen Haken: Der Rodel von 1461[4], lokalisiert den Dinghof Laufen nämlich «usser den Toren bei den Kirchen», also am rechten Birsufer in der Nähe der St. Martinskirche.

Ein Widerspruch? Nicht unbedingt – der Rodel könnte auch nur den rechtlichen Raum des Dinghofverbandes meinen. Das umgrenzte Dinghofgericht befand sich oftmals im Vorhof einer Kirche. Hier kamen die Freien zu ihrer Versammlung, zum Ding, zusammen, um Gericht zu halten und Recht zu weisen. Die Wasserburg am linken Birsufer dagegen war das herrschaftliches Zentrum des Dinghofverbandes, die «curtis loufen». Bereine (Verzeichnisse von Grundstücken) der Stadt Laufen aus

[2] *Vergleiche die verschiedenen Theorien zur Stadtgründung in: Ernst Baumann, Der Dinghof und die Stadt Laufen, in: Einwohnergemeinde Laufen (Hg.), Laufen – Geschichte einer Kleinstadt, Laufen 1986, p. 19 ff.*
[3] *Vergleiche Daniel Gutscher, Archäologie und Baugeschichte, in: Kantonales Hochbauamt Bern (Hg.), Kantonales Verwaltungsgebäude der Bezirksverwaltung Laufental Amthaus/Schloss Laufen, Bern 1990*
[4] *Comptes Laufon-Zwingen (1437–1461), in: Archives de l'Ancien Evêché de Bâle (AAEB), Porrentruy (Der Dinghof-Rodel befindet sich zwischen den Rechnungen 1459/60 und 1459/61).*

dem 16. Jahrhundert stützen diese Auffassung. Sie nennen einen «usseren Dingkhof». Wo ein äusserer Dinghof ist, müsste auch ein innerer sein. Dafür in Frage käme einzig die Wasserburg, die in den Stadtgrundriss miteinbezogen wurde. Der «Hof», wie die Burg seit dem ausgehenden Mittelalter hiess, ist seit dem 16. Jahrhundert als Sitz des Meiers bezeugt[5].

Unabhängig davon, ob die Wasserburg zum Dinghofverband gehörte oder nicht, fest steht: Das frühmittelalterliche Machtzentrum um die St. Martinskirche hatte sich im 12. und 13. Jahrhundert in die Nähe der heutigen Stadtanlage verschoben. Und zweifellos waren die beiden Zentralbauten – Burg und Kirche – mit einer Brücke verbunden, vermutlich am selben Standort wie heute. Der Verkehrsknoten war geknüpft und um die Brückenköpfe bildete sich ein Siedlungskern heraus. Die wirtschaftlichen Vorteile des Wasserfalls als Energiequelle und natürlicher Umschlageplatz für Rohstoffe aus den umliegenden unwegsamen Wäldern förderten die Ausbildung eines lokalen Zentrums zusätzlich.

Ein Fürstbischof übernimmt die Bauleitung

Die Kiesbank, worauf die Stadt Laufen gemauert wurde, war im 12./13. Jahrhundert keineswegs jungfräulich. Die Mächtigen sassen darauf, wer immer sie waren. Und über die Kiesbank führte der Weg von Basel nach Delsberg, der sich aus sicherer Höhe hinunterwand ins Laufner Becken, die Burg streifte und den zentralen Verkehrsknotenpunkt auf dem heutigen Vorstadtplatz erreichte. Dort verzweigte er sich ostwärts über die Brücke Richtung Passwang, westwärts Richtung Chall, südwärts Richtung Delsberg.

Entlang des Weges wuchs die Stadt von mächtiger Hand geplant. Ein erstes Indiz hierfür ist der Damm. Um die Kiesbank vor Überschwemmung zu schützen wurde die Birs begradigt und entlang des neuen Flussbettes ein Damm aufgeschüttet. Man muss sich eine mittelalterliche Grossbaustelle vorstellen, die einen hohen Organisationsgrad voraussetzte, was in jener Zeit und an jenem Ort allein der Fürstbischof bewältigen konnte. Ob das Dorf Laufen dem Aufbau der Stadt zum Opfer fiel, oder ob man die Flucht bereits bestehender Gebäude nutzte, bleibt vorderhand offen.

Es gibt ein zweites Indiz für eine geplante Stadtanlage: Innerhalb des vom Fluss geschützten Raumes bestand eine vorgegebene Bauflucht. Sie entsprach vermutlich dem Weg, dessen Breite nun klar definiert wurde. Allerdings wiesen die einfachen Holzbauten entlang der Bauflucht zuerst individuelle Strukturen auf. Erst in einer späteren Phase wurden sie begradigt und vereinheitlicht. Sämtliche Bauten besassen nun einen Laubengang gegen die Strasse hin und im Inneren eine Aufteilung zwischen Laden- und Wohnraum[6]. Das heisst, der Fürstbischof initiierte und regulierte zwar die Stadtgründung, die Holzbauten zogen die Stadtbewohner aber in eigener Initiative hoch. Auf die erste

[5] Vergleiche C.A. Müller: Verwaltung und Behörden, in: Laufen 1986, p. 242 ff.
[6] Vergleiche zur baulichen Entwicklung den Beitrag Pfrommer in diesem Band.

wenig strukturierte Phase folgte schliesslich eine zweite des Ausbaus und der Vereinheitlichung.

Noch etwas fällt auf: Die einzelnen Häuser waren innerhalb der gleichen Bauphase unterschiedlich ausgestattet; Pfostenbauten standen neben Schwellenbauten, einfachere Wohnsitze neben fachmännischen. Im Moment der Stadtgründung spielte die soziale Differenzierung eine eher untergeordnete Rolle. Überhaupt dürften die damaligen Einwohner zum grössten Teil aus der unmittelbaren Umgebung von Laufen stammen, waren also Bauern und Handwerker.

Und wo war der Adel? 1327 übergab Ritter Peter von Hofstetten seinem Bruder Otto alle Rechte an der «hofstatt und an dem hofe, das gelegen ist ze louffen in der stat zwischent dem wassertor und Heinrichs seligen des vogts huse von Lutolsdorf»[7]. Das Wassertor steht in unmittelbarer Nähe der Wasserburg. Wenn im Umkreis der Wasserburg gleich zwei Adelshäuser genannt werden, kann man vermuten, dass sich der Adel um die Wasserburg gruppierte, die ja nun innerhalb der Stadtanlage lag. Andererseits sagt die Erwähnung adliger Geschlechter als Hausbesitzer noch nichts über ihre reale Präsenz aus. Vermutlich handelte es sich bei den Häusern um Burglehen[8].

Omni gaudeant libertate ...

Als Peter Reich von Reichenstein sein Siegel und das des Domkapitels unter den Stadtbrief setzte, war die bauliche Entwicklung des Städtchens zum grossen Teil abgeschlossen. Unter Schutz und Kontrolle der Wasserburg war ein neuer Siedlungskern herangewachsen, indem Bestehendes neu strukturiert und ausgebaut wurde. Der Stadtbrief war gleichsam die Schlüsselübergabe.

Dass die Urkunde nicht am Anfang einer baulichen Entwicklung stand, sondern an dessen Ende, entsprach weitgehend der damaligen Praxis. Kleinbasel zum Beispiel hatte um 1250 Festungsanlagen und an seiner Spitze einen Schultheissen. Noch nannten die Urkunden Kleinbasel eine «villa», seine Einwohner hingegen «cives» (Bürger); 1278 regierte ein Rat mit eigenem Siegel. Das Stadtrecht erhielt Kleinbasel aber erst sieben Jahre später von König Rudolf[9].

Während für Kleinbasel der Wochenmarkt besonders bestätigt wurde, fehlte im Laufner Stadtbrief jeglicher Hinweis auf ein konkretes Privileg: «... omni gaudeant libertate, immunitate, jure, judicio et consuetudine, quibus karissimi et fidelissimi nostri cives Basilienses gaudent ...», heisst der zentrale Satz in der lateinischen Urkunde. Zu deutsch: die «burgenses de Loufenowe» erhielten dieselben Rechte und Freiheiten wie die Basler Bürger. Welche Rechte und Freiheiten damit gemeint waren, ist die zweite Frage. Für wen sie galten, die erste.

[7] Vergleiche dazu Ernst Baumann, in: Laufen 1986, p. 24
[8] Vergleiche zu Burglehen den Beitrag W. Meyer in diesem Band.
[9] Werner Meyer: Der Zusammenschluss von Gross- und Kleinbasel im Spätmittelalter, in: Meles, B./ von Wartburg, B. (Hg.), Leben in Kleinbasel 1392–1892–1992, Basel 1992, p. 12 ff.

*Stadtbrief
vom 26. Dezember
1295*

Wer steckte eigentlich hinter der Bezeichnung «burgenses de Loufenowe»: Waren damit die Einwohner der Stadt gemeint, die Stadtbürger oder die Bewohner der Burg? Oder aber konnte sich als privilegiert wähnen, wer innerhalb der Mauern sein Haus hochzog? Fragen, die für die Gründungszeit im Raum stehen bleiben müssen. Rat und Bürger von Laufen sind 1408 überhaupt erstmals explizit erwähnt[10]. Die Rechte und Freiheiten, die Laufen genoss, tauchen erst im 15. und 16. Jahrhundert schemenhaft in den Urkunden auf. Für die Zeit der Stadterhebung schweigen die Quellen, mit einer Ausnahme: dem Verweis im Laufner Stadtbrief auf die Rechte und Freiheiten der Stadt Basel. Was bedeutete dies konkret? Oder anders gefragt, welche Privilegien besass Basel am Ausgang des 13. Jahrhunderts?

[10] *Vergleiche B 239/1 Akten betreffend Häuser, Lehen und Güter in Laufen 1397–1792, AAEB*

Ausschnitt aus dem Stadtbrief vom 26. Dezember 1295

Das Gleiche ist nicht dasselbe

1212 erteilte der Stauferkönig Friedrich II. der Stadt Basel das Recht, seinen Rat selber zu wählen. Sechs Jahre später widerrief er den Entscheid nach Protesten des Fürstbischofs. Dieser liess den Rat zwar bestehen, nun aber unter seiner Obhut. Zu seinen schriftlichen Rechten kam Basel unter Fürstbischof Heinrich von Neuenburg: In der Handfeste von 1263 regelte er die Wahl und die Verfassung des Rates, befreite die Stadt von der Reichssteuer und bestätigte die Zünfte. Bereits 1227 hatte König Heinrich VII. den Basler Bürgern das Recht auf Ritterlehen garantiert. König Rudolf schliesslich verbot 1274 den Fürstbischöfen, die Stadt Basel wegen Schulden zu verpfänden[11].

Fazit dieses Resümees: Ein Rat von bischöflichen Gnaden, Zünfte, der Erwerb von Grundeigentum und der Schutz vor Verpfändung – dies waren 1295 die schriftlich fixierten Rechte und Freiheiten der Basler Bürger. Über das Recht auf Mauerbau oder auf einen Wochenmarkt, wie man erwarten könnte, steht nichts in den Urkunden. Möglicherweise genügte es, die Mauer hochzuziehen oder den Wochenmarkt abzuhalten, um das Recht darauf zu bekräftigen.

Die Formel «gleiche Rechte und Freiheiten wie Basel», – sie findet sich auch im Stadtrecht von Delsberg und Biel – ist kaum wörtlich zu verstehen: Ansonsten hätte Laufen auf sein Recht pochen müssen, als Bischof Johann von Vienne das Städtchen 1371 für 2000 Gulden an den Grafen Walraf den Alten, Herr zu Pfeffingen, verpfändete. Im Jahr 1400 kam es noch schlimmer: Bischof Humbert verkaufte Laufen dem reichen Basler Oberzunftmeister Zibol für 3200 Gulden «mit allen dörffern, luten und guote, die darzuo gehörent mit twingen und bännen, mit lüte und guote, mit den gerichten grossen und kleinen»[12].

Nebenbei zum Vergleich: Bereits 1392 hatte die Stadt Basel Kleinbasel für 73000 Gulden erworben. Nimmt man den Preis als Gradmesser, war die Bedeutung Laufens 100 Jahre nach seiner Erhebung eher gering, einmal abgesehen von der strategisch bedeutsamen Lage Kleinbasels, die den Kaufpreis sicherlich in die Höhe trieb. Für Liestal, Waldenburg und Homburg zusammen zahlte Basel um 1400 immerhin noch 22000 Gulden[13].

Die Verpfändung und der Verkauf machen eines deutlich: Laufen genoss keineswegs dieselben Rechte und Freiheiten wie das mächtige Basel, auch wenn der Stadtbrief dies suggeriert. Während sich die Stadt Basel im späten Mittelalter den Status einer autonomen Reichsstadt erwarb, indem sie den unter Geldnot leidenden Fürstbischöfen Recht um Recht abkaufte, nahm sich Laufens Privilegien-Ausbeute vergleichbar bescheiden aus, wie noch zu zeigen ist.

Mit der Stadterhebung erhielten Laufen und Basel zwar eine besondere Rechtsstellung – einen Freiraum. Dieser stellte noch keinen ausdifferenzierten Rechtsbereich dar, war aber offen für den Ausbau von Rechten und Freiheiten bis zur Autonomie. Es

---

[11] Vergleiche Urkundenbuch der Stadt Basel, bearbeitet von Rudolf Wackernagel, Rudolf Thommen, A. Huber, Band 1–11, Basel 1890–1910
[12] Abschriften der Verpfändungsurkunden zwischen 1400 und 1425 in: Walther Merz, Schloss Zwingen im Birstal, Aarau 1923, p. 76f.
[13] Vergleiche zu den Preisangaben: Rosen, Josef, Chronik von Basel, Basel 1971

oblag dem Geschick und der Machtfülle einer Stadt, inwieweit sie diese Vorteile nutzen konnte. Die Autonomiebestrebungen von Städten mussten die Fürstbischöfe herausfordern, weil sie wie andere Landesherren auch bestrebt waren, ihre Herrschaft zu konsolidieren. Gegenüber Basel gelang es den Fürstbischöfen nicht, sich durchzusetzen, gegenüber Laufen schon, auch wenn dies mit einigen Schwierigkeiten verbunden war, wie die Vorgänge um den Bauernkrieg von 1525 illustrieren.

Die Laufner fordern ihre Rechte

Die Stadt Laufen spielte im «Pürrischen Uffruhr» eine führende Rolle auf seiten der rebellierenden Landbevölkerung. Ihre Forderungen hoben sich in ihrer Radikalität deutlich von jenen der übrigen Laufentaler Gemeinden ab:

Im Beschwerdebrief vom 28. November 1525[14] verlangten Meier, Rat, Geschworene und die ganze Gemeinde der Stadt Laufen die Abschaffung verschiedener Abgaben und Frondienste: «Zum 12t. wollend sy meinem gn. Herren kein tagwonn (Frondienst) mehr thun noch frönen, weder mit maien, heüen, bauwen, schniden, hagen, nachjagen, sondern wellend das alles frey sein». Auch reklamierten sie den freien Zugang zu den Hochwäldern und Gewässern. Auffallend ist die Forderung nach der Zusammenlegung des Laufner und Zwinger Gerichts: «so weelend sy das beyde empter Zwingen und Lauffen nit mehr dann ein Gericht hab und daselbige im stettlin Lauffen gehalten werde, so doch beyd empter iez meines gn. Herrn seiend.» Hinter der Forderung verbirgt sich der Versuch, die Vorstadt in das Stadtrecht einzubinden.

Der Beschwerdebrief deutet es an, im 16. Jahrhundert war es mit der Stadtfreiheit nicht allzuweit her. Die Laufner Bürger zahlten die üblichen Abgaben und Zölle an den Fürstbischof – genannt sind das «brantgeld», das «Ungelt von win», der «kleine Zehende» und der «grosse Zehende» sowie der Zoll auf Holz «und ander so auff dem Wasser geflöezt». Auch der Frondienst unterschied sich kaum von jenem in den dörflichen Gemeinden.

Stadtluft macht frei

Sieben Jahre später wurde der Streit vertraglich beigelegt. Unter der Vermittlung von Basel unterzeichneten Fürstbischof Philipp von Gundelsheim und die Stadt Laufen im Jahr 1532 eine Vereinbarung, die den Status quo bestätigte[15]. In der Einleitung rekapitulierte der Schreiber, dass die Auslegung der Laufner Rechte und Freiheiten immer wieder zu Missverständnissen geführt habe, weshalb sie «mererer lütterung bedürffen». Ein Hinweis auf die Rechtsunsicherheit und -überschneidungen, die unterschiedliche Interpretationen zuliessen. Die schriftliche Aufzeichnung der strittigen Punkte ermöglicht nun einen Einblick in das Laufner Stadtrecht.

[14] *Beschwerde Artickel deren von Laufen, 28. November 1525*, in: B 234/2 Laufen und Zwingen die Herrschaft, 1525–1532, AAEB. Bistum Basel, F3 Laufen 1525–1595, Staatsarchiv des Kantons Basel-Stadt (StABS). Nicht besprochen werden hier die kirchlichen Forderungen.
[15] *Der Stadt Lauffen Freyheitsbrief, 1532*, in: B 234/2, Fasz. 1, fol. 22ff., AAEB. Bischöfliche Handlung, D3 Burgrechte im Bistum 1529–1533, StABS

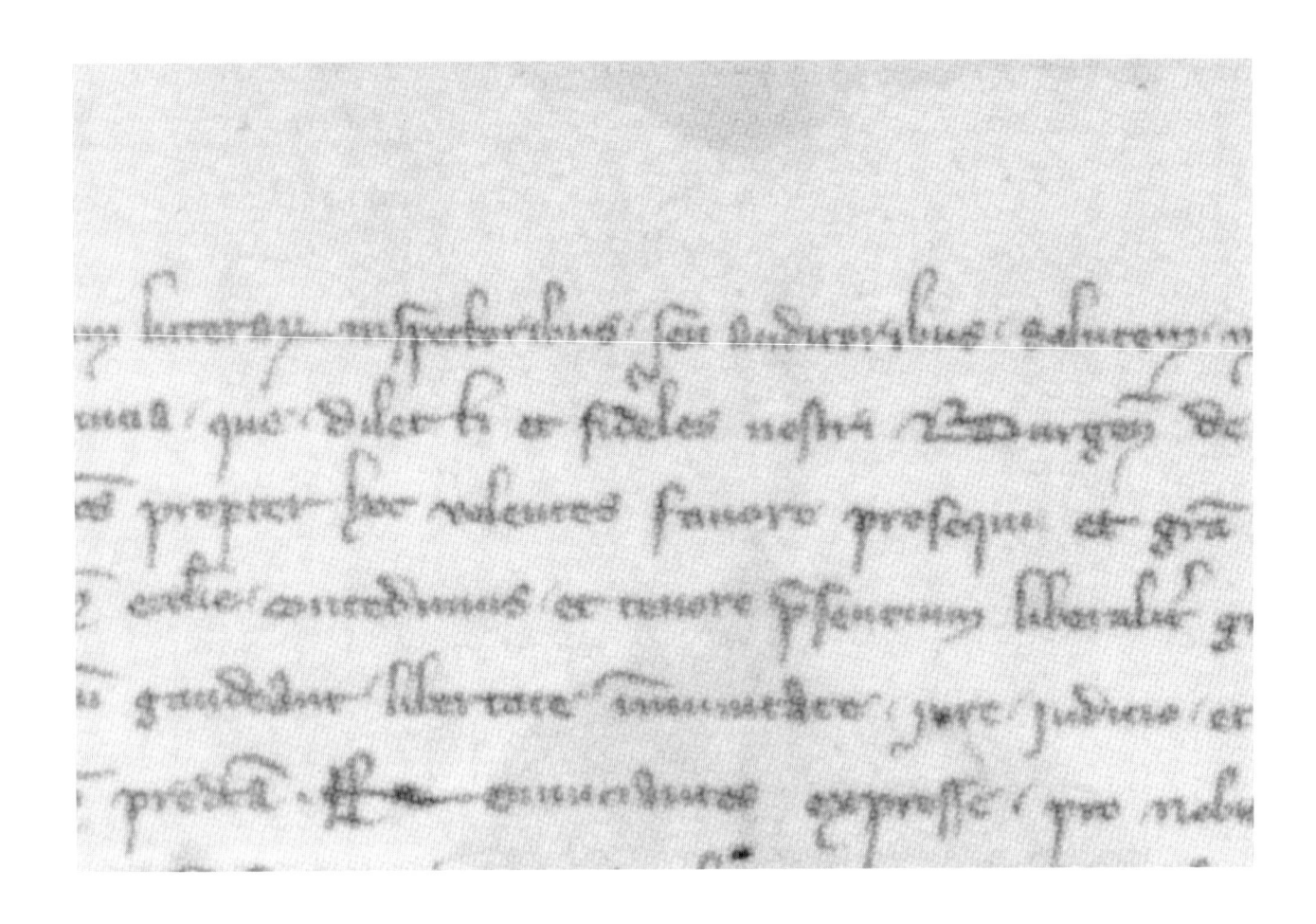

Ausschnitt aus dem Stadtbrief vom 26. Dezember 1295

Der «Freyheitsbrief deren von Lauffen» hielt fest, «dass alle, die so auff diesem Tag im Stättli Lauffen wie es die Zarg (Graben) mit den Grendel (Schlagbaum) beschlüsst, gesessen oder fürschin zu ewigen Zeiten darin ziehen werden ... jetzt und hiernach dem Stättlin Lauffen, im Namen unseres gnädigen Herren obgemelt und sonst niemandem zugehörig seien.» Damit hatte sich das Territorialprinzip durchgesetzt. Wer in der Stadt lebte, war von allen Abhängigkeiten und Verpflichtungen befreit, ausser jenen gegenüber der Stadt. Für den Fall eines Vergehens war das Stadtgericht zuständig. Die Bestimmung lässt indirekt den Schluss zu, dass bis zu diesem Zeitpunkt die Leibeigenschaft nicht erlosch, wenn sich jemand in der Stadt niederliess.

Andererseits galt das Territorialprinzip nicht für Laufner Bürger, die sich in der Vorstadt, Liesberg, Röschenz oder Wahlen niederliessen. Sie sollten «wie bisher zu dem Stättlein Lauffen zu Gericht, zu Recht und anderen Dingen gehören und dienen». Der Artikel entsprach der Pfahlbürger-Politik der Städte, die Menschen und ganze Dörfer ausserhalb der Mauern in das Burgrecht aufnahmen, und auf diese Weise ihren Einflussbereich erweiterten.

Die Vereinbarung bestätigte denn auch, dass Meier und Rat «wie von altem her burger uffnehmen» können, schränkte aber ein, diese müssten dem Fürstbischof genehm sein und keine vertriebenen Banditen. Inwieweit die Pfahlbürger-Politik der Stadt Laufen Erfolg zeitigte, lässt sich schwer abschätzen. In einem Aktenstück aus dem Jahr 1525 heisst es: «Louffen das stettlin mit den Dorfflin so darzu gehörent nemlich Wallen, Liesperg, Roschitz». Laufen besass über seine Mauern hinaus gewisse Rechtsansprüche. Ob durch aktive Machtpolitik erworben oder bloss dadurch, weil der Dinghofverband bei der Gründung der Stadt aufgeteilt worden war, bleibt offen.

Wer gepietet und verpietet

Zu den unbestrittenen Privilegien gehörte das Stadtgericht: Bereits 1479 berichtet der «Cantzler Wunibald Seidelbeck» dem Fürstbischof Kaspar zu Rhein von einem wöchentlichen Gericht in Laufen[16]. Das «gepieten und verpieten» oblag dem Meier, ebenso die Bussen und die Bestrafung bei Unzucht und Frevel «dergestalten so einer den anderen liesse unwahrsagen, mit trockenen streichen schlage, von Leder zuckte, somit blutzunsig machte, solche und dergleichen kleine frevel...»[17]. Die Stadt verfügte somit über die niedere Gerichtsbarkeit. Sie konnte kleinere Vergehen durch Bussen ahnden und zivilrechtliche Konflikte schlichten. Die hohe Strafgerichtsbarkeit für schwere Tatbestände an Leib und Leben blieb Sache des Fürsten.

Auch beharrte der Fürstbischof auf der Meierwahl, was eine gewisse Kontrolle über die Stadt garantierte. Ursprünglich war das Meieramt dem Dienstadel vorbehalten und erblich. Das hatte sich im 16. Jahrhundert geändert: Als 1551 der Fürstbischof dem Meier von Laufen, Jakob Imhof, den Laufpass gab und an dessen Stelle den bischöflichen Schaffner zu Zwingen, Hans Küng, einsetzte, beschwerten sich die Laufner: Es sei nicht Brauch, dass ein Beamter aus dem Zwingner Amt das Laufner Meiertum verwalte. Vielmehr unterbreite die Laufner Gemeinde jeweils einen Dreiervorschlag, aus welchem der Fürstbischof den Meier auswähle[18]. Der Meier war zwar ein herrschaftlich legitimierter Beamter, es kam aber auch vor, dass er sich mit dem Rat gegen den Fürstbischof verbündete, wie dessen Unterschrift unter die Beschwerdeartikel von 1525 beweist.

Trotz der Vereinbarung von 1532 blieben die Rechte und Freiheiten ein komplexes Netz mit zahlreichen Interpretationsfreiheiten und Überschneidungen. Verschiedentlich teilten sich die Stadt und der Vogt von Zwingen die Entscheidungskompetenz. Beispielsweise beim «Gescheid», jenem Gericht, das über Grenzstreitigkeiten oder Feldfrevel entschied.

Mit dem Stadtbrief schnitt der Fürstbischof «die burgenses de Loufenowe» zwar aus dem ding-genossenschaftlichen Recht, ohne aber eine systematische Stadtverfassung zu schaffen. Die Stadtbewohner verfügten über vereinzelte Privilegien, die recht willkürlich erscheinen. In vielen Lebensbereichen bestand das Gewohnheitsrecht (consuetudine) weiter, das in der Urkunde von 1295 ausdrücklich bestätigt wird. Gewohnheitsrecht aber

[16] *Abhaltung des Gerichts zu Laufen, 1479, in: B 234/8 Laufen und Zwingen die Herrschaft, AAEB*
[17] *Der Stadt Laufen Freyheitsbrief 1532*
[18] *Vergleiche C.A. Müller in: Laufen 1986, p. 242 ff.*

war Dinghofrecht: Denn vor seiner Stadterhebung war Laufen eingebunden in die Dinghofverfassung, die eine adelig-bäuerliche Gesellschaft geformt und tradiert hatte. In Laufen dürften sich deshalb Stadtrecht und Dinghofrecht in der Gründungszeit überlagert haben – was zu den erwähnten Irrungen und Missverständnissen führte.

1532 befand sich die Stadt Laufen auf dem Höhepunkt ihrer Autonomiebestrebungen. 1710 erklärte Fürstbischof Konrad die besprochene Vereinbarung für ungültig, «weil solche zur Zeit des abfahls erpresset worden ... und die Religion prostituirt ware». Das Erstarken der Fürsten band die Rechte und Freiheiten der Laufner zurück. Von jenem aufmüpfigen Geist, der um Privilegien rang, war im 18. Jahrhundert nichts mehr zu spüren. Im Gegenteil: Laufen verhielt sich zwischen 1726 und 1740 ausserordentlich zurückhaltend, als sich die ländlich-bäuerliche Bevölkerung in den Troublen gegen neu eingeführte Beschränkungen wehrte.

Seine Bedeutung verlor das Stadtrecht endgültig im Jahr 1793, nachdem das Fürstbistum als 84. Departement «Mont Terrible» Frankreich einverleibt worden war. Die beiden Gemeinden Stadt und Vorstadt wurden zur Municipalité vereint, der Rat und die Burgerrechte abgeschafft, die Gesetzgebung vereinheitlicht. Anstelle des Bourgeois trat der Citoyen. Die Französische Revolution hatte die Gleichheit auf ihre Fahne geschrieben. Die besondere Rechtsstellung der mittelalterlichen Städte widersprach diesem Prinzip, auch wenn die Freiheiten und Rechte wie im Falle Laufens bescheiden geblieben waren.

Peter Hellinger

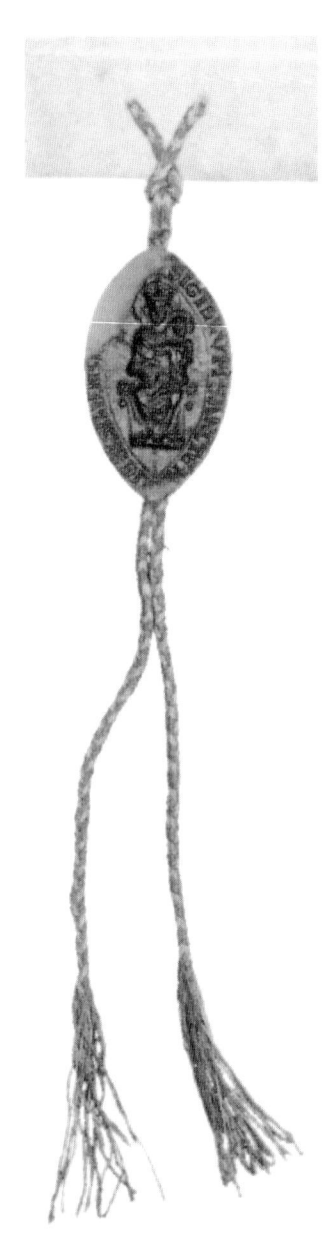

Ausschnitt aus dem Stadtbrief vom 26. Dezember 1295 (Siegel des Domkapitels)

Quellen:

Laufner Stadtbrief vom 26. Dezember 1295: Staatsarchiv des Kantons Basel-Stadt (StABS), Städtische Urkunden Nummer 102, Basel
Bistum Basel, F3 Laufen 1525–1595: StABS, Basel
Bischöfliche Handlung, D3 Burgerrechte im Bistum 1529–1533: StABS, Basel
Beschwerde Artickel deren von Laufen, 28. November 1525, in: B 234/2 Laufen und Zwingen die Herrschaft, 1525–1532, Archives de l'Ancien Evêché de Bâle (AAEB), Porrentruy
Der Stadt Lauffen Freyheitsbrief, 1532, in: B 234/2 Laufen und Zwingen die Herrschaft, 1525–1532, AAEB Porrentruy

Literatur:

Berner, Hans: Gemeinden und Obrigkeit im fürstbischöflichen Birseck. Herrschaftsverhältnisse zwischen Konflikt und Konsens, Liestal 1994
Bühler, Theodor: Gewohnheitsrecht und Landesherrschaft im ehemaligen Fürstbistum Basel, Zürich 1972
Meles, Brigitte; von Wartburg, Beat: Leben in Kleinbasel 1392–1892–1992, Basel 1992

Abbildungsnachweis:

1–2: Zeichnung Katrin Hagmann, Basel
3–6: Staatsarchiv Basel, Städtische Urkunden Nr. 102

Loufenowe – Louffen – Laufen

Die Siedlungsgeschichte von Laufen im Spiegel der Flur- und Ortsnamen

In diesem Aufsatz soll der Frage nachgegangen werden, wie weit sich die Verleihung des Stadtrechts durch den Bischof von Basel einerseits und ein städtisches Bewusstsein der Einwohnerschaft anderseits in der Namengebung von Örtlichkeiten, Gebäuden, Strassen und Plätzen niedergeschlagen haben.

Leider ist die Ausgangslage für eine Siedlungsgeschichte aus dem Blickwinkel der Flurnamenkunde nicht gerade gut: aus der Zeit, die der Verleihung der Stadtrechte vorangeht oder folgt, also zwischen 1100 und 1400, sind nur wenige schriftliche Quellen vorhanden; die meisten Flurnamenbelege erscheinen erst nach 1550, also etwa 250 Jahre nach der Verleihung des Stadtrechts. Ausserdem gibt es im Gebiet der Stadt Laufen keine eigentlichen Flurnamen, sondern nur der Umgangssprache entnommene Bezeichnungen für Örtlichkeiten, Gebäude, Strassen und Plätze. Schliesslich musste aus Zeitgründen auf zusätzliche Quellenstudien verzichtet werden. So ist es durchaus möglich, dass einzelne Namen urkundlich bereits früher genannt werden, und dass der eine oder andere Name übersehen wurde. An der Gesamtschau dürfte sich jedoch nicht viel ändern.

Die Anfänge der Siedlung

Das Gebiet von Laufen war bereits in römischer und gallo-romanischer Zeit besiedelt; so wurden zufällig oder bei Ausgrabungen immer wieder Funde gemacht. Alban Gerster legte seit 1917 im Müschhag die Ruinen eines römischen Gutshofs frei, der etwa von 50 nach Christi Geburt bis in die erste Hälfte des 4. Jahrhunderts besiedelt war. Im untern Teil des Salfeldes wurden römische Ziegel und Münzen des 2. Jahrhunderts gefunden, und etwas weiter südlich wurde ein Brandgrab des 2. Jahrhunderts ausgegraben. An der Baselstrasse bei der Garage Hof kamen römische Mauern zum Vorschein.

Die Verteilung der Siedlungsstellen und Funde zeigt, dass die Römer die Flussniederungen gemieden und ihre Gutshöfe auf den Terrassen über dem Tal angelegt haben, meist an einer Strasse und in der Nähe von kleinen Bächen. Eine Römerstrasse führte von Basel über den Blattenpass nach Blauen, folgte dem Talrand bis Laufen und überquerte dort die Birs, führte beim Gutshof im Müschhag vorüber, weiter nach Wahlen und am Stürmenkopf vorbei – dort war eine römische Station – und über den Fringelipass ins Scheltental.

Im engeren Siedlungsgebiet von Laufen ist kein einziger vorrömischer, römischer oder gallo-romanischer Flurname überliefert.

Man weiss darum nicht, wie der Gutshof im Müschhag oder die auf dem Lochfeld an der Baselstrasse vermuteten Gebäude geheissen haben. Allerdings sind in der weiteren Umgebung von Laufen einige römische oder gallo-romanische Namen überliefert: Tschampo(l) (bei der Hofmatt; vielleicht lateinisch campus altus = Hochfeld), Gutt (auf dem Salfeld; wahrscheinlich lateinisch gutta = Quelle), Büchs (südlich des Alten Fiechtenhofs, Breitenbach; lateinisch buxetum = Buchsbaumwäldchen), Grymlech (östlich des Neuen Fiechtenhofs, Brislach; gallo-romanisch: Gut des Grumilius), der Siedlungsname Brislach (gallo-romanisch: Gut des Brisillius), Chattel (Dittingen), Greifel (Laufen) und der Siedlungsname Röschenz (aus Roscantia, vielleicht der alte vordeutsche Name der Lützel), diese letzten drei noch ohne überzeugende Deutung. Der Name Chärchel (Keller, Kerker, südlich der Martinskirche) ist ein Lehnwort und dürfte nicht in die gallo-romanische Zeit zurückreichen.

Das heisst: die überlieferten Flurnamen zeigen zwar Spuren römischer Besiedlung, aber man kann allein daraus noch keine genauen Rückschlüsse auf Umfang und Art der Siedlungen ziehen.

Vom Dinghof zur Stadt

Im frühen Mittelalter war nicht mehr die Siedlung im Müschhag, sondern eine niedere Stelle der Birs oberhalb des Wasserfalls wichtig geworden. Die Flurnamen Bruggmatt und Bruggstell (Stelle bei der Brücke) lassen vermuten, dass bei der Kirche St. Martin ein Übergang über die Birs bestand: vielleicht schon bald als Steg oder primitive Holzbrücke, wie Alban Gerster vermutete[1]. Zur Sicherung dieses Übergangs wurde vielleicht schon im 6. Jahrhundert auf dem flachen Sporn am Chilchrainli eine fränkische Siedlung erbaut. Sie umfasste einen Gutshof, eine Kirche, dem heiligen Martin geweiht, sowie weitere Wirtschafts- und Wohngebäude.

Laut Stefanie Martin-Kilcher[2] muss eine gewisse Beziehung dieser Siedlung zum römischen Gutshof vom Müschhag bestanden haben, ohne die das Gebiet kaum fränkisches Königsgut geworden wäre. Da diese Siedlung das ganze Mittelalter hindurch bestand, ist anzunehmen, dass sie von Anfang an den Namen Laufen (althochdeutsch loufen = Wasserfall) getragen hat.

Diese Siedlung mit dem Gutshof und der Kirche St. Martin wird schriftlich zum ersten Mal 1141 erwähnt; sie wird curtis (Hof, Dinghof) genannt: «quatuor curtibus ... Sierenzho, Loufen, Ooltingen, Filnaccer» (von vier Höfen, ... nämlich Sierenz, Laufen, Oltingen und Villnachern). Weitere Erwähnungen folgen 1146, wieder curtis genannt: «curtim de Leufen cum pertinenciis» (den Hof von Laufen mit den dazugehörigen Gütern und Rechten), dann 1196, hier erstmals villa (Dorf) genannt: «decimas in villa Loufen» (den Zehnten im Dorf Laufen), 1302 erstmals deutsch: «in dem dorff ze Loffen».

[1] Gerster, Alban: Beitrag zur Siedlungsgeschichte der Stadt Laufen, in: Einwohnergemeinde Laufen (Hg.): Laufen. Geschichte einer Kleinstadt, Laufen 1986, p. 15
[2] Martin-Kilchner, Stephanie: Die Funde aus dem römischen Gutshof von Laufen-Müschhag, Bern 1980, p. 107

Hintere Gasse 1911/12 mit heute abgebrochenen Häusern

Eigentum des Adels

Die Eigentumsrechte lassen sich nicht bis in die früheste Zeit zurückverfolgen. Wahrscheinlich ursprünglich fränkische Gründung, könnte der Hof mit der zugehörigen Siedlung an eine lokale Dienstadelsfamilie übergegangen sein. Darauf könnten die benachbarten Flurnamen Sal (althochdeutsch sala = Herrenhof), Selmet (wahrscheinlich aus Sal-Matte entstanden) und Brüel (Wässermatte, feuchtes Wiesenland) hinweisen, alles Namen, die im frühen Mittelalter das Gut des dörflichen Adels bezeichneten. Wahrscheinlich kam der Hof als Schenkung an das Kloster St. Blasien, und von dort an das Basler Bistum.

Im 14. Jahrhundert muss ein Teil der Güter, die zum Dinghof gehörten, an das Haus Habsburg gekommen sein. Erst 1460 konnte der Bischof von Basel diesen Teil des Hofs wieder zurückkaufen. Der Hof verliert seine Eigenständigkeit; er wird dem Amt Zwingen einverleibt. Danach verschwinden die rechtsseitige Siedlung sowie der Dinghof weitgehend aus den Urkunden. Auch die Erinnerung an die Eigenständigkeit der Siedlung beim Gutshof und der Kirche St. Martin ist verlorengegangen; das Gebiet auf dem Schutzrain östlich der früheren Siedlung heisst schon 1690 nicht mehr, wie zu erwarten wäre, «hinter dem Dorf», sondern «hinder den Häusern».

Die von Historikern immer wieder geäusserte Vermutung, die auf dem Sporn über der Birs gelegene Siedlung beim Dinghof und der Kirche St. Martin habe den Namen Loufenouue (Laufenau) getragen, dürfte auszuschliessen sein, da das Grundwort Au (mittelhochdeutsch owe) eine Flussniederung oder flache Stelle an einem Gewässer bezeichnet, und in den Urkunden von 1295, 1307 und 1313 jeweils nur die Stadt auf dem linken Birsufer so genannt wird.

Ein neues Zentrum

Nach der Verleihung der Stadtrechte vom 26. Dezember 1295 verlor die rechtsseitige Siedlung ihre Bedeutung, und der wichtige Übergang über die Birs, nun nicht mehr oberhalb, sondern auf einer neuen Brücke unterhalb des Wasserfalls, wurde von der Stadt Laufen kontrolliert.

Diese Verlagerung des Siedlungsschwerpunkts hängt wahrscheinlich mit einer verkehrsgeographischen Veränderung im frühen Mittelalter zusammen: In fränkischer Zeit diente offensichtlich noch die alte römische Verbindung von Basel durch den Jura nach Ostfrankreich als Durchgangsstrasse. An dieser Verbindungslinie liegen auch die bisher bekannten fränkischen Siedlungen des 6. Jahrhunderts: Basel-Bernerring, Reinach, Bassecourt sowie die drei dem fränkischen Nationalheiligen Martin geweihten Kirchen von Pfeffingen, Blauen und Laufen.

Mit der Öffnung der Birsklusen, die seit dem 7. Jahrhundert vom Kloster Moutier-Grandval begonnen wurde, veränderte sich die Verkehrslage: die Durchgangsstrasse führte nun bei Laufen nicht mehr über die Birs, um über den Fringelipass ins Delsberger Becken zu gelangen, sondern blieb auf der linken Seite der Birs und führte durch die Klus bei Vorburg nach Delémont. Vielleicht ist damit die allmähliche Verschiebung des Siedlungsschwerpunktes von Laufen zu erklären: von der römischen Villa im Müschhag auf dem Rebacker-Plateau über den fränkischen Hof mit der Kirche St. Martin auf dem rechten Birsufer zur ehemaligen Wasserburg (heute Hof, Amtshaus)[3] und dem Städtchen Laufen auf der linken Birsseite.

[3] *Vergleiche zum Amtshaus den Beitrag Pfrommer in diesem Band.*

Stadt, Stettli, Oppidum Louffen, la ville de Laufon

Vorstadt 1902

Dass Laufen in rechtlicher Hinsicht Stadt geworden ist, schlägt sich auch in den Urkunden nieder. 1295 werden die Bewohner der Stadtsiedlung bereits «burgenses de Loufenouue» (Stadtbürger von Laufen) genannt, ebenso 1307 «burgenses de Loufenowe», und 1307 wird die Stadt erstmals als «oppidum» (Kleinstadt) – im Gegensatz zu civitas (Grosstadt), wie beispielsweise Basel – bezeichnet: «in oppido nostro Lovfein» (in unserer Stadt Laufen). Die deutsche Bezeichnung «Stadt» kommt erstmals 1327 vor: Peter von Hofstetten übergibt seinem Bruder die Rechte an einem «Hof ze Louffen in der stat zwischent dem Wassertor und Heinrichs seligen ... huse». Im ganzen 14. Jahrhundert wird Laufen in lateinischen Urkunden durchgehend op(p)idum, in deutschen Urkunden Stadt genannt. 1402 tritt erstmals in einer französischen Urkunde die Bezeichnung «la ville de Loffons» auf.

Dass Laufen eine kleine Stadt war und blieb, beginnt sich von der Mitte des 15. Jahrhunderts an auch in den Urkunden zu zeigen. So tritt der Name Stettli erstmals 1451 auf: Der Basler Chronist Beinheim schreibt von einer Überschwemmung der

Birs: «man muoszt zu Louffen das thor uffhouen und die lüt uszlossen, das sy nit in dem stettlin ertruncken». Von da an zieht sich der Name Stettli, eine liebevolle Bezeichnung der Siedlung durch deren Einwohner, durch die Jahrhunderte hindurch bis in unsere Zeit, nach den Regeln der jeweiligen Rechtschreibung unterschiedlich geschrieben: Stettly, stettlin, Stättly, oder sogar mundartlich überkorrekt Schtedtli; 1525 auch «ein klein stättlin Louffen genehmbt, so uns yärlichen nit über zwentzig oder drissig guldin ertregt»: ein ehrliches Eingeständnis eines bischöflichen Schreibers, wie klein Laufen eben doch war. In amtlichen Verlautbarungen dagegen erscheint meistens der vornehmere Ausdruck Stadt: «zu Louffen in der Statt», «an der statt zu Louffen».

Vor der Stadt

Ein eigener Name für das auf der linken Seite der Birs südlich der Stadt Laufen gelegene Gebiet der Vorstadt tritt erst im Spätmittelalter auf, zuerst in der Bezeichnung «vor der Stadt» und «Vor dem (Stadt-)Tor», wobei nicht immer eindeutig ist, ob nur das linksseitige oder auch noch das rechtsseitige Siedlungsgebiet gemeint ist: 1397 in einer lateinischen Urkunde «molendina sita ante oppidum de Loffen» (die Mühlen vor der Stadt Laufen), 1435 in einer französischen Urkunde «Henri Meyer et Ruedin Monnier officiers de Lauffon deuant la porte» (vor dem Stadt-Tor). Erst 1445 wird die Vorstadt erstmals mit dem heute geläufigen Namen bezeichnet: «Am zinstag vor sant Johans tag ward die vorstat zu Louffen verbrennt». Die Vorstadt wird bis zur heutigen Zeit so genannt: 1462 «die ‹vorstatt ze Louffen›», 1468 «die ‹dingkhofflüt in der vorstatt zue Louffen›», 1545 «(zu der) ‹gantzen gemeind in der vorstatt Louffen, so in Zwingen amptt gehören›». Im frühen 19. Jahrhundert tritt auch der französische Name auf: 1837 «la Faubourg de Lauffon» – ein Hauch von Weltstadt!

Die frühesten Urkunden lassen vermuten, dass der Sinn des Namens Vorstadt wirklich bedeutet: vor der Stadt gelegen. Dieser Name ist auf die Stadt bezogen: es kann erst eine Vorstadt geben, wenn es auch eine Stadt gibt. Wie das Beispiel von Basel zeigt, werden mit Vorstadt die Häuserzeilen den Strassen entlang vor den Stadttoren bezeichnet (Spalenvorstadt, Aeschenvorstadt, St. Johannsvorstadt). In Laufen hat sich nur für die (grössere) Siedlung entlang der Strasse nach Delsberg der Name Vorstadt gebildet. An der Wahlen- und Brislachstrasse wurden wegen des ungünstigeren Geländes erst im 19. Jahrhundert Häuser gebaut, und die wenigen alten Häuser ausserhalb der Stadtmauern an der Strasse nach Basel haben keinen eigenen, auf die Stadt bezogenen Namen erhalten.

Allerdings wird das Gebiet nordwestlich der Altstadt an der Rennimattstrasse und beim Untertor Hinter der Stadt genannt: 1583 «ein ‹garten hinder der statt ... stosst oben an die strass, vnden an den (Stadt-)graben›». Damit stellt sich die Frage: Wie war die Stadt orientiert, was ist vorne, vor der Stadt, was hinten,

Batteneck-Haus auf dem Vorstadtplatz (ca. 1880 abgebrochen)

hinter der Stadt? Die Namengebung gibt darauf eine klare Antwort: die Stadt ist nach Süden ausgerichtet; warum das so ist – ob aus geographischen oder politischen Gründen – bleibt offen.

Die Türen der Stadt

Was gehörte im späten Mittelalter zu einer Stadt? Vergleichen wir mit der Stadt Basel: Befestigungen, eine Stadtmauer, Tore und Türme, Gräben, Vorwerke, breite Gassen oder Strassen, Plätze und Brunnen, vielleicht auch ein Stadtbach.

Im frühen 14. Jahrhundert werden erstmals Türme und Tore genannt: 1327 «ze Louffen in der stat zwischent dem Wassertor und Heinrichts seligen ... huse», und 1339 erlaubt Bischof Johann Senn von Münsingen der Stadt, eine Steuer zu erheben «in reparationem murorum, turrium, propugnaculorum» (zur Ausbesserung der Stadtmauern, Türme und Vorwerke), die damals also schon vorhanden gewesen sein mussten. Immer wieder belasten die Ausbesserungsarbeiten an den Befestigungen die Stadtkasse: 1523 findet sich eine Eintragung im Alten Stadtbuch: «verbuwen an der statt zu Louffen ... die statt mure an der strossz gen Roschetz zuo so nidergefallen ist», und um 1540: «an der Rinckmur ... bytz zu dem oberen thor 120 lb an Geld».

Die Stadt wird im Süden vom Obertor (1774 Zeitthurm – dieses Tor trug die grosse Uhr – später auch Berntor genannt), im Norden vom Nidertor (heute Untertor oder Baseltor) begrenzt. Oben und unten oder nider ist auf den Lauf des Wassers – konkret des Stadtbachs – bezogen; die wirkliche Höhendifferenz in der Stadt ist kaum sichtbar. Die Querachse, die Kreuzgasse (heute Wassertorgasse), hatte nur im Osten einen Ausgang: das schon genannte Wassertor – wahrscheinlich führte von dort ein Steg über die Birs, 1408 genannt: «zwüschent dem hochen Thurn vnd dem Stäge». Im Westen stand der Pfaffenturm, vielleicht einst als Tor gegen Röschenz gedacht?

Weitere Türme ausser dem schon genannten Hohen Turm an der Nordostecke der Stadt waren der Pfaffenturm, welcher einer der beiden an der Westseite der Stadt stehenden Türme gewesen sein muss; der andere, «hinter der Kapell Sant Katerine», wurde 1524 errichtet und «Zundt Durn» genannt. 1553 wird ein «Gang zum ‹Kremers thurm by der caplen›» genannt, 1589 der «Stachels thurm». Die Nordostecke beim Hof wurde vom Hexenturm abgeschlossen, dessen Überreste erst 1915 abgetragen wurden.

Mauern aus Wasser

Die Stadtbefestigung umfasste ein ganzes System von Gräben und Dämmen, das in Kriegszeiten durch einen Kanal mit Wasser aus der Birs gefüllt werden konnte, so dass das Städtchen vollständig von Wasser umgeben war. Bis ins 19. Jahrhundert hinein haben sich die Flurnamen Weiher in den Widen (später Weihermatte oder Pfirtische Matte genannt) und die Weihertentschen (Dämme um den Weiher) erhalten. 1379 geben Imer von Ramstein und Heinrich von Eptingen den Bürgern von Laufen ein Grundstück im östlichen Teil der Stadt an der Stadtmauer gelegen, «zwüschent der Birs, vnd dem hohen Thurne ... (damit sie dort) mögent machen Wyer vnd gräben». 1407 wird dieser Weiher genannt: «den Wiger ... nebent der Stat Lauffen in den Widen». Dieser Weiher wurde aber bereits im 17. Jahrhundert abgelassen und als Matte genutzt: 1698 «(ein) Mathen Stick ... (von) 3 Jucarten in den Weigern ... in der Statt», mündlich «Pfirtische Matte» genannt. 1790 wurden die Dämme abgetragen und das Weiherbecken endgültig aufgefüllt.

Die Erinnerung an die Stadtbefestigung lebt heute nur noch in einem einzigen Flurnamen weiter: Auf dem Graben (nördlicher Teil des Grabenwegs).

Gassen, Plätze und Strassen

Die ursprüngliche Stadtanlage dürfte zuerst in einer einzigen, ziemlich breit angelegten Gasse, einfach Grosse Gasse genannt, bestanden haben (heute die Hauptstrasse), die von einer einzigen Quergasse gekreuzt wurde (darum früher Kreuzgasse, heute Wassertorgasse genannt). Im Zug der spätmittelalterlichen Stadterweiterung wurde wahrscheinlich das östlich der Stadt gelegene Gebiet einbezogen: Bauerngasse, Enge Gasse, Hintere Gasse (früher Spithalgasse genannt, weil sich dort im 19. Jahrhundert ein Hospital für Kranke befand), Amthausgasse (früher Hofgasse genannt). Parallel zur Grossen Gasse verläuft im Westen die Viehmarktgasse mit dem Viehmarktplatz, ursprünglich Scharwarte geheissen: der Ort, an dem sich die Scharwarte, die Mannschaft zur Bewachung der Stadt, versammelt hatte. Der Platz vor dem Rathaus, heute Rathausplatz genannt, hiess früher Platz vor der (Gaststätte) Sonne.

Es fällt auf, dass Laufen im Gegensatz zu anderen Städten, beispielsweise Basel, keine Marktgasse und keinen Marktplatz besitzt, obwohl es Vorrecht einer Stadt war, einen Markt durchführen zu dürfen. Erst 1564 richtete der Rat von Laufen ein Gesuch an den Bischof, einen Jahrmarkt durchführen zu dürfen: ohne Markt auch keine Marktgasse und kein Marktplatz.

Birsfall mit Passerelle und Tonwarenfabrik (1978 abgebrochen)

Die von Laufen wegführenden Strassen trugen die Namen der Bestimmungsorte: Delsbergerstrasse, Baselstrasse, Wahlenstrasse, Alte Bärschwilerstrasse, Alte Zwingenstrasse, Röschenzstrasse, Brislachstrasse. Die Bahnhofstrasse hiess früher Solothurnerstrasse. Manchmal kam die Ergänzung Landstrasse (nach Delsberg, nach Basel) hinzu.

Eine Kirche am Stadtrand

Wo der Rat der Stadt zuerst tagte, ist unbekannt. Wahrscheinlich bestand seit dem Spätmittelalter an der gleichen Stelle wie heute ein Rathaus. 1484 war es abgebrannt und wurde neu errichtet: «drühundert pfund verbuwen an dem rothuss von der verbrunst biss vff sant martins tag im LXXXIV jor inbeschlossen». 1822 wurde der heute noch bestehende Neubau des «Gemeindehauses» errichtet, 1869 wieder Rathaus genannt.

Wann die Katharinenkapelle (heute Katharinenkirche) errichtet wurde, ist nicht bekannt: das Patrozinium der Heiligen Katharina von Alexandrien, eine der 14 Nothelfer, weist ins Spätmittelalter und könnte vielleicht mit einem Hospital in Verbindung stehen; ihr Kult ist erst seit dem 11. Jahrhundert verbreitet. Diese Kapelle wurde wahrscheinlich beim grossen Erdbeben 1356 stark beschädigt, dann neu aufgebaut und 1360 von Bischof Johann Senn von Münsingen neu geweiht. Obwohl seit dem Umbau von 1698 faktisch Stadtkirche, wird sie bis ins 18. Jahrhundert hinein noch Kapelle genannt – im Gegensatz zur Martinskirche ausserhalb der Stadt.

Warum die Katharinenkirche am Rand der Stadt in die Stadtmauer eingebaut wurde und nicht in die Mitte der Siedlung, wie in anderen vergleichbaren kleineren Städten, zum Beispiel Liestal, ist vorerst noch ein Rätsel, ebenso die Ostung der Kirche mit einer Abweichung von immerhin rund 10 Grad. Ein altes Heiligtum an dieser Stelle dürfte auszuschliessen sein – der Ort ist ein Überschwemmungsgebiet der Birs. Vielleicht treffen sich hier Erdknoten- oder Strahlungspunkte?

Brunnen und Stadtbach

Öffentliche Brunnen sind kein besonderes städtisches Merkmal; Brunnen gibt es auch in einem Dorf. Allerdings hat eine Stadt eine Vielzahl von Brunnen; das trifft auch für Laufen zu. So gab es in Stadt und Vorstadt seit dem Spätmittelalter eine grössere Anzahl von fliessenden Brunnen: 1479 wird erstmals ein «brunnen» erwähnt; 1534 ist die Rede von einem Stockbrunnen in der Vorstadt, 1537 von einem «nideren prunnen» in der Stadt; 1584 wird der obere Brunnen, 1585 der mittlere Brunnen neu aufgebaut.

Durch die Stadt fliesst heute – teilweise sichtbar – ein «Stadtbach». Im Spätmittelalter wurde oberhalb des Wasserfalls künstlich ein Kanal aus der Birs abgeleitet und durch die Stadt zum Wassertor und zurück in die Birs geführt; in der Vorstadt betrieb er die Wasserräder der Mühlen und diente in der Stadt als bequeme Abfallbeseitigung. Dieser Bach hiess ursprünglich nur «der Bach» (1570 erstmals so genannt), im 19. Jahrhundert auch «Canal». Erst in der zweiten Hälfte des 19. Jahrhunderts hat sich der Name Stadtbach eingebürgert; 1869 heisst er noch «der sogenannte Stadtbach».

Portlandcementfabrik 1895 (früherer Standort der Stadtmühle)

Zwischen Krautgärten und Viehställen

Trotz Stadtrechten, städtischen Behörden und städtischer Infrastruktur wie Rathaus, Stadtbefestigungen, Stadttoren und Stadtbrunnen blieb Laufen bis weit ins 19. Jahrhundert hinein ein kleines Bauernstädtchen. Seine Bewohner waren etwa zu zwei Dritteln Bauern, zu einem Drittel Gewerbetreibende. Innerhalb der Stadt gab es Gärten und Obstgärten (Hofstatt), Scheunen und Viehställe; Schweine und Hühner bevölkerten die Gassen, Kühe, Schafe und Ziegen wurden durch die Stadttore auf die Weiden getrieben. Im Stadtgraben waren die Krautgärten; dicht ausserhalb der Stadt lagen die Gemüse- und Hanfgärten (Bünten). Den Bächen und Wasserrinnsalen entlang erstreckten sich die Matten: am Wahlenbach, am Diebach (Brüel), am Kohlbach, in der Rennimatt und am Schachletenbach (Galgenmättli). Etwas weiter entfernt auf den ebeneren Gebieten befanden sich die grossen Ackerflächen; die lichten Wälder, meist Eichenwälder, wurden als Weiden genutzt, Allmend(-weiden) genannt. Am weitesten von der Stadt entfernt, auf dem Bueberg, am Stürmen und im Greifel, waren die eigentlichen Hochwälder, die nicht geschlagen werden durften. Diese bäuerliche Kultur hat sich erst durch die Industrialisierung des 19. Jahrhunderts in einschneidender Weise verändert.

Die Flurnamen sprechen dazu eine deutliche Sprache: seit 1585 werden immer wieder «gärten in der statt» genannt. Dicht ausserhalb der Stadt werden folgende Bünten genannt: beim Stockbrunnen in der Hohlen Gasse, 1585 «inn der haargassen» genannt (das mit hohl nichts zu tun hat, sondern sich von mittelhochdeutsch har = Flachs herleitet); «bey Nieras Haus» an der Delsbergerstrasse, sowie «hinder der cappel Sant Katerinen», 1690 «bünden in der wasser schöffe neben der Zolbünden» (einer Bünt, die der jeweilige Inhaber der Zollstelle bebaute). Am Grabenweg gab es ein Mättli, und am oberen Ende der Vorstadt eine Rossschenke.

Die Namen der Zelgen, die sich von der Dreifelderwirtschaft herleiten, blieben bis heute bestehen; hier unterscheidet sich Laufen nicht von einem der benachbarten Dörfer. Allerdings vermutet Werner Gallusser[4] aufgrund der Zweiörtigkeit (Stadt und Vorstadt Laufen) ein Doppel-Zelgensystem. 1543 werden als Zelg-Namen genannt: «vff Röschentzfeld», «am Sal», «vff der Steingruben». 1550 erscheinen zusätzlich die Namen «inn Khundtmatten», «Brugstall: zu Loch», «vff Pfaffenberg», und 1585 noch «Zelg im Rÿmthal» oder «ze Rennen» und «im Hindernveld». Matten werden 1550 genannt: «inn der Rennen matten» (von renne = Wasserrinnsale), «inn Kundtmatten», «vff Seelmatt». Reben kommen an zwei verschiedenen Orten vor: im Mittelalter am Pfaffenberg, 1550 «am rebackher» genannt, allerdings schon damals nur noch Äcker und Wiesen, und in der Neuzeit am südwestlichen Abhang des Brombergs (heute Reben und Gründlireben genannt).

Handwerk und Gewerbe

Flurnamen, die mit einem alten Gewerbe oder Handwerk bis Anfang des 19. Jahrhunderts in Zusammenhang stehen, gibt es nur wenige: 1769 «bis zum Hochfürstlichen Papier Mühle Mättlein» (heute Papiermatte an der Lützel genannt); 1797 ein «Papir ackerlin», beide Namen zur Papiermühle im Lützeltal; 1531 «der bach bÿm gärb hus» (einer Gerbe); 1585 «gegen der Ziegelscheuren»[5]; 1769 «Das Sägen Mättlein»; 1565 «bÿ der Leimgrü-

[4] Gallusser, Werner A.: Studien zur Bevölkerungs- und Wirtschaftsgeographie des Laufener Juras, Basel 1961, p. 145
[5] Vergleiche dazu den Beitrag Descœudres in diesem Band.

Vorstadtplatz an einem Markttag 1896

ben zu Brugstal»; 1585 «zur Leimgruoben» (am Rebacker); 1543 «vff der Steingruben». Merkwürdigerweise gibt es keinen einzigen Flurnamen, der sich aus dem Mühlen-Gewerbe entwickelt hätte, obgleich es in Laufen immerhin drei Mühlen gab.

Das Aufkommen der Industrie

Die Industriebetriebe aus dem 19. und 20. Jahrhundert haben vor allem zur Bildung von Strassennamen geführt: Korkstrasse (Korkwarenfabrik); Mühlenweg (Jurassische Mühlenwege); Ziegeleistrasse; Portlandstrasse (Zementfabrik). Eigentliche Flurnamen sind nur zwei entstanden: So gibt es beim Schwimmbad die Bezeichnung «in der Pfyffe» (bei der ehemaligen Pfeifenfabrik) und am Grabenweg beim Wassertor die Häusergruppe «in der Farb» (ehemalige Färberei). Neu in den Katasterplan 1987/89 ist die Quartierbezeichnung «Bim Bahnhof» aufgenommen worden (früher Schafbeinegge genannt, weil dort Häuser und Gassen so stark verwinkelt waren, dass sich der Vergleich mit den Schafen aufdrängte, die ihre Beine zum Schlafen ineinanderlegen).

700 Jahre Laufen

Laufen ist aus der Sicht der Flurnamen- und Siedlungsgeschichte trotz der Verleihung der Stadtrechte Ende des 13. Jahrhunderts bis zum Aufkommen der Industrie im 19. Jahrhundert eine Kleinstadt mit durchaus ländlichem Gepräge geblieben – und blieb es im wesentlichen bis heute. Wenn je Träume von einer grossen Stadt bestanden haben mögen und die Siedlung auch immer in offiziellen Urkunden «Stadt» genannt wurde, so hat die Entwicklung einen anderen Weg eingeschlagen. Aber die Bewohnerinnen und Bewohner sind trotzdem stolz auf ihre kleine Stadt. Davon spricht der Name, der sich seit dem 15. Jahrhundert eingebürgert hat, und mit dem Laufen von jung und alt immer wieder liebevoll genannt wird: s' Stedtli.

Christoph Bächtold

Quellen:

Die handschriftlichen Quellen, welche für diesen Beitrag ausgewertet wurden, sind nicht einzeln nachgewiesen. Es handelt sich im wesentlichen um Bestände aus den Archives de l'Ancien Evêché de Bâle in Porrentruy. Interessierte mögen sich bitte mit dem Autor des Beitrags in Verbindung setzen.

Literatur:

Bächtold, Christoph: Siedlungs- und Gewässernamen des Laufentals, in: Laufentaler Jahrbuch 1995, p. 90–113
Gallusser, Werner A.: Studien zur Bevölkerungs- und Wirtschaftsgeographie des Laufener Juras, Basel 1961
Gerster, Alban: Der römische Gutshof im Müschhag bei Laufen, in: Helvetia archaeologica 9, 1978, p. 2–66
ders.: Beitrag zur Siedlungsgeschichte der Stadt Laufen, in: Einwohnergemeinde Laufen (Hg.): Laufen. Geschichte einer Kleinstadt, Laufen 1986, p. 13–18
Martin-Kilcher, Stephanie: Die Funde aus dem römischen Gutshof von Laufen-Müschhag, Bern 1980

Abbildungsnachweis:

1–6: Laufentaler Museum
7: Kurt Sigrist, Liesberg

Rathaus, Kirche, Stachelturm
Die Laufner Stadtanlage als Ausdruck städtischen Bewusstseins

Der Ort prägt die Menschen. Man spricht vom Geist des Ortes, genius loci, der sich für eine bestimmte Gegend, Siedlung oder Bau herausgebildet hat. Eine dynamische Wechselwirkung zwischen den naturgegebenen und den vom Menschen gestalteten Elementen kann diesen Geist schaffen. Welches sind nun die natürlichen und künstlichen Kräfte, die zum Erscheinungsbild des Städtchens geführt haben?

Hier, wo die Birs nicht mehr nur fliesst, sondern über einen markanten Felsen rennt[1], bildet sich der Wasserfall, eben der «Lauffen». Eine härtere Jurakalkschicht liegt in ost-westlicher Richtung quer im innerjurassischen Becken und bildete in geologischen Zeiten einen Absatz, über den die Birs rechtwinklig dazu, von Süden her kommend, stürzt. Von dem Zeitpunkt an, an dem hier Menschen die Wasserkraft zu nutzen wussten, begann die Wechselwirkung den Ort zu prägen und zu gestalten. Das für die Birs relativ hohe Gefälle und der regelmässige Wasserstand erlaubten es, vorerst mit einfachen Mitteln, das heisst durch ober- sowie unterschlächtige Räder, die Wasserkraft zu nutzen. Dieser Wasserlauf gab dem Ort, dem späteren Städtchen und der Vorstadt, dem ganzen Bezirk den Namen. Von dem Zeitpunkt an entwickelte sich Laufen anders als die umliegenden Dorfgemeinschaften. Das Naturereignis Wasserfall war und ist prägender als der Name des ersten wichtigen alemannischen oder fränkischen Siedlers. Mühlen, Sägen und Schmitten übten eine zentrale Funktion aus, von der alle Talbewohner profitieren konnten. Um den Wasserfall herum entstanden Gewerbebauten, im Gebiet des späteren Städtchens erste Wohnhäuser und in der Nordostecke des unteren Grien[2] eine Mottenburg.

Unregelmässige Stadtanlage

Für die Jahre 1268/73[3] sind bereits dichtere Besiedlungen des Schwemmlandes links der Birs nachgewiesen worden. Jedenfalls hatten «unsere lieben und treuen Burger von Laufen» bereits vor der Verleihung der Freiheitsrechte 1295 «willkommene und treue Dienste unserem Bistum und unserer Basler Kirche vielfältig geleistet»[4]. Das Einbinden der Mottenburg in die Städtchenbefestigung ergab ein Fünfeck mit drei langen und zwei kurzen Seiten. Vereinfacht kann die Städtchenanlage als Dreieck gelesen werden, dessen Basis im Norden rund 210 Meter, dessen westliche Schenkel 280 und dessen östliche Schenkel 330 Meter messen. Das Obertor oder Delsbergertor bildet die südliche Spitze des Dreieckes. Die Hauptgasse wird mit der Wassertorgasse (früher Kreuzgasse) zweigeteilt und bildet mit ihr ein beinahe koordinatenparalleles Achsenkreuz. Die

---

[1] Albin Fringeli meinte in seinem Gedicht «Z'Laufe a dr Birs»: «Erscht am Obe ghörsch se brichte, d'Birs, wo über d'Felse rennt».
[2] Vergleiche dazu den Beitrag Pfrommer in diesem Band.
[3] Gutscher, Daniel: Laufen, Rathausplatz. Flächengrabung vor Platzsanierung 1987/88, in: Jahrbuch der schweizerischen Gesellschaft für Ur- und Frühgeschichte 71, 1988, p. 283f. und 72, 1989, p. 344
[4] Die Originalurkunde von 1295 lautet: «[...] gratia et fidelia servitia que dilecti et fideles nostri burgenses de Loufenowe nostre diocesis nobis et ecclesie nostre Basiliensi [...]», in: Einwohnergemeinde Laufen (Hg.): Laufen. Geschichte einer Kleinstadt, Laufen 1986, p. 22

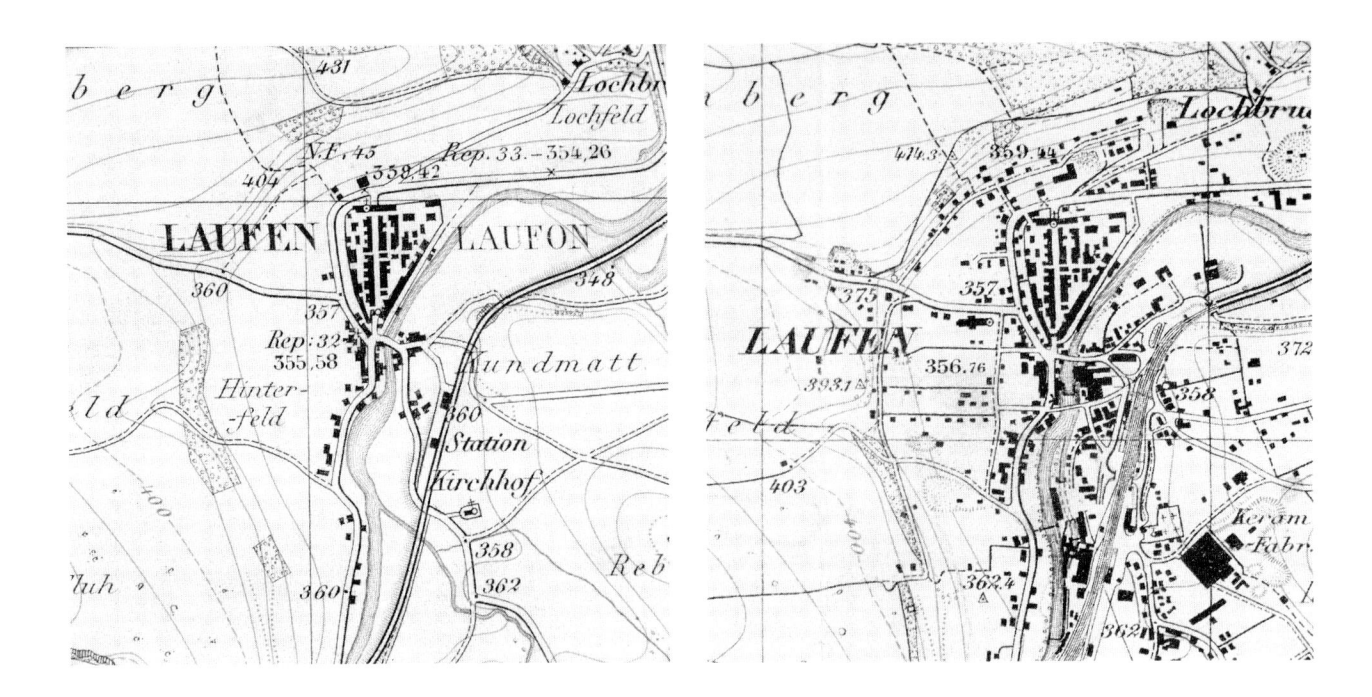

*Siegfriedkarte
mit Stadt Laufen
1875 (links) und 1946
(rechts)*

Distanz zwischen den Aussenseiten der beiden grossen Tore misst 250 Meter. Die Wassertorgasse beginnt beim Viehmarktplatz (früher Scharwarteplatz) ohne Öffnung in der Stadtmauer gegen Westen und führt durch das Wassertor im Osten auf dem Schutzdamm (Grabenweg) zur Birs, Länge knapp 190 Meter.

Obwohl die 13 bis 14 Meter breite Hauptgasse geometrisch streng ausgerichtet ist, sind die beiden grossen Tore gegen diese und gegeneinander leicht verschoben und verdreht. Dies ist ein Indiz dafür, dass beim Bau des Städtchens auf bereits bestehende Anlagen Rücksicht genommen werden musste. Die Gesamtstruktur jedoch zeigt einen eindeutigen und klaren städtebaulichen Gestaltungswillen. Die Ausdehnung des ehemaligen Schwemmlandes (unteres Grien) erlaubte eine klare geometrische Anlage, dies im Gegensatz zu vielen anderen, rein topographisch bedingten, mittelalterlichen Städtchen. Die Ausrichtung der Häuserreihen gegen Osten und Westen sorgt für eine optimale Besonnung und Belichtung, ohne schattige Hinterhöfe. Erst später wurde an die Ringmauer angebaut, so dass an der Amtshausgasse (früher Hofgasse) die einzige nach Süden orientierte Häuserzeile entstand. Die Lage unterhalb des Wasserfalles ermöglichte die Einleitung eines Wasserkanals (Stadtbach) ins Städtchen, den Einbezug der Rennimatt- und der Rebenhangquelle zur Speisung der verschiedenen Brunnen.

Die Stadt vor den Toren

Die einachsige Vorstadt orientierte sich an den unterhalb des Wasserfalls entstandenen Mühlen und ihren Wasserkanälen. Erst mit der Zeit bildete sich eine Häuserreihe auf der Westseite. Durch die Strassenverbreiterung gegen die Birsbrücke, den Abbruch des alten Restaurant Krone (1928) sowie den Abbruch einer Scheune des früher geschlossenen Gebiets für den Bau der Centralstrasse verlor die Vorstadt ihren geschlossenen, ja intimen Charakter. Auf dem linken Birsufer mussten ab 1866 (Gründung der Portlandcementfabrik) alle älteren Bauten den modernen, neuen Industrieanlagen respektive dem Birscenter weichen. Die gewählte topographische Lage des Städtchens, die innere und äussere Struktur und die Anordnung der privaten und öffentlichen Räume lassen auf einen eindeutigen Gestaltungs- und Ordnungswillen schliessen, obwohl vorhandene bauliche Anlagen in den Befestigungsring einbezogen werden mussten. Die damals städtebaulich gewählte Grundstruktur war modern und ist es bis heute geblieben, indem sie 700 Jahre beinahe schadlos, aber mit einem hohen Nutzungspotential überdauert hat.

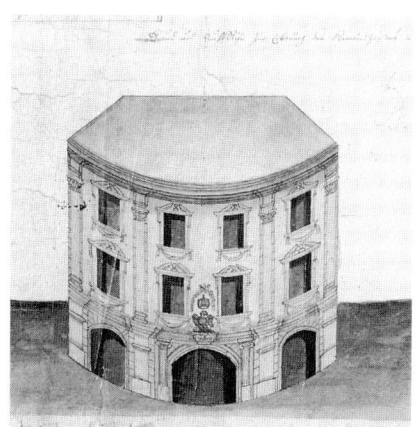

Entwurf (nicht ausgeführt) für das Rathaus, 1803 (Neubau 1822)

Ober- oder Delsbergertor (noch ohne rechtsseitige Fussgängerpassage) 1950

Das Selbstverständnis der Stadtbewohner

Die Gemeinde Laufen führt ein Wappen seit 1295, die umliegenden Dörfer seit 1938/39. Da ein wichtiger Handelsweg durch Laufen führte und die Funktion als Umschlagsplatz die Ansiedlung von grossen Dienstleistungsbetrieben ermöglichte, spielte Laufen eine Zentrumsfunktion für die engere Region.

Die Verleihung der gleichen Rechte, Pflichten und Freiheiten, wie sie die Stadt Basel bereits besass, blieb nicht ohne Folgen. Burgerrecht, Zunftvergünstigungen, das Wahlrecht des eigenen Rates, das Marktrecht und das Recht, die Siedlung zu befestigen, zwangen die Burger, individuelle Bedürfnisse zum Vorteil der Gemeinschaft zurückzustecken. Stehen Gehöfte in den Dörfern, den individuellen Neigungen des Erbauers entsprechend, zufällig nebeneinander, so mussten aus vielen Gründen im Städtchen die Gebäude ausgerichtet und eng aneinander gebaut werden. Der dauernde und mühsame Ausbau und Unterhalt der Stadtmauer, der drei Tore und der drei Türme forderten immer wieder den Gemeinschaftssinn. Der Befestigungsring ermöglichte eine klare polizeiliche Kontrolle und einen mindestens minimalen militärischen Schutz, den die Dörfer nicht bieten konnten. Die Verflechtung und Überlagerung von landwirtschaftlichen Aktivitäten und von Dienstleistungen der Handwerker, Händler und der Gasthöfe, sowie ab 1564 des Marktes, führte zu einem bescheidenen städtischen Bewusstsein. Die Anziehungskraft dieser Zentrumsfunktion wirkte nicht über die Region hinaus, erlaubte den Burgern und Burgerinnen aber einen etwas gehobeneren Lebensstandard.

Reiche Burger- oder gar Handelshäuser entstanden in Laufen keine. Der bescheidene Wohlstand der mehrheitlich bäuerlichen Bevölkerung erlitt durch Brand- und Kriegskatastrophen regelmässig Rückschläge. Trotzdem entstanden repräsentative Bauten von regionaler Bedeutung: 1698/99 die Katharinenkirche, das Rathaus 1822 (geplant ab 1803), das Stadthaus 1672 und 1870, der Hof (die ehemalige Mottenburg, heute Bezirksschreiberei) 1608–28, und die beiden Schulhäuser von 1826 (heute Museum) und von 1864. Der erste Schulunterricht wurde jedoch an der Kreuzgasse gegeben. Somit bildete die Hauptgasse während einer gewissen Zeit ein interessantes, der Gesellschaft des Städtchens entsprechendes Bild: am Nordrand die Katharinenkirche, in der Mitte die Schule und im Süden das Rathaus. Das Spital lag im 19. Jahrhundert im Osten, Hintere Gasse Nr. 7. Die Ringmauer und die Grabenanlage mit den drei Toren (die drei Türme wurden bis auf eine Flügelmauer des Stachelturmes abgerissen) boten nicht nur Schutz, sondern bezeichneten für jedermann sichtbar den Ort, in dem ein bescheidenes, aber aktives städtisches Leben mit zentralen Funktionen sich bis in die Gegenwart entfalten konnte.

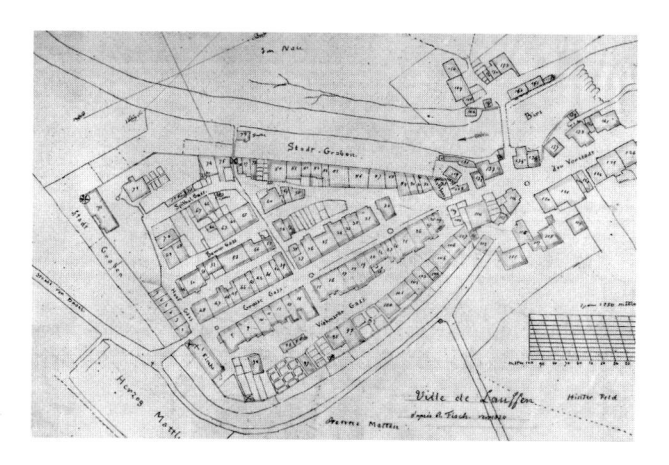

*Katasterplan 1820.
Nachzeichnung von August Quiquerez
(Original im Staatsarchiv Bern)*

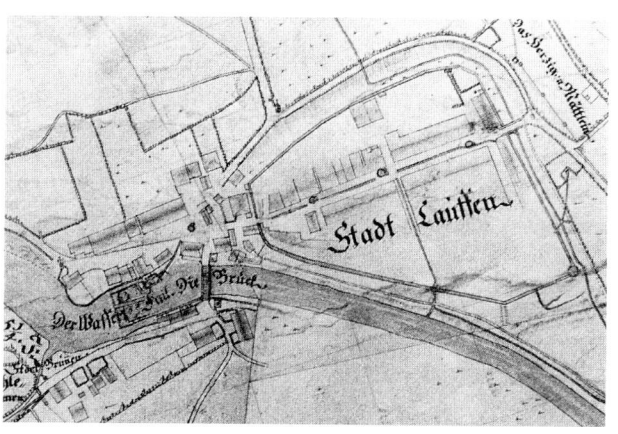

*Flurplan von Laufen aus dem Jahre 1769,
erstellt durch den fürstbischöflichen
Geometer Brunner*

Der Umgang mit der historischen Bausubstanz

Die besonderen Rechte und Pflichten setzten für die Burger und Burgerinnen ein Gemeinschaftsverständnis voraus, das sich zu einer eigentlichen Schicksalsgemeinschaft entwickelte, wobei sie dem Zeitlauf und den wechselnden Aufgaben entsprechend Veränderungen und Anpassungen unterworfen war. Mit dem Bau der Eisenbahnlinie Delémont–Basel 1870–75 änderte sich allmählich die wirtschaftliche Lage der Bevölkerung auch in Laufen. Eine einsetzende, rege Bautätigkeit veränderte fast jedes Gebäude im Städtchen und in der Vorstadt.

Nur ausnahmsweise blieben mittelalterliche Fenster erhalten. Fast alle Gebäude wurden so modernisiert, dass ältere Bausubstanz kaum mehr ablesbar bleibt. Man erwog den Abbruch der beiden grossen Stadttore. Nur das Argument der Burger, die Uhren müssen an einem anderen Ort gut sichtbar wieder angebracht werden, rettete die Tore, denn es fand sich keine andere geeignete Fassade. In jüngerer Zeit schlug ein Gemeinderat sogar vor, die Viehmarktgasse direkt vom unteren Teil der Röschenzstrasse her zu erschliessen. Dies und noch viele andere Angriffe auf die historische Bausubstanz des Städtchens konnten abgewendet werden. Die Einwohner und Einwohnerinnen erkannten, wie wichtig ihnen Stadt und Vorstadt sind, und engagieren sich für das lebendige Erhalten der vor rund 700 Jahren erdachten Städtchenstruktur.

Schutz der Kernzone

Bereits 1921 erliess der Gemeinderat ein Baugesetz mit allgemeinen Regeln, aber ohne spezielle Erwähnung der Kernzone. In den fünfziger Jahren wurde die Hauptstrasse (früher Hauptgasse) mit den beiden Häuserzeilen unter speziellen Schutz gestellt. Im Baureglement von 1968 konnte das ganze Städt-

Das erste moderne Baureglement der Einwohnergemeinde Laufen 1921

chen mit einem Quartierplan (Überbauungsplan mit Sonderbauvorschriften) geschützt werden. Das europäische Jahr für Denkmalpflege und Heimatschutz 1975 hatte einen grossen Erfolg in der ganzen Schweiz. In Laufen liess der Gemeinderat ein Modell der Altstadt erstellen, in dem Neubauten massstabsgetreu eingesetzt werden konnten, sowie einen Farbrichtsplan, einen Richtplan für die Restaurierung der gesamten Ringmauer und ein Verzeichnis der unter Bundes- und Kantonsschutz stehenden Bauten. 1980 wurden alle Einzelbauten des Städtchens und der Vorstadt inventarisiert, und eine Bestandesaufnahme und Bauanalyse wurde durchgeführt. 1993 erschienen die Gestaltungsrichtlinien für die Kernzone.

War der Aufwand für das Schaffen der Grundlagen, aber auch die Finanzierung des schonenden Umgangs mit der historischen Bausubstanz beträchtlich, so stand dies in keinem Vergleich mit dem Aufwand der Einwohnergemeinde für die Gestaltung der öffentlichen oder öffentlich zugänglichen Räume, Gassen und Plätze. Der Anteil der gemeinschaftlich nutzbaren Flächen ist ungleich grösser als derjenige in den Dörfern.

Nachdem das Museum im alten Schulhaus einziehen konnte, wurde der Helias-Helye-Platz öffentlich zugänglich gemacht und 1980 gepflästert. Das positive Resultat gab den Ausschlag für die Planung eines Gesamtkonzeptes für die Gestaltung aller Gassen im Städtchen: Hauptstrasse 1984–87, Viehmarktgasse 1994/95, Obertor-Vorstadt 1994. So kann der vor Jahrhunderten konzipierte Freiraum erhalten, erweitert und verbessert werden. Der moderne Verkehr passt sich den alten Strukturen an und nicht umgekehrt. Die Einwohner und Einwohnerinnen bewahren und fördern eine Atmosphäre, die sich nur langsam entwickeln konnte. Ein genius loci, der nicht kurzfristig und neu geschaffen werden kann, und mit dem sich jedoch jeder identifizieren kann.

Giuseppe Gerster

Literatur

Einwohnergemeinde Laufen (Hg.): Ortsplanungsrevision. Bestandesaufnahme, Analyse, Zielsetzungen, Laufen 1980
Gutscher, Daniel: Laufen, Rathausplatz. Flächengrabung vor Platzsanierung 1987/88, in: Jahrbuch der schweizerischen Gesellschaft für Ur- und Frühgeschichte 71, 1988, p. 283f. und 72, 1989, p. 344

Abbildungsnachweis:

1: Stadtburgergemeinde Laufen
2: Universitätsbibliothek Basel, Nachlass Auguste Quiquerez
3: Giuseppe Gerster, Laufen
4: Stadtburgergemeinde Laufen
5: Robert Kamber, Laufen (links); Archiv A. Gerster, Laufen (rechts)
6: Archiv A. Gerster, Laufen

StadtBilderBuch

Patrik Hänggi

Brücke zur Laufner Altstadt

Bildhauer. Traditionelles Handwerk

Lagerhaus der Ricola AG, gebaut von Jacques Herzog/ Pierre de Meuron rechts

Automatisation in der Keramischen Industrie Laufen AG

Streetball vor dem Gymnasium

*Trabantenstadt
Bleiholle*

Kantonsspital Laufen

Altstadt-Fassaden

Abbildungsnachweis:

1–13: Patrik Hänggi, Breitenbach

Bahnhofquartier

Vor dem Birscenter

Jugendstil

Hinterhöfe

Ansichten

Spuren im Boden
Archäologische Erkenntnisse über das Alltagsleben im mittelalterlichen Laufen

Die starke Zunahme stadtkernarchäologischer Aktivitäten in der Schweiz erfasste seit 1985 auch in zunehmenden Masse die Stadt Laufen. Zwar waren aus Laufen und seiner unmittelbaren Umgebung zuvor schon einige Objekte beziehungsweise Fundpunkte unterschiedlicher Zeitstellung archäologisch fassbar geworden[1], aus dem eigentlichen spätmittelalterlichen Stadtgebiet selbst hingegen lagen keine Aufschlüsse vor.

Die archäologischen Aktivitäten (vergleiche Abbildung 1) beschränkten sich zunächst einmal auf kleine baubegleitende Notbergungen im Rahmen von Bausanierungen oder Belagserneuerungen. Grundlegende Erkenntnisse zur Geschichte der mittelalterlichen Stadt und ihrer Bewohner liessen sich allerdings erst infolge der Grabungen am Rathausplatz und im Amtshaus gewinnen. Da für diese Epoche die schriftliche Überlieferung nur spärlich und lückenhaft ist, sind die dabei zutage getretenen Befunde und Funde für weite Teile der Stadtgeschichte als einzigartige Informationsquelle zu betrachten.

Anlass für die 1989 stattgefundene, vom Archäologischen Dienst des Kantons Bern durchgeführte Rettungsgrabung im Amthaus war die geplante Unterkellerung des Gebäudes. Dabei stellte sich heraus, dass die archäologischen Schichten und Baubefunde schon in früheren Zeiten stark dezimiert worden waren. Dennoch konnten fragmentarisch die Reste zweier Vorgängerbauten zu dem heutigen, um 1600 errichteten Gebäude erfasst werden[2]; der älteste Bau, ein auf Schwellbalken und Steinreihen errichteter Holzbau, hatte geschätzte Mindestmasse von 12 × 7 m.

Unter dem Rathausplatz

Am Rathausplatz schliesslich wurden umfangreiche mittelalterliche Besiedlungsstrukturen und Funde freigelegt. Aufgrund einer beabsichtigten, tief in den Untergrund eingreifenden Neupflästerung des Platzes, die eine vollständige Zerstörung der archäologischen Substanz an dieser Stelle zur Folge gehabt hätte, sahen sich der Archäologische Dienst des Kantons Bern und die Stadt Laufen veranlasst, die bisher im Boden verborgenen Strukturen wissenschaftlich zu untersuchen und zu dokumentieren. Die von September 1987 bis Juni 1988 in drei Etappen durchgeführte Rettungsgrabung wurde von der Schweizerischen Eidgenossenschaft als national bedeutend eingestuft.

Die ergrabenen Befunde liessen eine relativ-chronologische Besiedlungsabfolge in drei Hauptperioden erkennen: Die älte-

1: Archäologische Fundpunkte (grau gerastert) im Altstadtbereich

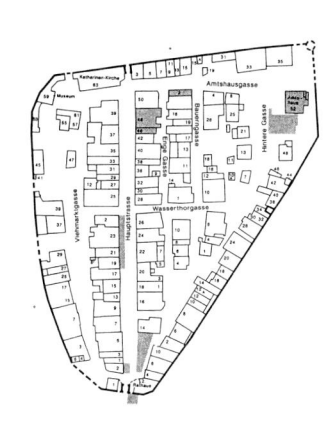

[1] Vergleiche dazu die Literaturangaben und auch den Beitrag Descœudres in diesem Band.
[2] Gutscher, Daniel: Laufen, Amtshaus. Rettungsgrabung vor Unterkellerung 1989, in: AKBE 3A, 1994, p. 223–229

2: Laufen, Rathausplatz. Häuserzeile der Periode I

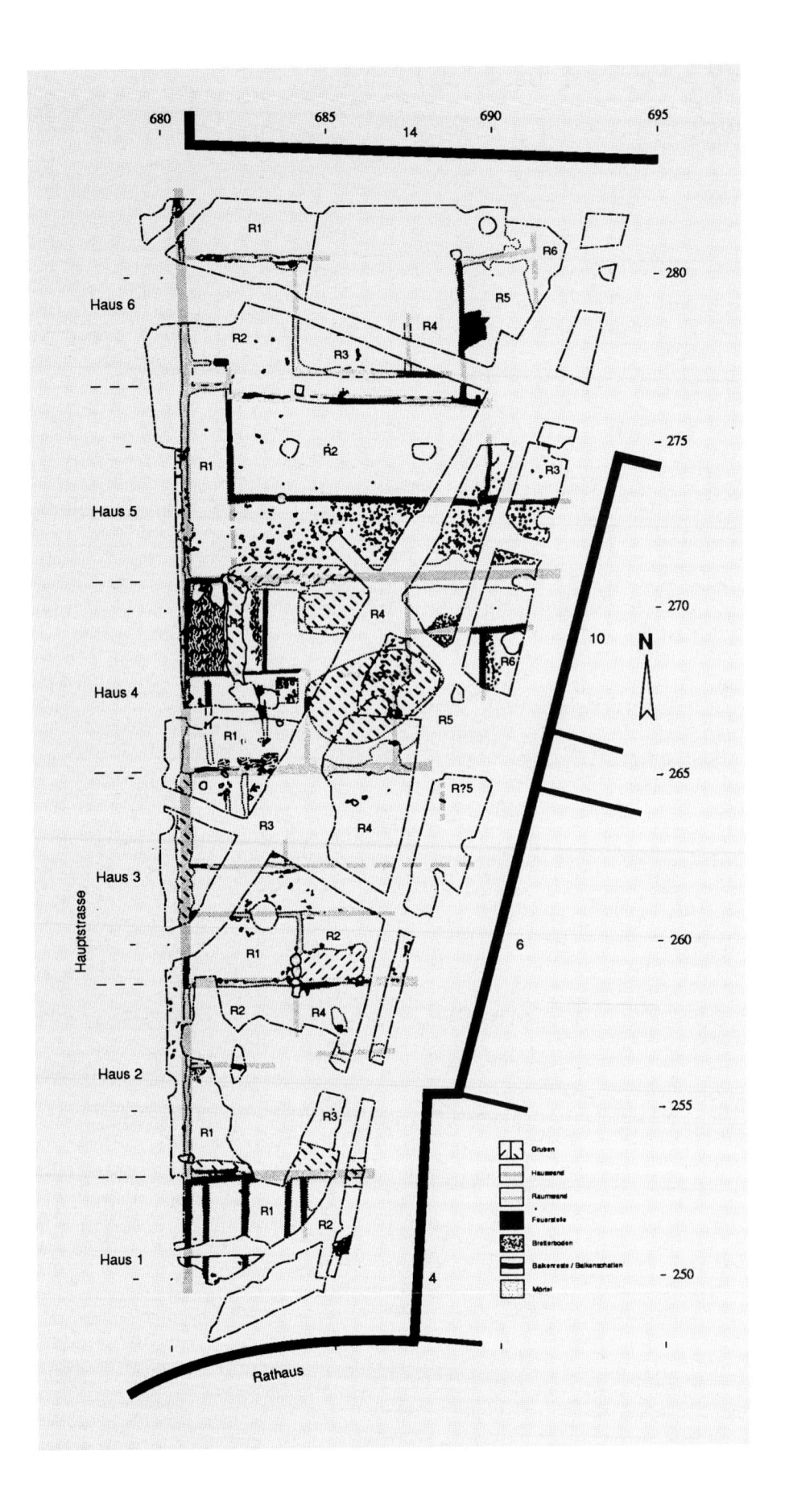

sten fassbaren Besiedlungsstrukturen (Periode I, vergleiche Abbildung 2) zeigten, dass der Rathausplatz ehemals von einer geschlossenen, aus sechs Einheiten bestehenden, hölzernen Häuserzeile überbaut gewesen war. Diese ersten Häuser waren auf eine einheitliche westliche Baulinie ausgerichtet, die identisch ist mit der heutigen Bauflucht der Hauptstrasse Ost. Nach einer ersten Brandkatastrophe wurden die Häuser auf denselben Parzellengrenzen wiederaufgebaut, allerdings mit einer im Vergleich zum ersten Bauzustand zum Teil erheblich modifizierten Raumaufteilung (Periode II). Auch diese Häuser wurden Opfer einer Brandkatastrophe. Nach der Brandzerstörung legte man sie endgültig nieder. Als jüngsten archäologisch fassbaren Bauzustand konnten die Reste einer spätmittelalterlich-frühneuzeitlichen Strasse mit einem sich östlich daran anschliessenden Platzbereich ergraben werden (Periode III). Strassenbelag und Begehungsniveau des Platzes bestanden aus einer Rollierung aus unbearbeiteten Kalksteinen unterschiedlicher Grösse; Strasse und Platz waren zusätzlich durch ein Strassenbord getrennt gewesen.

Eine zeitliche Einordnung der Hauptperioden erfolgte vor allem anhand der Analyse der chronologisch aussagekräftigen keramischen Kleinfunde. Demnach wurden die Häuser im letzten Drittel des 13. Jahrhunderts errichtet, brannten wahrscheinlich in der Mitte des 14. Jahrhunderts zum ersten Mal ab und wurden unmittelbar danach neu aufgebaut. Die zweite Brandzerstörung und das Anlegen der heutigen Freifläche im Bereich des Rathausplatzes erfolgte in der 2. Hälfte des 15. Jahrhunderts. Die Masse der Kleinfunde bestand im wesentlichen aus keramischen Gegenständen (circa 14 500 Scherben beziehungsweise Objekte); daneben fanden sich aber auch zahlreiche Objekte aus Metall, Bein, Glas und Stein. Ferner konnten Proben, die reichhaltiges botanisches Material enthielten, eine grosse Anzahl an Tierknochen sowie mehrere Tonnen Schlacken sichergestellt werden.

Um der Bedeutung der archäologischen Fundstelle Laufen-Rathausplatz gerecht zu werden, wurde nach Beendigung der Grabungskampagnen ein interdisziplinäres Auswertungsprojekt gestartet, mit dem Ziel, durch eine Vernetzung der archäologischen Auswertung mit den Ergebnissen der naturwissenschaftlichen Untersuchungen, vielfältige Einblicke in verschiedenartigste Lebensbereiche im spätmittelalterlichen Laufen zu gewinnen[3]. Die Publikation der Auswertungsergebnisse ist für 1996 in der Schriftenreihe der Erziehungsdirektion des Kantons Bern geplant.

Baustelle Stadt Laufen

Das älteste schriftliche Zeugnis für die Existenz einer Stadt Laufen ist die 1295 vom Bischof von Basel ausgestellte Stadtrechtsurkunde. Diese Urkunde ist als Abschluss eines Prozesses zu sehen, in dem sich die Stadt Laufen als funktionstüchtiges Gemeinwesen etablierte; über den Prozess der Stadtgründung

[3] *Die naturwissenschaftlichen Untersuchungen sind dabei bereits abgeschlossen und liegen als Manuskript vor: Das botanische Material (Holz sowie sonstige Pflanzenreste) wurde am Botanischen Institut der Universität Basel bearbeitet, die osteologischen Reste (Tierknochen) am Naturhistorischen Museum in Bern. Die archäologische Auswertung am Institut für Ur- und Frühgeschichte der Universität Tübingen wird im Laufe des Jahres beendet. Vergleiche dazu auch den Beitrag Karg in diesem Band.*

3: Laufen, Rathausplatz. Unglasierte Becher- und Napfkacheln aus Periode I

4: Laufen, Rathausplatz. Glasierte Napfkacheln aus Periode II

beziehungsweise Stadtwerdung Laufens gibt sie allerdings keine Auskunft. Die ältesten Befunde am Rathausplatz lassen erkennen, dass hier eine Stadtgründungssituation erfasst wurde. Trotz des Fehlens eines einheitlichen Stadtgründungsrasters (identische Grösse und Bebauungsstruktur der Parzellen), weist die Ausrichtung der Häuser auf eine einheitliche, heute noch das Stadtbild prägende Baulinie sehr markant auf diese Gründungssituation hin. Sie stellen, ebenso wie der früheste Vorgängerbau des Amtshauses, wohl mit ziemlicher Sicherheit die erste Bebauung im Bereich der Altstadt dar.

Die topographische Lage der späteren Stadt auf einem Schwemmfächer der Birs erforderte dabei umfangreiche Bauvorbereitungsmassnahmen, um den gewählten Platz für eine Besiedlung überhaupt zugänglich zu machen. In diesem Zusammenhang dürfte wohl eine Korrektur des Birsbettes sowie eine Präparierung des Bauplatzes erfolgt sein, um einen einigermassen einheitlichen Baugrund zu erhalten. Erst danach konnten die wichtigsten Baufluchten und mit ihnen der regelmässige Grundriss festgelegt und die Parzellengrenzen abgesteckt werden.

Auffällig ist die Lage des Amtshauses in der nordöstlichen Ecke des Stadtgefüges, die den Eindruck erweckt, als ob bei der Anlage der Stadt auf ein bereits hier bestehendes Gebäude Rücksicht genommen worden wäre. Die frühesten im Bereich des Amtshaus erfassten Baustrukturen könnten mit der 1141 erwähnten «curtis loufen» (dem Dinghof) in Verbindung gebracht werden. Das heisst: möglicherweise befand sich dort seit dem 12./13. Jahrhundert das Herrschaftsgebäude des Dinghofkomplexes, welcher im Frühmittelalter noch bei der St. Martinskirche ausserhalb der Stadt lag[4].

Die Stadtgründung Laufens stellt sich als ein sehr komplexes und organisatorisch aufwendiges Unternehmen dar. Es erfolgte

[4] Gutscher 1989

vor dem Hintergrund des territorialen Ausbaus des weltlichen Besitzes des Hochstifts Basel und sollte, neben wirtschaftlichen Erwägungen, das Bindeglied zu den südlicher gelegenen Besitzungen des Hochstifts bilden. Vor demselben Hintergrund ist der kurz nach 1286 erfolgte Bau der zwischen Laufen und Basel gelegenen Burg Angenstein durch den Bischof von Basel zu sehen[5].

Mittelalterlicher Alltag im Spiegel der Bodenfunde

Mittelalterliche Funde aus archäologischem Kontext sind als Bestandteil der damaligen materiellen Kultur zu sehen. Während einer Grabung, also an einem bestimmten Platz geborgene Funde, sind dabei für den Archäologen Überreste aus dem täglichen Leben der Menschen, die an diesem Platz gelebt hatten. Archäologische Funde und Befunde werden dabei nicht als der Alltag schlechthin verstanden, sondern als materielle Relikte aufgefasst, die Bestandteil dieses Alltags waren und ihn mit determiniert haben.

Die Archäologie hat durch ihre Tätigkeit in den letzten Jahrzehnten diese neue Quellengruppe erschlossen, welche die durch schriftliche und andere Quellen weniger deutlich fassbaren Lebensumstände des mittelalterlichen Menschen erhellen kann. Dies führt in der Konsequenz dahin, dass bei der Betrachtung von den am Rathausplatz geborgenen Fundobjekten eine Kategorisierung und Abhandlung nicht mehr allein auf der Basis der Materialzugehörigkeit oder der Zeitstellung vorgenommen wird, sondern anhand von übergeordneten Kriterien erfolgen muss, die auf den eigentlichen Verwendungskontext eines Objekts abheben und nach den ursprünglichen Zusammenhängen des Gebrauchs und der Funktion für die Lebensgestaltung der damaligen Stadtbewohner fragen. Von Bedeutung sind in diesem Zusammenhang auch die naturwissenschaftlichen Untersuchungen von botanischen Resten und Tierknochen, die ebenso als Bestandteil der materiellen Überlieferung zu sehen sind und uns wichtige Informationen zum Speisezettel der Bewohner, aber auch zu Landwirtschaft und Viehhaltung geben sowie die Wichtigkeit des Rohstoffes Holz verdeutlichen.

Die materiellen Relikte werden acht Themen- oder Lebensbereichen zugeordnet: Bauen und Wohnen, Essen und Trinken, Kleidungsbestandteile, Waffen und Reitzubehör, Gesundheit und Körperpflege, Religiöses Leben, Freizeit sowie Arbeit (Produktion und Gerätschaften). Dabei sollen im folgenden besonders die Bereiche Bauen und Wohnen sowie Essen und Trinken behandelt und an ihnen Aspekte mittelalterlichen Alltagslebens in Laufen gezeigt werden[6].

[5] *Gutscher, Daniel: Duggingen, Schloss Angenstein, in: AKBE 3A, 1994, p. 207–211*
[6] *Diese Abhandlung kann nur summarisch sein. Für die folgende Darstellung sei deshalb auf die 1996 erscheinende Publikation der Grabung Laufen-Rathausplatz hingewiesen.*

5: Laufen, Rathausplatz. Reliefverzierte Blattkachel, 2. Hälfte 15. Jahrhundert: Marienkrönung

Reihenhäuser aus Holz

Die im Boden konservierten Zustände erlaubten es, differenziert nachvollziehbare Prozesse beim Bauen und Niederlegen der Häuser zu erkennen und daher eine detaillierte, archäologische Baubiographie für jedes Haus zu erstellen. So können Ereignisse erfasst werden, die mit der Errichtung eines Hauses oder seinem Niederlegen nach der Brandzerstörung, aber auch mit der Nutzung des Hauses in dem dazwischenliegenden Zeitraum in Zusammenhang stehen. Dadurch ergeben sich vielfältige Einblicke in mittelalterliche Bauplanung, Bauorganisation und Baudurchführung vor dem Hintergrund individuellen, aber auch gemeinschaftlichen Planens und Arbeitens. Dazu zählen umfangreiche Bauvorbereitungen, um das Gelände für eine Besiedlung überhaupt zugänglich zu machen und einen einigermassen einheitlichen Baugrund zu schaffen. Dazu zählt ferner die Orientierung der Häuser auf eine einheitliche Baulinie, aber auch individuelle Planierungen des Baugrundes sowie erste Baumassnahmen der einzelnen Bauherren nach dem Festlegen der Grundstücksgrenzen.

Die ebenerdigen Häuser waren in Fachwerkbauweise ausschliesslich aus Holz errichtet. Die überwiegend aus Eiche bestehenden Schwellbalken, auf denen die Hauswände aufsassen, wurden dabei entweder direkt auf den Untergrund oder auf losen, unsorgfältig eingebrachten Steinreihen sowie auf einzelnen Unterlagsteinen aufgelegt. Die Gefache der aufgehenden Wände waren mit lehmverstrichenem Flechtwerk, aber vereinzelt wohl auch mit Back- oder Bruchsteinen ausgefüllt. Zahlreiche Funde von Hüttenlehm und der Nachweis von besonders dafür geeigneten Holzarten wie Hasel und Hainbuche sowie das vereinzelte Vorkommen von Backsteinen verdeutlichen dies. Fragmente von Hohl- und Flachziegeln deuten darauf hin, dass diese Art der Dachdeckung im mittelalterlichen Laufen gebräuchlich war; hölzerne Schindeln, eine im Mittelalter sehr weit verbreitete Art der Dachdeckung, dürften ebenfalls in Laufen Verwendung gefunden haben, können allerdings nicht mehr nachgewiesen werden. Ein Obergeschoss kann zwar im archäologischen Befund nicht direkt erkannt werden, dürfte aber dennoch wahrscheinlich gewesen sein. Analog zum heutigen Baubestand der Laufner Altstadt darf von einer Traufständigkeit der Häuser ausgegangen werden.

Die Breite der Häuser lag zwischen 5,8 und 7,5 m; die Länge konnte nicht festgestellt werden. Bezüglich ihrer Binnengliederung weisen sie zum Teil erhebliche Unterschiede auf. Neben axialer oder seitlicher Lage der Korridore und gleichmässig daran angegliederten Räumen fanden sich Grundrisse mit verschachtelt angeordneten Raumeinheiten, die nicht von einem Korridor erschlossen waren. Eine genaue Definition der Raumfunktion war nicht in allen Fällen möglich. Ob die mit Bretterböden versehenen Räume im Erdgeschoss der Häuser Wohnfunktionen hatten oder eventuell auch als Arbeits- und Lagerräume dienten, liess sich nicht immer exakt bestimmen. Eine Klassifizierung der in den hinteren Hausteilen liegenden Räume mit Feuerstelle liess sich ebenso nicht immer exakt vornehmen; sie könnten als Küchen, aber auch durchaus als Werkstattraum für gewerbliche Produktion gedient haben.

Im Zentrum der Herd

Elemente der Innenausstattung wurden direkt oder indirekt erfasst. Die Fussböden der einzelnen Räume bestanden aus kompakten Kiesschüttungen, aus Lehmestrichen oder aus Bretterböden, die entweder direkt auf dem Untergrund oder, wie in Periode II, auf einer gegen aufsteigende Feuchtigkeit isolierenden Unterfütterung verlegt waren. Wenige Keramikfliesen deuten ferner darauf hin, dass in Laufen bereits in der 2. Hälfte des 13. Jahrhunderts vereinzelt Räume mit Fliesenböden versehen waren.

Die Feuerstellen, die ausschliesslich im rückwärtigen Bereich der Häuser lagen, waren in der Regel bodeneben und offen. Sie bestanden aus einer Lehmplatte und waren mit einem Steinkranz oder mit einer hölzernen Einrahmung versehen. Vereinzelt bestanden die Anlagen aus sorgfältig geschichteten Steinsetzungen oder aus Sandsteinplatten, in zwei Fällen waren sie deutlich vom Boden abgehoben. In einem Fall konnte eventuell sogar eine überwölbte Doppelfeuerstelle nachgewiesen werden. Einfache Feuerstellen können durchaus multifunktional genutzt worden sein, so dass es für das einzelne Objekt nicht mehr nachvollziehbar ist, ob es zum Kochen und/oder als technische Anlage gedient hatte. Eindeutige Nachweise von Handwerk in unmittelbarer Umgebung der Feuerstellen lassen sich allerdings in keinem der Häuser erbringen; eine technische Funktion kann dennoch nicht ausgeschlossen werden.

Wenige Nachweise von Flachglas und Bleieinfassungen lassen erkennen, dass die Fenster einzelner Häuser wohl bereits seit der 2. Hälfte des 13. Jahrhunderts verglast gewesen waren. Da Fensterverglasung in spätmittelalterlichen Städten keineswegs als Standard zu betrachten und auch vom sozialen Stand der Hausbewohner abhängig ist, darf man darüber hinaus ein Verschliessen der Fenster durch mit Stoff oder Tierblasen überzogene Holzrahmen denken.

Als Raumbeleuchtung dienten den Bewohnern der Häuser, neben den offenen Feuerstellen, flache Talglämpchen, die seit der Mitte des 14. Jahrhunderts in zunehmenden Masse auf der Innenseite glasiert und ab dem 15. Jahrhundert mit einer Handhabe versehen waren (vergleiche Abbildung 8). Daneben dürften auch Kienspäne zur Anwendung gekommen sein.

Schmuckstück Kachelofen

Die Beheizung der Räume erfolgte zum einen über die offenen Feuerstellen, zum anderen mittels Kachelöfen. Spätmittelalterliche Kacheln sind, wie kaum eine andere Fundgruppe, einer stetigen formalen und technischen Entwicklung unterworfen, die zum einen einer sich verbessernden Ofentechnik und zum anderen einem sich verändernden Geschmack Rechnung trug. Dieser Wandel lässt sich sehr eindrucksvoll am Laufner Kachelmaterial nachvollziehen. Die frühesten Kachelöfen bestanden aus in Lehm gesetzten, runden, unglasierten Becher- oder Napfkacheln. Der mehrfach gegliederte Ofenkörper wird von einem gewölbten Oberbau abgeschlossen. In den Ofenkörper aus Lehm waren die Kacheln eingelassen.

Die Entwicklung der Kacheln verläuft von schlanken Becherkacheln (vergleiche Abbildung 3) hin zu gedrungenen Napfformen mit ausgeprägt s-förmig geschwungener Wandung (vergleiche Abbildung 4). Die im 14. Jahrhundert in der Nordwestschweiz aufkommenden Blatt- und Simskacheln lassen sich in Laufen allerdings erst ab dem 15. Jahrhundert nachweisen. Diese Kacheltypen waren auf ihrer Schauseite meist sehr reich verziert und ermöglichten die Errichtung eines Ofens ausschliesslich aus Kacheln, indem sie, eng aneinander gefügt, den bisherigen Hauptbaustoff Lehm auf die Funktion als Verstreich- und Bindemittel reduzierten. Damit konnte nicht nur ein differenzierterer Ofenkörper aufgebaut werden, sondern auch eine optimalere Nutzung der Ofenwärme erfolgen.

Die Verzierungsmotive waren der zeitgenössischen graphischen Kunst entnommen; neben Darstellungen aus dem religiösen Bereich fanden sich hier vor allem profane Motive: zum Beispiel Engel, die das Stadtwappen halten oder Fabeltiere (vergleiche Abbildungen 5 bis 7). Durch das Aufkommen von Glasur auf den Kachelschauseiten, in Laufen vereinzelt seit der 1. Hälfte, in stärkerem Masse seit der 2. Hälfte des 14. Jahrhunderts, trat der Kachelofen optisch stärker hervor. Durch das gehäufte Vorkommen von reliefverzierten Blatt- und Simskacheln, aber auch durch das Vorkommen weiterer glasierter Kacheltypen wurden die Kachelöfen in Laufen von einem rein funktionalen Objekt zu einem repräsentativen Einrichtungsgegenstand mit verbesserter Nutzung.

Mobiliar, obwohl sicherlich in den Häusern vorhanden, konnte nur indirekt nachgewiesen werden, zum Beispiel in Form von Möbelbeschlägen aus Metall oder auch in Form eines kleinen bronzenen Schlüssels, der wohl zu einem Truhenschloss gehörte (vergleiche Abbildung 9).

6: Laufen, Rathausplatz. Reliefverzierte Blattkachel, 2. Hälfte 15. Jahrhundert: Engel mit Stadtwappen

7: Laufen, Rathausplatz. Reliefverzierte Blattkachel, 2. Hälfte 15. Jahrhundert: Greif

Töpfe, Näpfe und Dreibeinpfannen

Die überwiegende Masse des in Laufen festgestellten Gebrauchsgeschirrs bestand aus Keramik. Es handelte sich dabei um Töpfe, Dreibeintöpfe, Schüsseln, Näpfe, Deckel und Bügelkannen sowie um die ab der 2. Hälfte des 14. Jahrhunderts hinzukommenden Dreibeinpfannen (vergleiche Abbildung 8). Eine Besonderheit im Laufner Geschirrspektrum ist das Vorkommen von Feldflaschen, die bisher in Schweizer Fundkomplexen nur sehr spärlich belegt sind.

Die einzelnen Gebrauchstypen waren im Laufe der Jahrhunderte einer Entwicklung unterworfen, die auf einen Funktionswandel

*8: Laufen,
Rathausplatz.
Gebrauchskeramik
der Periode II.
1 Topf,
2 Dreibeintopf,
3 Dreibeinpfanne,
4 Schüssel,
5 Bügelkanne,
6–7 Hohldeckel,
8 Feldflasche,
9 Lämpchen,
10 Miniaturgefäss*

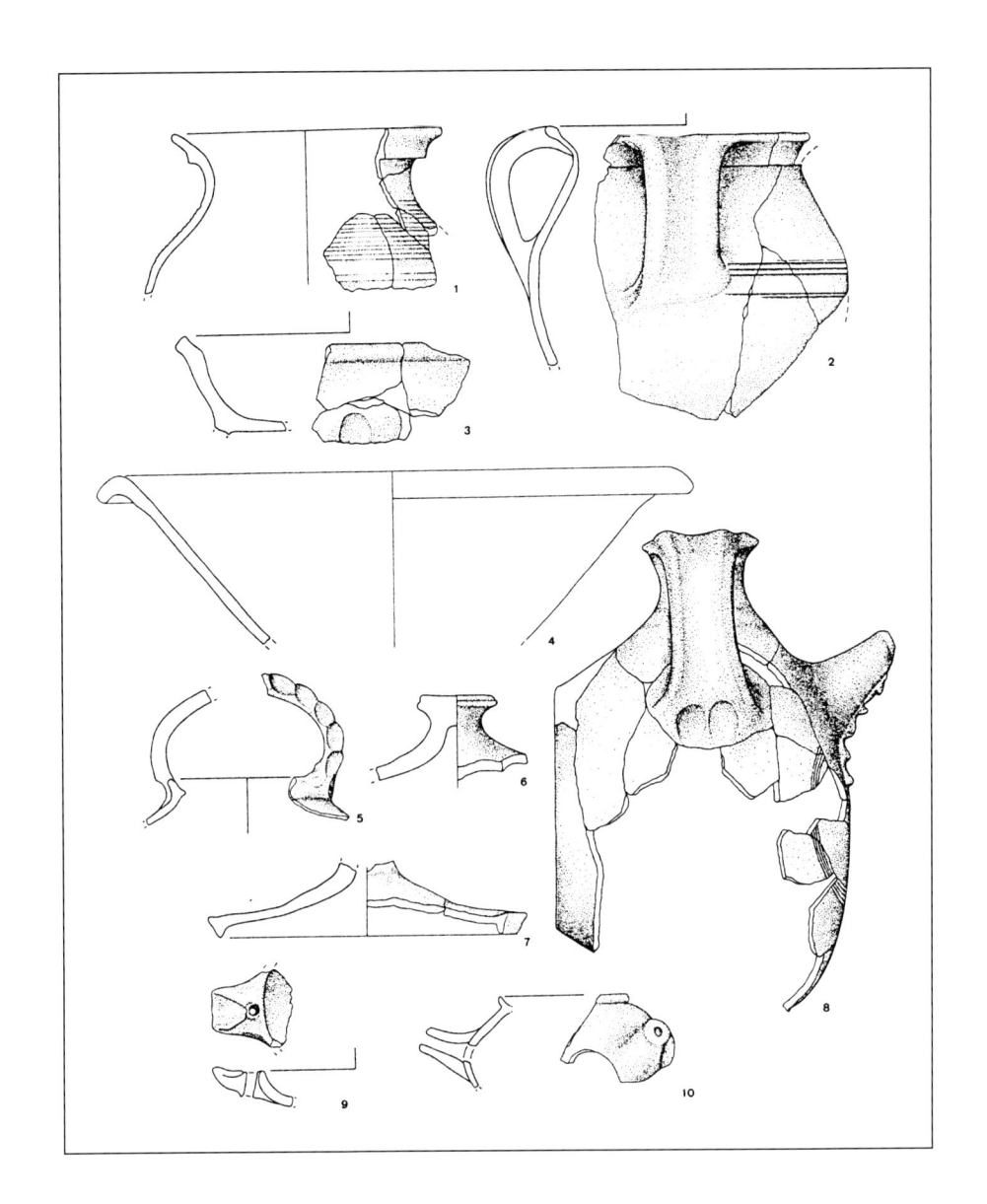

zurückzuführen ist, auf sich verändernde Tischsitten und Speisegewohnheiten, aber auch auf Veränderungen des persönlichen Geschmacks der Benutzer. Nur um wenige Beispiele zu nennen: der Funktionstyp Topf wurde in Periode II von dem Funktionstyp Dreibeintopf als gebräuchlichstem Kochgefäss abgelöst; der durch die Beine von der Glut abgehobene Gefässboden gewährleistete eine optimalere Wärmeverteilung. Ferner war bis zur Mitte des 14. Jahrhunderts die Keramik überwiegend reduzierend gebrannt, hatte also eine graue oder schwarze Farbe.

Danach wurden offensichtlich andere Farben beim Gebrauchgeschirr bevorzugt: im Laufe des 14. Jahrhunderts setzte die Tendenz ein, die Keramik überwiegend oxidierend zu brennen. Die Farbtöne variierten jetzt von einem kräftigen Orange-Braun bis hin zu verschiedenen, leuchtenden Rottönen. Im Zusammenhang damit setzte die Tendenz ein, die Gebrauchskeramik mit braunen, grünen oder vereinzelt auch gelben Glasurfarben zu versehen. Neben einer optischen Zierfunktion hatten diese Gla-

9: Laufen, Rathausplatz. Kleinfunde aus Buntmetall. 1–3 Schnallen, 4/6/9–10 Gewandapplikationen, 5 Nadel, 7 Messerscheidenbeschläge, 8 Schlüssel

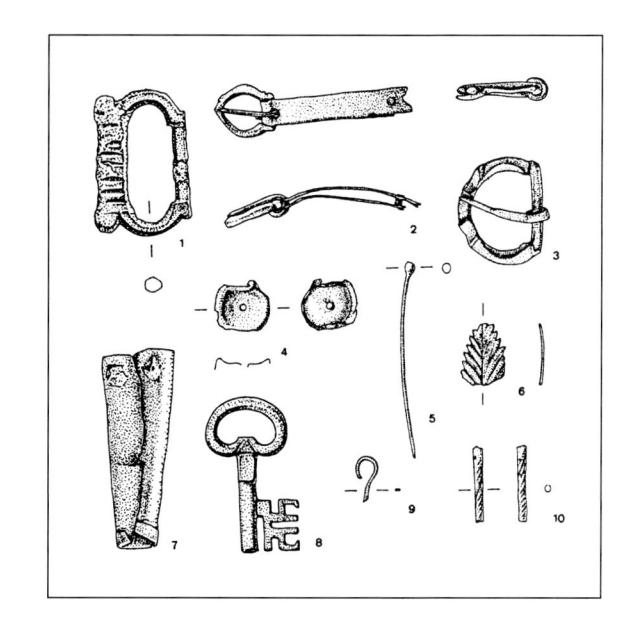

suren auch praktischen Nutzen: sie dichteten den porösen Scherben ab, machten ihn damit wasserundurchlässig und erleichterten darüber hinaus ganz erheblich die Reinigung der Gefässe.

Haushaltsgegenstände aus Metall waren sehr selten, was zum einen daran lag, dass sie in der Anschaffung kostspieliger und somit nicht für jedermann erschwinglich waren, und zum anderen damit zu erklären ist, dass sie, da sie einen höheren Rohmaterialwert verkörperten, in kaputtem Zustand nicht weggeworfen, sondern wieder eingeschmolzen wurden. Ferner konnten wenige Glasobjekte in Form von Flaschen oder verschiedenen Bechertypen geborgen werden. Schliesslich ist auch die Verwendung von Holzobjekten wie Schüsseln, Näpfen, Bechern oder auch Kannen wahrscheinlich, die im Mittelalter weit verbreitet waren, in Laufen aber aufgrund der für Holz schlechten Erhaltungsbedingungen nicht nachgewiesen werden konnten. Ein Mörser aus Sandstein, in dem die Zutaten für die Mahlzeiten zerstossen wurden, rundet das keineswegs vollständige Bild ab.

Wandel der Essgewohnheiten

Die Speisen wurden an offenen Feuerstellen zubereitet, die entweder bodeneben oder etwa kniehoch vom Untergrund abgehoben waren. Töpfe und Dreibeintöpfe dienten sowohl als Koch- als auch als Vorratsgefässe, Dreibeinpfannen ausschliesslich zu Kochzwecken. Letztere konnten mit Hilfe eines in die Tülle gesteckten Astes in das Zentrum der Glut plaziert werden. Töpfe wurden seit dem 14. Jahrhundert vor allem seitlich des Herdfeuers plaziert und dienten zur Zubereitung von Speisen, die bei schwacher bis mittlerer Hitze garten. Dies zeigen einseitige Russspuren an den Aussenseiten der Gefässe, aber auch zahlreiche zeitgenössische Darstellungen.

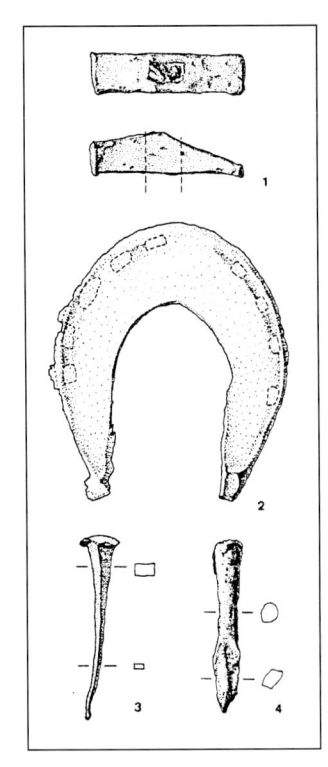

*10: Laufen,
Rathausplatz.
Kleinfunde aus Eisen.
1 Hammer,
2 Hufeisen,
3 Nagel,
4 Pfeilspitze*

Schüsseln wurden vor allem zum Auftragen der Speisen bei Tisch genutzt, Bügelkannen dienten als Flüssigkeitsbehälter, die auch bei Tisch zum Ausschenken von Getränken zur Anwendung kommen. Daneben fanden bei Tisch auch noch Trinkbecher aus Glas und wohl auch aus Keramik und Holz Verwendung. Gegessen wurde in Laufen wohl auch von hölzernen Unterlagen oder Schalen; Keramikteller sind erst ab dem 16. Jahrhundert bekannt und Zinnteller nur in sehr gehobenem sozialem Milieu gebräuchlich.

Der Speisezettel bestand neben Fleisch in der Hauptsache aus Getreideprodukten, Hülsenfrüchten, Gemüsen sowie Nüssen und Obst[7]. Getreide wurde entweder zu Brot verarbeitet oder zu Getreidebreien verkocht, Gemüse häufig auch so lange gekocht, bis es breiartige Konsistenz hatte. Fleisch wurde in gebratener Form, aber auch sehr häufig gekocht und gedünstet genossen. In Laufen stand vor allem Rind- und Schweinefleisch auf dem Speisezettel. Daneben wurde auch das Fleisch von Hühnern, Schafen und Ziegen gegessen. Das Schlachtalter der Tiere zeigte, dass die damaligen Bewohner Laufens in der Lage waren, sich das qualitativ hochwertigere Fleisch von jüngeren Tieren zu leisten.

Die Entwicklung des in Laufen vorgefundenen keramischen Geschirrs verweist auf eine im Laufe des späten Mittelalters zunehmende repräsentative Funktion von Keramik. Das Bemühen um eine gehobenere bürgerliche Tischkultur ist auch für die Bürger Laufens unübersehbar.

Sammelsurium des Alltags

Kleidungsbestandteile fanden sich vor allem in Form von Gürtelschnallen, aber auch in Form von weiteren Accessoires wie Knöpfen, Bronzenadeln, Nestelbeschlägen sowie diversen weiteren Gewandapplikationen (vergleiche Abbildung 9). Der Bereich Waffen- und Reitzubehör ist vertreten durch Messer, Messerscheidenbeschläge, Pfeilspitzen, Sporen sowie Hufeisen und Hufnägel (vergleiche Abbildungen 9 und 10). Gesundheit und Körperpflege ist repräsentiert durch Schröpfköpfe und beinerne Kämme (vergleiche Abbildungen 11 und 12), religiöses Leben durch beinerne Paternosterringlein oder auch Andachtsfigürchen (vergleiche Abbildungen 12 und 13). Archäologische Hinweise auf Freizeitgestaltung finden sich aufgrund beinerner Spielsteine, Keramikmurmeln oder etwa durch Keramikpüppchen und Miniaturgefässe, die auch als Kinderspielzeug genutzt werden konnten (vergleiche Abbildungen 12 und 13). Der Bereich Arbeit und Produktion ist vertreten durch Werkzeugfunde wie zum Beispiel Hämmer, durch Feuerstellen und Schlakkenfunde, aber auch durch Spinnwirtel, als Bestandteil häuslicher Textilerzeugung (vergleiche Abbildung 14).

[7] *Vergleiche dazu den Beitrag Karg in diesem Band.*

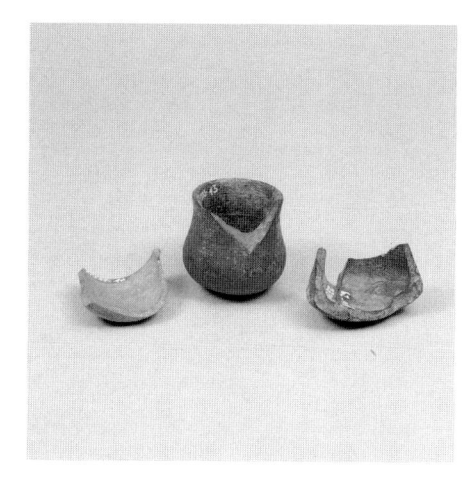

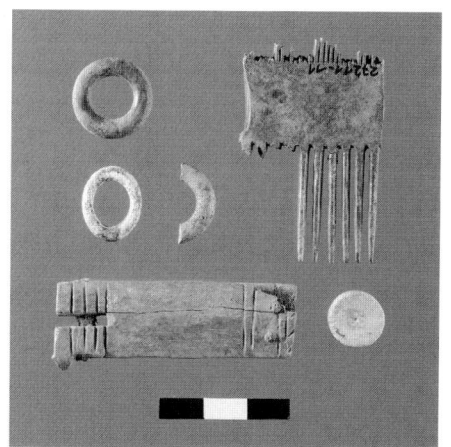

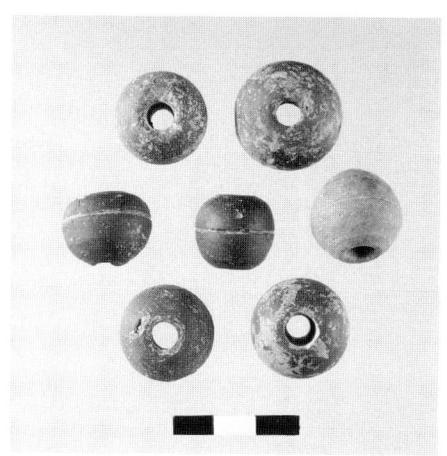

11: Laufen, Rathausplatz. Schröpfköpfe

12: Laufen, Rathausplatz. Kleinfunde aus Bein. Paternosterringlein, Kamm, Griff und Spielstein

13: Laufen, Rathausplatz. Tonpüppchen und Madonna mit Jesuskind

14: Laufen, Rathausplatz. Spinnwirtel aus Ton

Bedeutung der Archäologie für die mittelalterliche Stadtgeschichte

Das Unglück der Laufner Bürger, im Laufe des späten Mittelalters ihre Häuser zweimal durch verheerende Brände zerstört zu sehen, erwies sich für die heutige Archäologie als regelrechter Glücksfall. Durch die Brandkatastrophen wurden die verschiedenartigsten Zustände im Boden konserviert und aufgrund der Anlage eines Platzes im südlichsten Abschnitt der Altstadt vor der Zerstörung durch eine neuzeitliche, tief in den Boden greifende Steinbebauung bewahrt.

Dadurch konnte in Laufen die erste spätmittelalterliche, rein hölzerne Häuserzeile in der Schweiz zusammenhängend erfasst werden. Nicht, dass es in anderen Städten nichts Vergleichbares gegeben hätte, doch fehlen andernorts meist die günstigen Erhaltungsbedingungen, um vergleichbare Einblicke in mittelalterliche Lebensbereiche zu gewinnen.

Jochem Pfrommer

Literatur:

Bis 1987 wurden in Laufen nur kleinere Grabungen durchgeführt (vergleiche Literaturangaben). Kurzuntersuchungen erbrachten dabei zunächst nur sehr punktuelle Einblicke in die im Boden verborgene Geschichte Laufens, deuteten aber bereits die Existenz einer nennenswerten archäologischen Substanz und deren Bedeutung für die mittelalterliche Stadtgeschichte an. Sie verdeutlichten darüber hinaus allerdings auch den hohen Grad der Gefährdung dieser noch im Boden verborgenen archäologischen Denkmäler, da sie, oftmals nur wenige Zentimeter unter der modernen Bebauung gelegen, in hohem Masse der Gefahr der Zerstörung durch selbst kleinste Bodeneingriffe ausgesetzt waren.

In der Hauptstrasse und im Bereich des Obertors fanden sich Reste einer älteren Pflästerung beziehungsweise Reste des Stadtbachkanals. Ein Vergleich mit der im Bereich des Rathausplatzes ergrabenen spätmittelalterlich-frühneuzeitlichen Strasse ergab, dass der erfasste Stadtbachkanal Bestandteil einer späteren, wohl barocken Neupflästerung war, die am Ende des 17. Jahrhunderts erfolgte. Im Inneren des Gebäudes Hauptstr. 48 konnten zwei Feuerstellen ergraben werden, die aufgrund von Keramikfunden in das späte 13. Jahrhundert datiert wurden. In der Amtshausgasse 2 konnte, allerdings ohne erkennbare bauliche Strukturen, eine Kulturschicht beobachtet werden.

Bei den Untersuchungen am aufgehenden Mauerwerk der Kathrinenkirche einerseits und des Alten Polizeipostens andererseits konnten Befunde zur ehemaligen Stadtbefestigung dokumentiert werden. Im Bereich der Kathrinenkirche wurde festgestellt, dass im Zuge des Kirchenneubaus von 1698/99 die Stadtmauer abgebrochen worden war. Dafür konnte hier die Höhe des Untertorturms mit mindestens 12,4 m erfasst werden. Ferner fand sich der Ansatz einer ausgebrochenen, ehemals rechtwinklig zu Turm und Kirche verlaufenden Mauer. Da der Mauerausbruch sicher nach 1698/99 erfolgt war, dürfte es sich dabei um den Überrest eines Vorbaus zum Untertor handeln, wie er in einem Kupferstich von 1755 deutlich erkennbar ist. Im Bereich des Alten Polizeipostens wurde nachgewiesen, dass die 1,2 m mächtige Stadtmauer hier in mehreren Etappen auf ca. 7,5 m erhöht worden und mit Zinnen versehen war.

Abkürzungen
ADB: Archäologischer Dienst Bern
AKBE: Archäologie im Kanton Bern
AS: Archäologie der Schweiz
HA: Helvetia Archaeologica
SBKA: Schweizer Beiträge zur Kulturgeschichte und Archäologie des Mittelalters

Bacher, R. / Suter, P.: Laufen BL – Dolmengrab 1989-91. Rekonstruktion des Grabmonuments, in: AKBE 3B, 1994, p. 297–312
Felgenhauer-Schmiedt, S.: Die Sachkultur des Mittelalters im Lichte der archäologischen Funde, 1993
Gutscher, Daniel: Laufen, Christkatholische Pfarrkirche St. Katharina. Baugeschichtliche Beobachtungen bei Aussenrestaurierung 1985, in: AKBE 1, 1990, p. 91–93
ders.: Laufen, Amthausgasse 2. Feststellung einer Kulturschicht 1986, in: AKBE 2A, 1992, p. 137
ders.: Laufen, Hauptstrasse. Neupflästerung 1987, in: AKBE 2A, 1992, p. 138
ders.: Hauptstrasse 48. Dokumentation von Feuerstellen 1986, in: AKBE 2A, 1992, p. 138f.
ders.: Laufen, Obertor. Dokumentation des Stadtbachkanals 1987, in: AKBE 2A, 1992, p. 139
ders.: Laufen, Amtshaus. Rettungsgrabung vor Unterkellerung 1989, in: AKBE 3A, 1994, p. 223–229
ders.: Duggingen. Schloss Angenstein, in: AKBE 3, 1994, p. 207–211
Martin-Kilcher, Stefanie: Die Funde aus dem römischen Gutshof von Laufen-Müschhag, Bern 1980
Stadtluft, Hirsebrei und Bettelmönch – Die Stadt um 1300 (Katalog zur Ausstellung), Stuttgart 1992
Tauber, Jörg: Herd und Ofen im Mittelalter, in: SBKA 7, 1980
Vivre au Moyen Age: 30 ans d'archéologie médiévale en Alsace (Katalog zur Ausstellung), Strassburg 1990.

Abbildungsnachweis:

1–14: Archäologischer Dienst des Kantons Bern

Leben aus der Asche
Ernährung und Landwirtschaft der mittelalterlichen Stadt aus archäobotanischer Sicht

Die archäologischen Ausgrabungen auf dem Rathausplatz in Laufen brachten mehrere tausend verkohlte Pflanzenreste aus dem Mittelalter ans Licht. Diese archäobotanischen Funde, die 700 Jahre lang unter dem Rathausplatz verborgen waren, ermöglichen einen Einblick in das vielseitige Nahrungsangebot der mittelalterlichen Bevölkerung und lassen sogar Rückschlüsse auf die Bewirtschaftung und das Aussehen der spätmittelalterlichen Ackerflächen zu.

Bislang sind für diese Epoche noch keine schriftlichen Überlieferungen über die Ernährungs- und Umweltsituation der Stadt Laufen bekannt geworden, die Pflanzenfunde stellen somit eine einzigartige Informationsquelle dar. Aus den benachbarten Regionen liegen schriftliche Zeugnisse aus dieser Zeit vor. In diesen Schriftquellen werden Pflanzen jedoch meist nur am Rande erwähnt, wenn Zehntabgaben oder Einkäufe von Nahrungsmitteln aufgezählt werden. Ikonographische Quellen können – sofern sie quellenkritisch interpretiert werden – zusätzliche Anregungen und Ideen zu landwirtschaftlichen Techniken und zum Ablauf des täglichen Lebens der mittelalterlichen Bevölkerung geben.

Mit der Bearbeitung der Pflanzenfunde aus der Fundstelle Laufen-Rathausplatz wurde erstmals für die Region der Nordwestschweiz der Versuch gestartet, diese verschiedenen Quellengattungen fächerübergreifend miteinander zu verknüpfen[1]. Dieser Forschungsansatz soll dazu beitragen, die Geschichte des mittelalterlichen Menschen in seiner damaligen Umwelt, der Umgebung der Stadt Laufen, lebendig werden zu lassen.

Habermus und Hanfpflanzen

Als die Holzhäuserzeile am Rathausplatz gegen Mitte des 14. Jahrhunderts durch einen Brand in Schutt und Asche gelegt wurde, waren vor allem die Vorräte der letzten Ernten eingelagert gewesen. Hafer und Dinkel sowie die Hülsenfrüchte Ackerbohnen, Erbsen, Linsen und Saatwicken stellten demnach wichtige Anbaupflanzen in der Umgebung von Laufen dar. In Gebrauch waren aber auch noch weitere Getreidearten: so das Einkorn, Gerste, Roggen, Hirse und eine altertümliche Weizenart.

Über die Verwendung der Getreidearten berichten Schriftquellen aus Süddeutschland[2]: Hafer wurde für gewöhnlich als Pferdefutter angebaut und war – in Form von Brei (Habermus) zubereitet – ein beliebtes Gericht. Über den Dinkel berichten die Quellen, dass er Hauptbestandteil des Morgenbreies und ausserdem ein

[1] Karg, Sabine: Pflanzliche Diversität im Mittelalter. Rekonstruktion einer spätmittelalterlichen Ackerflora bei Laufen (Schweiz) mit Hilfe von verkohlten Kulturpflanzenvorräten, Diss. Universität Basel 1994
[2] Jänichen, H.: Beiträge zur Wirtschaftsgeschichte des schwäbischen Dorfes, Stuttgart 1970, p. 99 ff.

Monatsbild August, Kornernte. 1475

vorzügliches Brotgetreide war. Als eine würzige Suppeneinlage können grün geerntete Dinkelkörner, sogenannter Grünkern, dienen[3]. Vom Einkorn kann die ganze Pflanze genutzt werden: das Mehl enthält einen hohen Kleberanteil und kann daher sehr gut zu Brot verbacken werden, das Stroh dieser urtümlichen Weizenart zeichnet sich durch eine hohe Reissfestigkeit aus. Schriftliche Angaben berichten, dass Einkornstroh speziell zum Hochbinden der Weinreben gebraucht worden ist.

An Hülsenfrüchten waren den spätmittelalterlichen Bewohnern von Laufen Ackerbohnen bekannt, in den Quellen «faba» oder «fabarum» genannt, die nicht mit den heute gebräuchlichen grünen Bohnen, die aus Amerika stammen, zu verwechseln sind, sowie Erbsen, Linsen und Saatwicken. An Ölpflanzen kannten die Laufner den Lein, der unter den Gartenzehnt fiel. Diese blaublühende Pflanze wurde noch in diesem Jahrhundert in der Schweiz zur Textilgewinnung angebaut; die Leinsamen wurden zu Speiseöl verarbeitet. Hanfsamen aus den archäologischen Schichten des Rathausplatzes bezeugen den Anbau dieser Pflanze, welche zur Textilherstellung genutzt wurde.

[3] Körber-Grohne, U.: Kulturpflanzen in Deutschland, Stuttgart 1987, p. 71

Selbstversorgung aus Garten und Feld

Zahlreiche Gemüsesorten haben den damaligen Speiseplan ergänzt, zum Beispiel gelbe Rüben, Kohl und Rüben. Von der Rübe ist nicht bekannt, in welcher Form sie genutzt worden ist: ob als Blatt- oder als Knollengemüse, dies kann anhand der Samen leider nicht mehr rekonstruiert werden. Schriftquellen aus der frühen Neuzeit bezeugen, dass verschiedene Sorten und Wuchsformen der Rübe und des Mangolds bekannt waren.

Einen ganz besonderer Fund stellen die verkohlten Knoblauchzehen aus dem Rathausplatz dar, da solche zerbrechlichen vegetativen Pflanzenorgane nur sehr selten über einen so langen Zeitraum erhalten bleiben[4]. Verschiedene Nüsse und Obstarten konnten anhand verkohlter Schalenfragmente und Samen nachgewiesen werden: Walnüsse, Haselnüsse, Bucheckern, Äpfel und Birnen. Steinkerne von der Sauerkirsche, der Zwetschge und eventuell von der Pflaume bezeugen eine reichhaltige Obstbaukultur in den Laufner Gärten. Zusätzlich zum Kulturobst wurden wildwachsende Früchte gesammelt: Himbeeren, Brombeeren, Walderdbeeren und Schlehen.

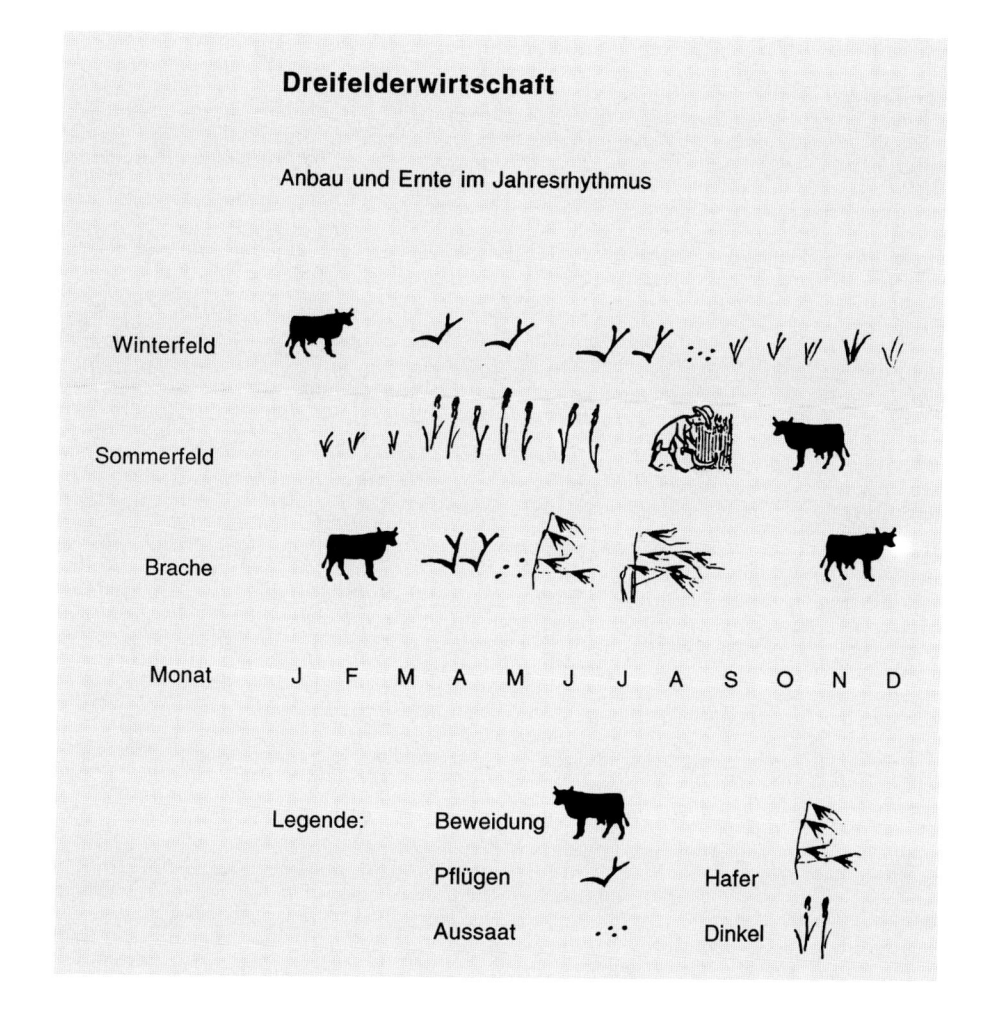

Modell der spätmittelalterlichen Fruchtfolge in Laufen

[4] Karg, Sabine: Knoblauchzehen aus dem mittelalterlichen Laufen, Kanton Bern, in: Archäologie der Schweiz 14, 1991, p. 257–260

Neben Speisevorräten wurde in den Häusern des Rathausplatzes auch Saatgut aufbewahrt. In einer Bodenprobe aus Haus 4 fanden sich mehr als 35000 verkohlte Fruchtknäuel von der Rübe[5]. Da es im gesamten archäobotanischen Fundmaterial des Rathausplatzes keinerlei Hinweise auf importierte Nahrungsmittel gibt, ist dieses Saatgut vermutlich in Laufen selbst für die lokalen Bedürfnisse produziert worden.

Fortschritt durch Dreifelderwirtschaft

Zahlreiche Samen und Früchte von verschiedenen Ackerunkräutern und heutigen Wiesenpflanzen in den verkohlten Getreidevorräten aus dem 14. Jahrhundert ermöglichen die Rekonstruktion der damaligen Wirtschaftsweise und der vielfarbigen Ackerflächen. Insgesamt konnten in den Hafervorräten 77 und in den Dinkelvorräten 11 verschiedene Unkrautarten nachgewiesen werden. Diese Unkräuter stellen ganz spezifische ökologische Ansprüche an ihren Wuchsort und weisen verschiedene Reproduktionsmechanismen auf. Das heisst sie wachsen zum Beispiel auf kalkhaltig nassem Boden oder auf saurem feuchtem Untergrund und vermehren sich nur durch Samen oder auch durch unterirdische Organe. Mit Hilfe dieser ökologischen Angaben gelang es, ein mögliches Bild der damaligen Kulturlandschaft zu entwerfen: Demnach wurden vor allem die fruchtbaren Lösslehme und Braunerden in der nahen Umgebung der Stadt landwirtschaftlich genutzt.

Spätestens ab der Mitte des 14. Jahrhunderts wurden die Felder bei Laufen durch eine geregelte Fruchtfolge mit zwischengeschalteter Brache bewirtschaftet[6]. Nach besonders sorgfältiger Bodenbearbeitung wurde in den Herbstmonaten das Wintergetreide gesät, im vorliegenden Fall war dies Dinkel. Nach dessen Ernte im darauffolgenden Spätsommer wurde das Feld beweidet und/oder brach liegengelassen, bevor im folgenden Frühjahr – nach weniger sorgfältiger Vorbereitung des Bodens – das Sommergetreide Hafer ausgesät wurde. Die Haferfelder waren viel stärker verunkrautet und vor allem auch stärker vergrast. Nach der Haferernte konnte die Ackerfläche erneut durch das Vieh beweidet werden.

Die Einführung der Dreifelderwirtschaft bedingte eine Veränderung und Ausweitung der Grenzen des damals genutzten Naturraumes, da durch die eingeschaltete Brache eine grössere Anbaufläche benötigt wurde. Mit der Intensivierung des Ackerbaues konnten nun grössere Erträge und ausserdem eine zusätzliche Futterbasis für das Vieh erwirtschaftet und somit die Versorgung einer anwachsenden Bevölkerung besser gewährleistet werden als mit der traditionellen Feld-Gras-Wirtschaft[7].

[5] Karg, Sabine: Saatguthandel in prähistorischer und historischer Zeit, in: Ethnographisch-archäologische Zeitschrift 34, 1993, p. 223–230
[6] Karg, Sabine: Plant diversity in late medieval cornfields of northern Switzerland, in: Vegetation History and Archeobotany 4, 1995, p. 41–50
[7] Vergleiche hierzu ausführlich Rösch, M./Jacomet, S./Karg, S.: The history of cereals in the region of the former Dutchy of Swabia (Herzogtum Schwaben) from the Roman to the Post-medieval Period: results of archeobotanical research, in: Vegetation History and Archeobotany 1, 1992, p. 193–231

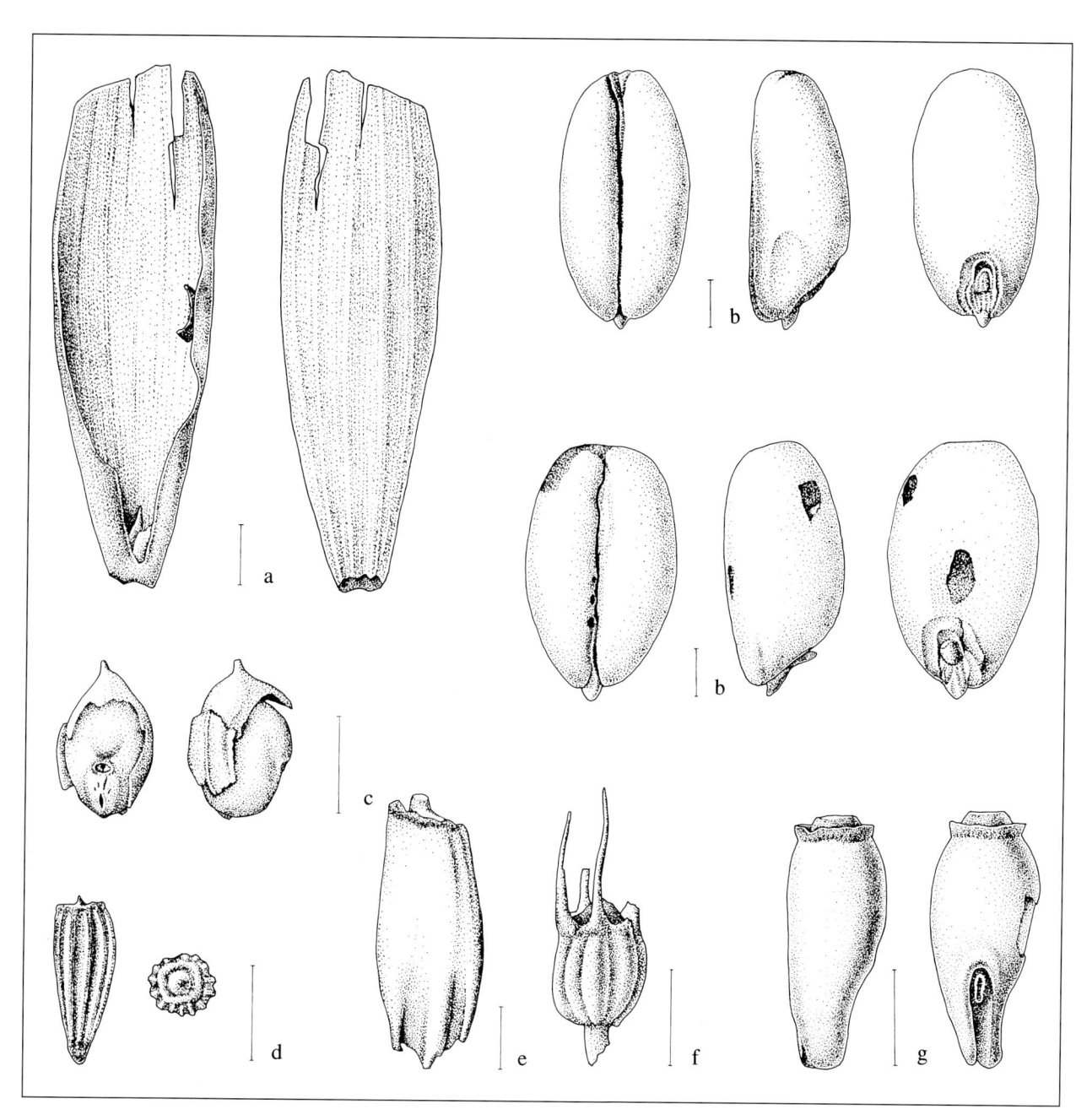

Verkohlte Pflanzenfunde aus der Ausgrabung Laufen-Rathausplatz, 14. Jahrhundert. Messlinie = 1 mm. a) Spelze von Hafer, b) Körner vom Dinkel, c) Same mit anhaftendem oberem Teil der Hülse vom Roten Wiesenklee, d) Schliessfrucht der Wiesen- und Wucherblume, e) Frucht der Wiesen-Knautie, f) Fruchtkelch vom Knäuelkraut, g) Schliessfrucht der Kornblume

Eingriffe mit Folgen

Noch heute kann man beobachten, dass sich die Bewirtschaftungsmethode einer Ackerfläche auch auf die Vielfalt von Flora und Fauna auswirkt. Die Einführung der Dreifelderwirtschaft im

Verlauf des Mittelalters bedeutete für viele Pflanzen eine Erweiterung ihres Lebensraumes. Von Menschen beeinflusste Pflanzengesellschaften wie Ackerunkraut- und Grünlandgesellschaften konnten sich erst dank dieses landwirtschaftlichen Produktionssystemes ausbilden.

Die Auswertung der botanischen Grabungsfunde aus Laufen zeigt das vielfältige Angebot an Nutzpflanzen, das in den Häusern am Rathausplatz aufbewahrt worden ist. Nachgewiesen werden kann damit auch, dass die lokale Getreideproduktion bereits im 14. Jahrhundert durch eine geregelte Fruchtfolge intensiviert worden war.

Sabine Karg

Literatur

Jänichen, H.: Beiträge zur Wirtschaftsgeschichte des schwäbischen Dorfes, Stuttgart 1970
Karg, Sabine: Knoblauchzehen aus dem mittelalterlichen Laufen, Kanton Bern, in: Archäologie der Schweiz 14, 1991, p. 257–260
dies.: Saatguthandel in prähistorischer und historischer Zeit, in: Ethnographisch-Archäologische Zeitschrift 34, 1993, p. 223–230
dies.: Pflanzliche Diversität im Mittelalter: Rekonstruktion einer spätmittelalterlichen Akkerflora bei Laufen (Schweiz) mit Hilfe von verkohlten Kulturpflanzenvorräten, Dissertation Universität Basel 1994
dies.: Plant diversity in late medieval cornfields of northern Switzerland, in: Vegetation History and Archaeobotany 4, 1995, p. 41–50
Körber-Grohne, U.: Kulturpflanzen in Deutschland, Stuttgart 1987
Rösch, M. / Jacomet, S. / Karg, S.: The history of cereals in the region of the former Dutchy of Swabia (Herzogtum Schwaben) from the Roman to the Post-medieval Period: results of archaeobotanical research, in: Vegetation History and Archaeobotany 1, 1992, p. 193–231.

Abbildungsnachweis:

1: Wien, Österreichische Nationalbibliothek, Cod. 3085. Sammelhandschrift Süddeutschland 1475, fol. 7r.
2: Zeichnung Sabine Karg, Basel
3: Zeichnung Irma Haussener, Bern

Ein wüestes Thier im Buberg
Eine Geschichte über Hexerei, Müllersfrauen und Standeskonflikte im 18. Jahrhundert

Wie die Menschen in Laufen in den vergangenen Jahrhunderten ihr alltägliches Leben bewältigten, darüber ist fast nichts bekannt. In den bisher erforschten Quellen zur Stadtgeschichte finden sich diesbezüglich auch selten Informationen; die meisten Hinweise über soziale Beziehungen, Vorstellungen und Verhaltensweisen der Bevölkerung lassen sich noch herausarbeiten aus Dokumenten, wo diese Menschen wenigstens ansatzweise selbst zu Wort kommen. Ein gutes Beispiel dafür ist jenes umfangreiche Verhörprotokoll, verfasst vom bischöflichen Landschreiber Niklaus Kern im Jahr 1735, welches beginnt wie folgt:

«Rathshaus Lauffen den 17. August 1735. Nachdem nicht nur allein in dem Amt Zwingen, sondern auch in den benachbarten Ämtern und Schweitz die boshafte Rede ausgestreut worden, was gestalten zu Laufen eint und andere Burgers Frau, weilen selbe in dem Buberg von Hans Adam Schumacher Hexenwerck zu treiben ertappt worden, in Verhaft sitzeten, derley aber zu grossem Nachtheil und Nachred der Statt und solcher Frauen gereichen dörffte, als hat man von Amts wegen die Sachen und deren Urheber zu entdecken die nötige Inquisition vornehmen müssen.»[1] Hexen in Laufen? Was soll da geschehen sein?

Vor dem Verhörrichter

Rekonstruieren lässt sich aus den Aussagen der Zeugen und Zeuginnen vorerst folgender Ereignisablauf. Vor dem Verhörrichter, wahrscheinlich dem Landvogt zu Zwingen, stehen zuerst vier Frauen aus der Stadt: Elisabeth Halbeisen, des Metzgers Fritschi Ehefrau; Anna Mettil, die Försterin genannt; Elisabeth Imhoof und die Stierenhirtin Maria Schmidlin. Sie alle waren nur indirekt Zeuginnen der angeblichen Hexereien, das heisst sie wussten dem Verhörrichter nur zu erzählen, was ihnen die Frau des Müllers in der Vorstadt, Anna Maria Müllerin, mitgeteilt hatte. Demnach sei dem Küfer Hans Adam Schumacher eines Abends nach dem Betgeläute auf dem Buchberg ein Wesen erschienen, ein Gespenst. Eine Frau solle es gewesen sein, mit einem weissen Halskragen und einer Kutte, der Kleidung der Stadtburgerfrauen also. Er kenne ihren Namen, habe der Küfer der Müllerin weiter erzählt; und es sei ihm wunderlich erschienen, was sie so spät abends im Wald zu tun gehabt habe.

Diese Aussage der vier Frauen bestätigte auch die Müllerin, welche als nächste verhört wurde. Sie habe den Küfer, als er bei ihr im Keller arbeitete, auf sein kränkliches Aussehen hin angesprochen, worauf er ihr von seiner Begegnung mit einem furchtbaren Gespenst, zugleich ein wüestes Tier und eine Frau, berichtet

[1] *Verhörprotokoll Jean Adam Schumacher 1735*

habe. Das habe sie daran erinnert, dass bereits zuvor die Stierenhirtin von einem «unrechten» Treiben auf dem Buchberg erzählt habe. Auf unerklärliche Weise sei diese dort selbst schon einmal herumgejagt worden. So sei jetzt auch der Dekan ausgezogen, um die Weide zu segnen und die weitere Ausbreitung der Viehseuche zu verhindern, welche auf unerklärliche Weise nur unter dieser Kuhherde wüte.

Das Geständnis des Hans Adam Schumachers

Hans Adam seinerseits aber leugnete nun vor dem Verhörrichter hartnäckig, dass er eine Frau in der beschriebenen Kleidung gesehen habe und sie mit Namen kennen solle. Es sei nur ein Tier gewesen, etwas Unbeschreibliches, Grässliches. Erst nach wiederholter Konfrontation mit der Müllerin gab er schliesslich zu, damals von einer Frau erzählt zu haben. Auch habe er geäussert, eine solche Frau «tue dies» aus reiner Wollust, da sie dem Anschein nach keine materielle Not gelitten habe.

Wie aus dem weiteren Verhör der bereits befragten Zeuginnen hervorging, hatten sich entsprechende Gerüchte von Hexerei längst über die Stadt hinaus bis nach Aesch und Bad Meltingen verbreitet; hier hielt man die Stadtburgerin Frau Beatrix für die Schuldige, dort ging das Gerede gar von mehreren deswegen eingekerkerten Frauen. In den Aussagen der Zeuginnen erschien hauptsächlich die Müllerin als Ursache und Quelle solcher Verdächtigungen, hatte sie doch als erste die auffällige Kuttentracht erwähnt und damit den Verdacht auf eine Stadtbewohnerin gerichtet. Solches stritt die Müllersfrau zuerst ab, gab es dann aber ungern zu. Darauf holte sie ihr Mann aus dem Rathaus zurück und wollte sie nicht mehr zu weiteren Verhören gehen lassen; seine Frau sei seit langem «blöd», und die ganze Aufregung würde ihr noch mehr schaden. Dennoch gab die Müllerin noch ein letztes Mal zu Protokoll, dass der Küfer selbst tatsächlich nur von einem weissen Streifen am Hals der Erscheinung und nicht von einer Kutte gesprochen habe.

Zum Abschluss wurde nun noch einmal der Küfer Hans Adam Schumacher vorgeführt. Bereits zuvor hatte er einräumen müssen, dass er sich die Weibsgestalt vielleicht nur eingebildet habe. Er habe kurz zuvor unterwegs eine wunderliche, ihm unbekannte Frau gesehen, deren Bild ihm noch lange Zeit durch den Kopf gegangen sei. Jetzt sprach er gar davon, die ganze Frauenerscheinung sei eine «Verblenderey» gewesen, er könne nichts Genaueres darüber sagen. Nachdem er aber über Nacht in den Turm geworfen worden war, gestand der Küfer anderntags, die Frauengestalt überhaupt gänzlich erfunden zu haben. Gesehen habe er nur ein tierähnliches Wesen. Zwar habe er wohl der Müllerin etwas anderes erzählt, aber ohne böse Absicht, und für die weitere Ausschmückung der Geschichte sei er nicht verantwortlich. Damit hört das Verhörprotokoll auf; über eine eventuelle Bestrafung des Küfers oder der Müllerin finden sich darin keine Angaben.

Was glaubte Hans Adam Schumacher zu sehen: ein Weib in der Tracht der Stadtburgerinnen, den Teufel, ein wüestes Thier?

Vom Tier zur Burgerfrau zur Hexe

Was sich aus diesen Akten an Ereignissen rekonstruieren lässt, bleibt voller Unklarheiten; das heisst es lässt sich nie mehr herausfinden, was Hans Adam Schumacher wirklich sah. Nachvollziehbar und höchst aufschlussreich ist hingegen die Art und Weise, wie aus der ursprünglichen Spukerzählung des Küfers – ob nun wahr oder erfunden – eine derart Aufsehen erregende Hexenaffäre entstand. Denn das vom Küfer zu Beginn beschriebene Wesen hat noch nichts mit einer Hexe zu tun. Ort der Erscheinung (ein abgelegener Wald) und Zeit (Abenddämmerung) sowie Aussehen («wüeste Farben») entsprechen eher den landläufigen Vorstellungen und Erwartungen von «gewöhnlichem» Spuk. Was dann aber die Müllerin beschreibt, sieht ganz anders aus:

«Sie habe des Tags zuvor den Hans Adam Schumacher in ihren Keller berufen, weilen er aber ausgeblieben und erst des andern Tags gekommen, so habe sie, wunders halber, ihn gefragt, warumben er des vorigen Tags nicht gekommen seye, worüber selber zu erzehlen angefangen: wie dass er vor ein paar Tagen in dem Buberg zu Abendzeit ein wunderliches Thier, worüber er erschrocken, gesehen habe. Es seye eine Frau gewesen, habe eine Kutten und ein weiss Halsmäntlin angehabt, welche er ganz wohl gekannt habe. Als hernach selber im Keller seine Arbeit verrichtet, habe er fortgefahren und gesagt, es seye doch eine wunderliche Sach, wann eine Frau zu Hause so wohl zu leben habe, dass sie doch mit diesen Sachen umbgehen möge. Sie habe darüber gesagt, was dann dieserley Leuth beysammen thun, worüber er geantwortet, sie treiben halt ihren Wollust beysammen.»[2]

[2] Verhörprotokoll Hans Adam Schumacher 1735 (Interpunktion modernisiert)

Im Laufe des Verhörs wird deutlich, dass diese Version im wechselseitigen Austausch von Küfer und Müllerin entstanden ist. Aus dem Tierspuk wird eine Frau, der weisse Halsstreifen der Erscheinung wird zum Halskragen einer Stadtburgerin. Dadurch, dass diese unter solch merkwürdigen Umständen erscheint, wird die Frau ihrerseits zu etwas Dämonischem. Gerade als Frau mit Besitz und Ansehen, was durch ihre Tracht ausgewiesen wird, dürfte sie mit Spukerscheinungen nichts zu tun haben, was wahrscheinlich den Verdacht auf etwas Teuflisches noch bestärkte. Zu dem so gesponnenen Bild einer Hexe passt das Attribut der Wollust respektive der Verknüpfung von weiblicher Sexualität und Teufelsspuk. Derart durchdringen und steigern sich zwei Vorstellungen: die Erzählung von einer tierähnlichen Spukvision bringt Mutmassungen über ungewöhnliches Verhalten einer Stadtburgerfrau hervor und beides zusammen ergibt – eine Hexe. Und diese Hexe, das ist das Besondere an dieser Geschichte der beiden Hauptfiguren, sei unzweifelhaft die Frau eines Stadtburgers.

Die Ehre der Stadtburgerschaft

Weshalb empörten sich die vier verhörten Frauen – wahrscheinlich selbst auch Stadtburgerinnen – derart ob dieser Darstellung der Müllerin? Anna Mettil zum Beispiel klagte:

«Was Burgers Weiber seyen gleichwie sie, tragen Kutten, die Bauernweiber aber tragen Juppen. Dies seye Ursach gewesen, dass sie der Müllerin gesagt habe, sie Deponentin trage eine Kutten, wolle andere Frauen, welche gleich wie sei Kutten tragen, dieser Reden ermahnen, und werd sie solche Reden mit ihro nicht leiden, inmassen man dahero einen Verdacht auf sie haben könnte. Es habe die Küehhirtin darüber gesagt, wann diese Red von Weibern, die Juppen tragen, also ergangen wäre, so wollte sie es ebenfalls nicht leiden.»[3]

Mit moralischen Bedenken hatte dies nichts zu tun, die Frauen sahen vielmehr die Ehre der ganzen Stadtburgerschaft in Gefahr. In der ständischen Gesellschaft des Fürstbistums besassen nicht nur Adelige und Geistliche Sonderrechte und Sonderstellungen; auch die Bewohner der Städte, die Stadtbürger und Stadtbürgerinnen, unterschieden sich hinsichtlich ihrer rechtlichen und sozialen Stellung von der bäuerlichen Landbevölkerung. Die Zugehörigkeit zu den jeweiligen Ständen wurde im alltäglichen Leben am deutlichsten in der Kleidung zum Ausdruck gebracht. So galten Kutte und Halskragen der Stadtburgerinnen nicht nur als Zeichen eines relativen Wohlstandes, sie symbolisierten auch die ständische Abgrenzung gegenüber den Bauersfrauen. «Trachten»trägerinnen repräsentierten zugleich ihren Stand.

So wird verständlich, dass das Gerücht von der angeblichen Teufelsbuhlerei einer Kuttenträgerin nicht bloss eine einzelne Frau diffamierte, sondern die Stadtburgerschaft als Ganzes. «Ehre», das umfasste nicht nur den privaten Bereich, sondern meinte

[3] Verhörprotokoll Jean Adam Schumacher 1735

Hof (Sitz des Meiers) mit dem «Hexenturm», ca. 1880

vielmehr die öffentliche Anerkennung des gesellschaftlichen Ranges und ein dementsprechendes Verhalten. Die Bewahrung von Ehre war damit von grösster Bedeutung für die Bewahrung der gesellschaftlichen Ordnung und Hierarchie. Umsomehr fiel ins Gewicht, dass mit Frau Beatrix eine wahrscheinlich bedeutende Vertreterin der Stadtburgerschaft in Verdacht geriet. Denn ein «Ehrverlust» der Frauen wirkte sich direkt auf Ansehen und Einfluss der Ehemänner aus. Das Gerede über der Hexerei verdächtige Stadtburgerfrauen bedrohte somit die Ehre der ganzen Stadtburgerschaft, brachte sie in Verdacht gottlosen Verhaltens, das heisst auch in den Verdacht eines Verstosses gegen die gottgewollte ständische Gesellschaftsordnung und gegen deren Werte.

Aufständische Bauern und treue städtische Untertanen

Was war denn so brisant an dieser «boshaften Rede» über angebliche Hexerei in Laufen? Auffallend ist, wie der Verhörrichter gar nicht nach der eigentlichen Hexerei fragte, sondern hauptsächlich die Verursacher des Gerüchts zu ermitteln suchte. Über den sozialen und politischen Hintergrund der Hexenaffäre wird in den Verhörakten keine Anspielung gemacht; die ganze Bedeutung der Ereignisse erschliesst sich erst durch den Beizug von weiteren Akten und Informationen. Seit mehreren Jahren standen nämlich die meisten Landgemeinden des Bistums in offener Opposition gegen den Fürstbischof. Ausgehend von den Freibergen (1726) breiteten sich die sogenannten «Troublen», das heisst der bäuerliche Widerstand gegen die harten wirtschaftlichen und politischen Eingriffe des Bischofs in die Gemeinderechte, bis ins Laufental aus. Nachdem 1732 der Versuch einer Vermittlung durch den Kaiser, den Lehensherrn des Fürstbischofs, gescheitert war, verschärften sich die Spannungen und in zahlreichen Gemeinden kam es zu gewalttätigen Protesten der ländlichen Bevölkerung.

Anfangs hatten die städtischen Vertreter die Forderungen der Bauern noch unterstützt; nach 1732 nahmen sie aber eine eher abwartende und beschwichtigende Haltung ein. Und 1734 kam es zum endgültigen Bruch zwischen Bauern und Städtern: der ständische Vertreter der Stadt Laufen unterschrieb ein Ultimatum, wonach die Aufständischen auf die meisten ihrer Forderungen an den Bischof verzichten sollten. Die Stadtburger waren eben aufgrund ihrer städtischen Sonderrechte von den bischöflichen Eingriffen viel weniger betroffen. Während sie sich also der landesherrlichen Autorität beugten, schienen die Vorstädter weiterhin an ihren Protesten festzuhalten. Diese Situation sorgte für gespannte Beziehungen, umsomehr als Städter und Vorstädter ja keineswegs eindeutig räumlich getrennt lebten. So wie etliche Bewohner der Vorstadt das Burgerrecht der Stadt besassen, so überschnitten und verzahnten sich auch die jeweiligen Interessen und Gegensätze. Deshalb war es auch kein Zufall, dass gerade die Frau des Durs Müller im Zentrum der Hexenaffäre stand.

Die heimliche Macht des Müllers

Als bischöfliches Erblehen war die alte Mühle am linken Birsufer seit langem im Besitz von Durs Müller. Obwohl dieses Gebäude mitten in der Vorstadt lag, war der Müller selbst ein Stadtburger. Seine wirtschaftlichen und verwandtschaftlichen Beziehungen erstreckten sich bis weit über die umliegenden Dörfer, über Stadt und Vorstadt. So besass er zum Beispiel im Ochsenwirt und Vorstadtmeyer Nussbaumer einen einflussreichen Schwager, welcher allerdings die Partei des Bischofs vertrat. Da er die Mühle als Erblehen innehatte, verfügte Durs Müller über ein Mahlmonopol auf Lebenszeit und damit über grosse wirtschaftliche Vorteile gegenüber den ländlichen Verkäufern und den städtischen Käufern. Obwohl die Getreidepreise der obrigkeitlichen Kontrolle unterlagen, vermochte sich der Müller mittels Getreideaufkauf und -spekulation beachtliche Gewinne zu sichern. Bereits 1717 wurde Durs Müller deshalb verboten, das Getreide zum Nachteil der bischöflichen Kasse direkt bei den

Bauern in den Dörfern einzukaufen[4]. Die Mühle war also in wirtschaftlicher Hinsicht, ähnlich wie der Wochenmarkt, eine Schnittstelle im Austausch zwischen Stadt und Land.

Daneben bildete die Mühle – wie auch das Wirtshaus – einen wichtigen Begegnungsort für die verstreut im Lande wohnenden Bauern. Während der «Troublen» wurden Mühlen deshalb zum gesuchten Treffpunkt, wo überlokale Kontakte geknüpft, Neuigkeiten ausgetauscht und Aufrufe zum Widerstand gehalten wurden[5]. Welche Rolle Durs Müller dabei spielte, wird aus einem Verhörprotokoll von 1741 ersichtlich[6]. Der Müller wurde vom Landvogt beschuldigt, 1735 mit dem Führer der welschen Aufständischen, Pierre Péquignat, in Briefkontakt gestanden zu haben. Zudem habe er, als anlässlich einer Zehntverlehnung in Laufen protestierende Liesberger auf bischofstreue Bauern einschlugen, den Gewalttätern anschliessend Unterschlupf in seinem Haus gewährt. Doch auch aktiv rebellisch sei er aufgetreten, habe die Zahlung von Steuern verweigert, im Wirtshaus politische Gegner verprügelt und andere angestiftet, dem bischöflichen Amtsschaffner nachts ins Haus zu schiessen[7]. Offensichtlich besass Durs Müller in diesen Jahren eine wichtige Funktion als Vermittler zwischen den aufständischen Bauerngruppen wie auch als Führer der Unruhen in der Vorstadt Laufen. Als einziger bekannter Stadtburger stand er in Opposition gegen die bischöfliche Obrigkeit – und gegen die bischofstreue Stadtburgerschaft, von der er als Erblehensträger unabhängig war, anders als der Müller auf der neuen Mühle, welche Stadtlehen war.

Frauen und Politik im 18. Jahrhundert

In diesem Spannungsfeld stand also Anna Maria Müllerin, eine der Hauptpersonen dieser Hexenaffäre. An ihrem Verhalten lässt sich gut aufzeigen, dass die beteiligten Frauen durchaus politischen Verstand und politische Absichten besassen, dass ihnen aber von den Männern enge Grenzen gesetzt wurden. Vor dem oben skizzierten Hintergrund der Hexereigeschichte ist es wahrscheinlich, dass die Müllerin mit ihrem Gerede bewusst auf die Schmähung der Stadtburgerschaft abzielte. Als Frau musste sie andere Wege wählen als ihrem Mann offenstanden: Frauen waren vom öffentlichen politischen Handeln (Wahlrecht, Auftritt an Versammlungen) weitgehend ausgeschlossen. In solch überschaubaren ländlichen Gesellschaften besassen sie hingegen weitläufige und dichte Beziehungsnetze zwischen den einzelnen Haushaltungen und damit ein hohes soziales Wissen. Durch den Austausch von Informationen und Meinungen übten sie eine gewisse Kontrolle aus über das alltägliche Geschehen, über Ansehen und Ehre der Gemeindebewohner und -bewohnerinnen.

Die Verhörakten erlauben es ja, die Entstehung des Hexereigerüchtes zurückzuverfolgen: aus scheinbar unverfänglichem Austausch von Neuigkeiten entwickelte sich eine immer komplexere Geschichte, wobei jede Erzählerin einen weiteren Aspekt

Tracht einer Laufnerin (mit weisser Haube), ca. 1800. Zeichnung Emil Kräulinger 1932 nach Original von François Joseph Bandinelli, Porrentruy

[4] *Bischöfliches Verbot für Durs Müller 1717*
[5] *Zum Beispiel die Mühle in Liesberg, wo Hans Schmid Schmähreden wider den Bischof hielt (Band 25 aus dem Archiv der ehemaligen fürstbischöflichen Vogtei Zwingen, fol. 13)*
[6] *Verhörprotokoll Durs Müller 1741*
[7] *Vergleiche dazu nebst erwähntem Verhörprotokoll von 1741 auch den Aufsatz Durs Müller von Joseph Gerster-Roth*

hinzufügte. Dahinter steckte nicht Klatschsucht, sondern das Bestreben jeder Beteiligten, die Geschichte – und mit dem Erzählten eben auch das als wahr Geltende, sozial Wirksame – mitzugestalten und mitzukontrollieren. Gerede war eine spezifisch weibliche Form des Handelns, welche über alltägliche soziale Beziehungen vermittelt wurde. In diesem Licht erklärt sich auch der Angriff auf die «Ehre» der Stadtburgerschaft als ein wirksames Mittel. Denn Ehre war nicht eine unveränderliche, gegebene Eigenschaft; sie wurde erst in solch stetigem Austausch und solcher Kontrolle von Meinungen bestätigt oder bezweifelt.

Die Müllerin übte also ebenfalls einen politischen Einfluss auf das Zeitgeschehen aus, in jenem beschränkten Rahmen, der ihr als Frau zugestanden wurde. Indem ihr Mann sie als «blöd» bezeichnete, weshalb ihr Handeln nicht ernst zu nehmen sei, machte er aber deutlich, dass öffentliches politisches Handeln immer noch den Männern vorbehalten blieb.

Aberglauben und politischer Protest

Am Ende des Verhörs schien der Verhörrichter zwei Schuldige ausgemacht zu haben: Anna Maria Müllerin, welche aus der Gespenstererzählung des Küfers eine politisch brisante Hexereiaffäre gesponnen hatte; und Hans Adam Schumacher, welcher unüberlegt von Frauenspukgestalten fabuliert hatte. Doch so unpolitisch war vielleicht die Absicht des Küfers gar nicht. Diesen Verdacht bewirkt die Bemerkung eines 1740 wegen der «Troublen» verhörten Bauern[8]. Beim widerrechtlichen Verkauf von Holz aus den fürstbischöflichen Waldungen sollen verschiedene Bürger «aus Laufen» (Stadt oder Vorstadt?) mitgeholfen haben, darunter ein «Hans Adam Schumacher». Falls dieser identisch gewesen wäre mit dem Küfer Hans Adam Schumacher aus Laufen, sähe alles noch einmal anders aus. Dann wäre die Gespenstergeschichte des Küfers nicht mehr auslösende Ursache einer politischen Affäre, sondern wäre bereits selbst, in Form einer «volkstümlichen» Vorstellungs- und Erzähltradition, ein versteckter sozialpolitischer Protest?

Geschichten erzählen und Geschichte schreiben

Am Ende dieser Lektüre des Verhörprotokolls vom 17. August 1735 steht die Erkenntnis, dass sich die angebliche Hexereigeschichte als ein Durcheinander von Geschichten lesen lässt. Da erfährt man von Hexen und Gespenstern, aber auch von handfesten sozialen Spannungen und politischen Konflikten in und um die Stadt Laufen herum. Der Verhörrichter versuchte sich in dieser Angelegenheit Klarheit zu schaffen, indem er sozusagen dem Anfang eines abgewickelten Fadenknäuels nachspürte, von woher sich dann alles aufrollen respektive erklären liesse. So

[8] *Verhörprotokoll Heinrich Weber 1740*

könnte man diese Akten heute auch lesen und interpretieren, im Hinblick auf: «Wo liegt die Ursache des Ganzen?». Dabei übersähe man aber all die vielen Nebenaspekte, Mehrdeutigkeiten und Widersprüchlichkeiten. Erst wenn man sämtliche miterzählten Geschichten ernst nimmt, erfährt man etwas über soziale Beziehungen und kulturelle Leitbilder der Bevölkerung, über die Bedeutung von Ehre und über Machtverhältnisse zwischen Stadt und Vorstadt.

In bestimmter Hinsicht hatte der Verhörrichter von 1735 doch etwas gemein mit dem Historiographen von heute. Er versuchte, aus einer ihm vorliegenden Menge von Ereignissen, die «Wahrheit» herauszuschälen, und fand dabei unfreiwillig heraus, dass er immer nur weitere Geschichten zu hören bekam. Denn hinter jeder Geschichte steckt eine Absicht, jedes Erzählen hat ein Ziel. Und so schrieb letztlich auch der Verhörrichter mit seinen Fragen und Absichten bloss eine neue Geschichte von vielen möglichen. Geschichte schreiben hat immer etwas mit Geschichten erzählen zu tun. Je nach Erzählzusammenhang schreibt ein Historiker jedoch anhand eines solchen Verhörprotokolls eine Geschichte über bäuerlichen Aberglauben, über politischen Protest oder über das bischöfliche Justizverfahren. Und jede dieser Geschichten ist zugleich wahr und begrenzt, ohne dass man aber je *die* Geschichte schreiben könnte.

Daniel Hagmann

Laufner Trachten des 20. Jahrhunderts (ca. 1940 neugeschaffen). links: Sonntagstracht rechts: Werktagstracht

Quellen

Verhörprotokoll Durs Müller 17. März 1741, in: B 230/84 Landestroublen in den Herrschaften Laufen und Zwingen 1740–1752, 6. Abschnitt, AAEB
Verhörprotokoll Jean Adam Schumacher 17. August 1735–12. September 1735, in: Procédures criminels Laufon und Zwingen 1732–1739, fol. 224ff., AAEB Lt
Verhörprotokoll Heinrich Weber aus Röschenz, 3. Juli 1740, in: Band 25 des Archivs der ehemaligen fürstbischöflichen Vogtei Zwingen, fol. 58ff., AAEB

Literatur

Frey, Alfred: Der Trachtenkrieg oder das Gespenst am Buberg, in: Für die Heimat 1944, p. 123–130
Gerster-Roth, Joseph: Durs Müller, in: Joseph Gerster-Roth 1860–1937. Das literarische und historische Gesamtwerk in sieben Bänden, Basel 1988, Band V, p. 203–208
ders.: Das Gespenst im Buberg. Eine Kulturgeschichte aus dem 18. Jhd., in: Joseph Gerster-Roth 1860–1937. Das literarische und historische Gesamtwerk in sieben Bänden, Basel 1988, Band V, p. 179–186
Suter, Andreas: «Troublen» im Fürstbistum Basel. Eine Fallstudie zum bäuerlichen Widerstand im 18. Jahrhundert, Göttingen 1985

Abbildungsnachweis:

1: Sandra Rau, Basel
2: Musée d'art et d'histoire, Delémont
3: Pierre Gürtler, Blauen
4: Trachten des Kantons Bern, hg. von der Kantonal-bernischen Trachtenvereinigung, Langnau 1944
5: Trachten des Kantons Bern, hg. von der Kantonal-bernischen Trachtenvereinigung, Langnau 1944

Stadtrundgang anno 1753
Wer in Laufen wo wohnte – ein Rekonstruktionsversuch

Wer wohnte eigentlich in Laufen? Eine schwierige Frage, denn bis ins 18. Jahrhundert finden sich in den überlieferten Akten nur wenige Informationen über die Zusammensetzung der Stadtbevölkerung. Adressbücher oder Katasterpläne existierten bis vor wenigen Jahrhunderten ebensowenig wie Einwohnerregister. Als aber die Fürstbischöfe sich im ausgehenden 17. und beginnenden 18. Jahrhundert zu absolutistischen Herrschern zu entwickeln begannen, verstärkten sie auch die staatliche Kontrolle und Verwaltung. Um steuernd in Wirtschaft und Bevölkerungsentwicklung eingreifen zu können, wurden immer häufiger Zählungen durchgeführt, Steuerlisten mit Nennung von Grundbesitz, Wohnsitz und Familiengrösse erstellt.

In eine solche Steuerliste wurden 1753[1] nun sämtliche «Hausstätten» in der Stadt Laufen eingetragen – und zwar mit der jeweiligen Beschreibung ihrer Lage. Leider existiert für das 18. Jahrhundert kein genauer Plan der Stadt, was erlaubt hätte, die einzelnen Namen präzise bestimmten Gebäuden zuzuordnen. Doch der Vergleich mit dem ältesten detaillierten Plan Laufens aus dem Jahr 1820[2] zeigt eine verblüffende Übereinstimmung: nur wenige Gebäude scheinen sich verändert zu haben, abgerissen oder neu erbaut worden zu sein. In mühseliger Kleinarbeit ist es dem Autor so gelungen, die Besitzer der meisten Gebäude in Stadt und Vorstadt zu identifizieren, die räumliche Aufteilung der Stadtbevölkerung im 18. Jahrhundert in etwa zu rekonstruieren.

Eines vorweg: die Quelle von 1753 nennt nur die Besitzer, welche nicht immer zugleich auch Bewohner der entsprechenden Häuser waren. Zwar dürfte dies für die meisten dieser Kleinstädter übereinstimmen; gerade wohlhabendere Leute wie einzelne Herren zum Beispiel werden aber als Besitzer verschiedener Liegenschaften aufgeführt, so dass ihr wirklicher Wohnort unklar bleibt. Zudem werden Familienmitglieder oder sonstige Mitbewohner nicht genannt – ob also im Haus eines Franz Burgers nur ein Ehepaar oder eine Grossfamilie mit Untermietern lebte, ist nicht auszumachen. Auch erlauben die vagen Ortsangaben nur innerhalb der Stadtmauern genauere Standortbestimmungen. Die Gebäude in der Vorstadt konnten leider nur teilweise einem Besitzer zugeordnet werden.

Das Spital beim Rathausplatz

Das äussere Erscheinungsbild der Stadtanlage, wie es aus dem Vergleich von Steuerliste (1753) und Katasterplan (1820) hervorgeht, bringt erste Überraschungen. Die mittelalterlichen Stadtbefestigungen, das heisst die Mauern mitsamt den zwei Toren und den fünf Türmen[3] (ursprünglich sechs), waren noch beinahe

[1] *Beschreib der Häuser in Stadt und Vorstadt Laufen, 1753*
[2] *Katasterplan von Stadt und Vorstadt Laufen, ca. 1820*
[3] *Gerster-Roth, Joseph: Beiträge zur Baugeschichte von Laufen, in: Joseph Gerster-Roth, 1860–1937. Das literarische und historische Gesamtwerk in sieben Bänden. Herausgegeben von Lorenzo Gerster, Band VI, Basel 1988, p. 173–184*

ganz intakt. Auf dem Vorstadtplatz grenzte südlich an den Garten des Roggenbach-Hauses (heutige Gemeindeverwaltung) noch ein grösseres Gebäude. Vor allem aber müssen grosse Flächen in der Stadt selbst unbebaut gewesen sein. Zum Beispiel zwischen Viehmarktgasse und Stadtmauer, dort wo 1771 eine Kirche gebaut werden sollte[4]; oder das Gebiet zwischen Wassertorgasse, Enger Gasse, Bauerngasse und Hinterer Gasse. Wahrscheinlich befanden sich dort Gemüsegärten.

1753 trugen die Strassen und Gassen noch keine festen Namen. Die heutige Hauptstrasse wurde bald als «Strass», bald als «Gasse» bezeichnet; was jetzt Enge Gasse heisst, nannte der bischöfliche Schreiber «hindere» oder auch «mittlere» Gasse. Auch gegenüber dem Plan von 1820 lassen sich Unterschiede feststellen: die Bauerngasse trug 1753 noch die Bezeichnung «Webergasse», die Wassertorgasse hiess «Chrützgassen». Dass die heutige Amtshausgasse 1820 «Spithalgasse» genannt wurde, hing mit dem nach 1753 dorthin verlegten Spitalgebäude zusammen.

Entgegen bisheriger Ansicht befand sich nämlich dieses «Häuslein», welches Heinrich Buecher Schulmeister und Christian Meyer aus Laufen 1706 zur Beherbergung «armer Leut» und «armer Bettler» stifteten[5], anfangs nicht gegenüber dem heutigen Amtshaus an der hinteren Gasse. Unmissverständlich nennt die Steuerliste von 1753 ein «Spitalhäuslin», welches südöstlich des Rathausplatzes gelegen sei, am Standort des heutigen Restaurants Rathausstübli.

Pfarrhaus und Kaplanei (Wohnhaus des Vikars) lagen ebenfalls an zentraler Lage, an der Hauptstrasse; gleich daneben führte ein schmales «Gässlin» nach hinten zur Viehmarktgasse. An der Ecke von Hauptstrasse und Wassertorgasse stand das Schulhaus (heute Möbelgeschäft Imhof); nach 1757 wechselte die Schule hinüber in das Hochfürstliche Haus der Feninger (heute Radiogeschäft Mamie)[6].

Auffallend ist, dass bei der Aufzählung der Gewerbebetriebe in Stadt und Vorstadt die Ziegelei nicht erwähnt wird – obwohl diese nachgewiesenermassen bereits im 16. Jahrhundert bestanden hatte[7]. Auch die Wirtschaft zum Weissen Krug in der Vorstadt, welche in anderen Zusammenhängen genannt wurde, ist nicht aufgeführt; eventuell bestand das Wirteverbot von 1746 im Jahr 1753 immer noch[8].

Dreieck der Macht

Vereinfacht liesse sich die Stadtanlage im 18. Jahrhundert auch als Dreieck sehen, dessen drei Ecken jeweils eine der konkurrenzierenden Mächte in Laufen beherbergten: im Süden die auf Autonomie bedachten Stadtbürger im Rathaus; im Nordosten die weltliche Obrigkeit, vertreten durch den Stadtmeier, im Hof; und im Nordwesten die kirchliche Macht in der St. Katharinenkirche, in Gestalt des Pfarrers, Vertreter des (Fürst-)Bischofs.

[4] Vergleiche mit dem Plan einer projektierten Kirche in der Viehmarktgasse 1771.
[5] Einwohnergemeinde Laufen (Hg.): Laufen. Geschichte einer Kleinstadt, Laufen 1986, p. 270 f.
[6] Laufen 1986, p. 272; Bitte um Überlassung des Phönigerischen Hauses als Schulstube, 1757
[7] Vergleiche dazu den Beitrag Descœudres in diesem Band.
[8] Akten betreffend das Wirtshaus zum Weissen Krug 1746–1760

Bezeichnenderweise schien im absolutistischen 18. Jahrhundert die Rolle des Adels von geringerer Bedeutung als zur Gründungszeit der Stadt. Abgesehen von Clemens Feninger und Conrad von Staal besass 1753 kein Adeliger mehr Besitz in Laufen selbst; das Roggenbachsche Haus, Symbol fürstlicher Macht, lag ausserhalb der Stadtmauern auf bischöflichem Boden.

Innerhalb der Stadt lässt sich nur eine geringe räumliche Gliederung der Wohnsitze nach Prestige und Status erkennen. Entlang der Hauptstrasse befanden sich zwar klar die Gebäude der einflussreichen Männer: der Stadträte, der beiden Schaffner von Amt und Stadt, des Pfarrers, des Chirurgen, der Wirte und des Adeligen Clemens Feninger. Dort wohnten aber auch Strumpfstricker, Küfer, Rechenmacher und Seiler; und einzelne Stadträte sowie der Dekan und der Ammann besassen Gebäude in den hinteren Gassen der Stadt.

Die Besitzverhältnisse geben zudem Aufschluss über die Abgrenzung von Städtern und Vorstädtern. Verschiedene Stadtburger besassen Gebäude in der Vorstadt, zum Beispiel der Müller auf der fürstbischöflichen Mühle, Durs Müller[9]. Und umgekehrt gehörte ein Haus an der Hauptstrasse den Erben des Martin Fritsch, eines Vorstädters. Die Trennlinie zwischen Städtern und Vorstädtern, wie sie in der Steuerliste von 1753 auftaucht, dürfte in vielen Bereichen eher eine Übergangszone mit gegenseitigen Abhängigkeiten und Austauschbeziehungen gewesen sein.

Handwerker und Bauern

Über die Zusammensetzung der Stadtbevölkerung gibt die Steuerliste von 1753 nur bedingt Auskunft. Ein Vergleich mit zwei Volkszählungen aus den Jahren 1722/23[10] und 1770/71[11] ermöglicht aber einige interessante Feststellungen. Auffallend ist der grosse Anteil von Handwerkern und Bauern, während Handelsleute nur am Rande auftauchen (1722 1 Person, 1753 und 1770 keine Erwähnung). Bedingt durch das Zunftsystem, welches das städtische Gewerbe dem ländlichen gegenüber bevorteilte, konzentrierten sich in der Stadt gewisse Gewerbe: zum Beispiel die Schuhmacher (1770: 26) oder die Schneider (1770: 16), welche eigene Zunftverfassungen besassen[12].

Zwischen Stadt und Vorstadt gab es, soweit dies ersichtlich wird aus den Quellen, kaum Unterschiede in der Zusammensetzung der Bevölkerung. Die Vorstadt bildete aufgrund der natürlichen Bedingungen Standort für das Mühlen- und Sägereigewerbe; doch auch in der Stadt schien sich 1753 eine Färberei befunden zu haben. Die übrigen Handwerksberufe verteilten sich in etwa gleichmässig auf Stadt und Vorstadt. Genauere Auskunft über die sozioökonomische Gliederung der Stadtbevölkerung ist allerdings nur durch einen ausführlichen Vergleich verschiedenster Quellen erhältlich: im fürstbischöflichen Archiv in Porrentruy lagern noch viele Laufmeter interessanter Akten[13].

[9] Vergleiche dazu den anderen Beitrag Hagmann in diesem Band.
[10] Verzeichnis aller Einwohner von Stadt und Vorstadt Laufen, 1722
[11] Bevölkerungstabelle, 1770; teilweise ausgewertet in Laufen 1986, p. 60 f.
[12] Krauer, Max: Die Zunftordnungen von Stadt und Talschaft Laufen im 18. Jahrhundert. Systematische Darstellung und Geschichte der Zunftordnungen einer Landstadt und ihrer Umgebung, Laufen 1950
[13] Zum Beispiel Steuerrödel für Stadt und Vorstadt aus dem Jahr 1753 (B 234/17, 1753)

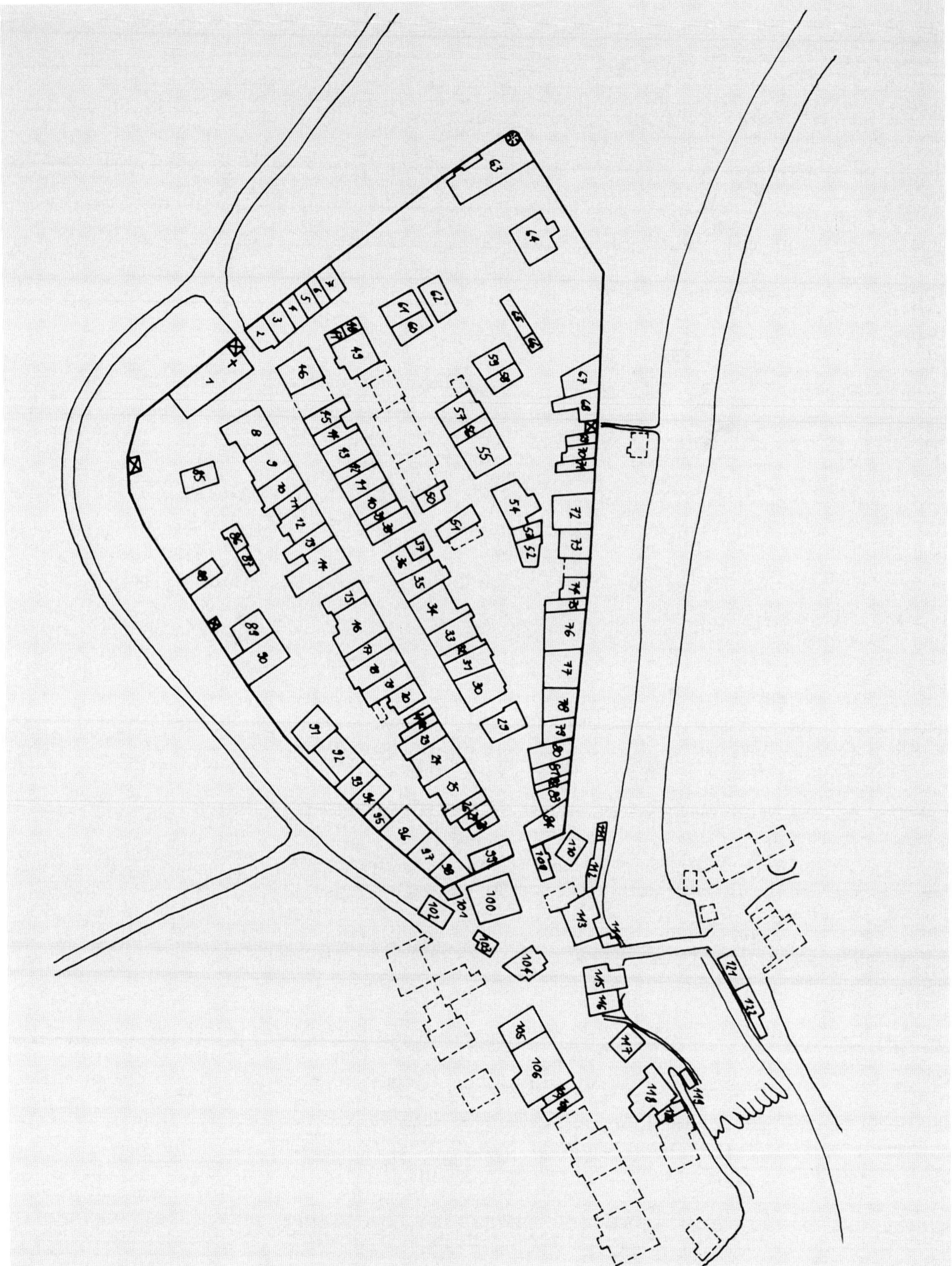

Stadtplan:

«Beschreibung aller, und jeder Hausstättern, und Underthanen in dem Hochfürstlichen Oberamt Zwingen, auch Statt, und Amt Laufen, samt ihren Wohnungen und Häusern, wie selbe mit Feur und Liecht gesessen, beschriben mit Anno 1753»

1: Kirche der Hl. Catharina
2: Franz Schmidlin Leinenweber; Erben des Heinrich Rimm seel.. Haus und Scheure
3: Franz Peter Imhof Maurer
4: Beat Segginger; Franz Peter Vetter. Haus und Scheure
5: Johannes und Conrad Burger, Erben des Joseph Burgers seel.. Haus und Ställin
6: Jacob Bohrer der Schneider
7: Hans Jacob Schmidlin; Erben des Hans Adam Wehl
8: Johannes Schuemacher der Sayler [der rechenstihl]. Haus und Scheure
9: Hans Hartmeyer. Haus und Scheure
10: Franz Cueni. Haus und Scheure
11: Erben des Franz Frepp seel.; Jacob Frey der Rechenmacher. Haus und Scheure
12: Franz Kaiser. Haus und Scheurlein
13: Margaretha Imhof, Wittib des Mathis Imhof seel.
14: H[err] Frantz Joseph Cueni [Amtsschaffner]. Haus und Scheure
15: Hochfürstlich Gnaden Clemens Feninger. Haus, Scheure und Keller
16: Conrad Feninger der Lammwürth. Würthshaus und Scheure
17: Claudin Hofmann. Haus und Schürlin
18: Caploney Haus
19: Durs Meyer der Schlosser; Durs Weber der Küefer
20: Durs Weber der Küefer. Pfarrhof
21: Hans Jacob Bohrer; Christ Rem und seine Geschwey [Schwägerin] Margaretha Hartmeyer
22: Claus Gerster der Pannwarth. Färbhaus
23: H[err] Franz Fenninger Chirurgus. Haus und Scheuren
24: Hans Adam Müller, Catharina und Maria Müller, Erben des Claus Müllers seel.
25: Joseph Fenninger. Würthshaus zur Sonnen, Scheuern und Stallung
26: Franz Schaltenbrand. Schenckwürths Haus
27: Barbara Schuemacher, Wittib des Martin Büechlins sell.
28: H[err] Conrad Schmidlin des Raths. Schmidten, Haus und Scheure
29: Franz Burger Schreiner. Würthshaus zum Löwen, Scheuren und Stallung
30: H[err] Peter Seckhinger des Raths. Haus und Scheuren
31: Peter Scherer
32: Hans Jacob Kulli
33: Peter Weber von Röschenz. Haus und Scheuren
34: Joseph, Johannes, Urs und Anthoni Schmidlin, Söhne des Beat Schmidlin. Haus und Scheure
35: Urs Burger Schuemacher
36: Joseph Bohrer Strumpfstricker
37: Anna Maria Herzog, Wittib des Peter Bohrer seel.
38: Ursula Waltherin, Wittib des Frantz Weber seel.. Würthshaus zum Rösslin, Scheuren
39: Claus Vogt; Johannes Burger [Schuemacher]
40: H[err] Nicolaus Frey des Raths und Stattschaffner; Conrad Imhof Schreiner; Johannes Meyer Franzen Sohn. Haus und Scheure
41: Johannes Meyer [Huetmacher]
42: Franz und Martin Weber. Haus und Scheure
43: Elisabetha Weber, Wittib des Hans Burger seel.; Anthoni Burger [Sigrist]. Haus und Scheure
44: Franz Burger. Haus und Scheure
45: H[err] Niclaus Schmidlin des Raths
46: Johannes Fritschi; Erben des Martin Fritsch seel. [Vorstädter]
47: Claus Vetter; Hans Germann der Zimmermann
48: Joseph Schmidlin der Pfeifer
49: Hans Imhof der Römer; Franz Schuoler
50: H[err] Franz Bohrer und Conrad Burger. Haus und Scheure
51: Franz Burger der Weber
52: Georg Schueler
53: Hans Adam Germann
54: Claus Schuemacher; Hans Jacob Frey der Müller; Maria Karrerin, Wittib des Franz Frey seel.
55: H[err] Johannes Weber des Raths. Haus und Scheure
56: Joseph Bohrer der Schneider
57: Michael Frey der Weber. Haus und Scheuren
58: Joseph Vetter; Franz Schueler und Elisabetha Schulerin
59: Johannes Fenninger [Postamenter]; Johannes Gerster
60: Joseph Schmidlin; Christoph Scherer
61: Hans Burger der Weber
62: H[err] Heinrich Meyer Glaser
63: zum von Staalischen Hof gehörige Scheure
64: H. Conrad Max Anthoni von Staal. Staalischer Hof
65: Heinrich Meyer der Schlosser
66: Hans Georg Jeneray
67: Joseph Meyer [Müller] und Johannes Meyer. Haus und Scheure
68: Georg Scherer
69: Franz Schmidlin der Schäfer
70: Joseph und Anthoni Burger [Sigrist]
71: Peter Imhof
72: Joseph Füeg Zimmermann; Michael Räber
73: Franz Burger der Sergant [Sergeant]
74: Hans Adam Weber. Haus und Scheure
75: H[err] Franz Feninger
76: Erben des Joseph Halbeisen seel.
77: Catharina Meyerin; Wittib des Hans Frey seel.
78: Anna und Catharina Imhof; Johannes Vetter
79: Franz Burger. Scheure
80: Johannes Herzog Gerber. Haus und Scheure
81: Joseph Schmidlin der Schmid. Schmidte
82: Spitalhäuslin
83: Hans Georg Schaltenbrand
84: Rathaus
85: Johannes Meyer der Huetmacher. Haus und Scheure
86: Christoph Scherer der Schulmeister
87: Peter Imhof
88: Christoph Scherer der Schlosser
89: H[err] Frantz Joseph Cueni
90: Hochfürstlich Gnaden Clemens Feninger. Hochfürstliche Scheure
91: Erben des H[err] Niclaus Feninger
92: Erben des Frantz Burgers seel.; Maria Fritschi, Tochter des Schuemacher seel.
93: Hans Heinrich Burger. Haus und Scheure
94: Jacob Segginger; H. Johann Georg Briester Decanus [Dekan]. Haus und Scheure
95: Michael Richterich der Ammann; Maria, Anna und Barbara Richterich
96: Frantz Burger der Schneider; Wittib des Franz Vetters seel.; Wittib des Hans Gersters seel.
97: Claus Bohrer. Haus und Scheure
98: Joseph Fenninger; H[err] Conrad Schmidlin; Franz Schaltenbrand. Scheure
99: Joseph Meyer [Müller]; Erben des Frantz Meyer seel. Haus und Scheure
100: Das adeliche Roggenbach Haus, jetzo eine Tavern zum Adler
101: Roggenbachsches Höflin
102: Franz Burger der Strumpfstricker (Lismer) [Stadtburger]; Erben des Johannes Fritsch Huetmacher seel.
103: Johannes Weber Peters Sohn
104: Franz Bohrer der Schneider [Stadtburger]; Hans Jacob Thomann; Franz Gerster Schuemacher
105: H. Hans Georg Nussbaumer Amt Meyer
106: Jacob Imhof [der Schneider; Stadtburger]
107: Wittib des Joseph Burger seel.. Haus und Scheuren
108: Jacob Niera [Weber]; Frantz Niera. Haus, Scheure und Stallung
109: Wachthäuslin samt der Metz [Metzgerei?]
110: Johannes Fritschi [Schuemacher]
111: Ursula Phönninger, Wittib des Cladi Scherer seel.; Johannes Gerster
112: Frantz Fritsch Becker Sohn
113: Hans Jacob Fritsch der Beckh; Johannes Fritsch der Metzger; Michel Fritsch, Erben des Anthoni Fritsch. Haus, Scheuren und Stallung
114: H[err] Jacob Roth des Raths [Stadtburger]. Werkstatt
115: H[err] Jacob Roth des Raths [Stadtburger]; Anthoni und Joseph Fritsch [Säger]. Würthshaus zur Cronen, Wohnung
116: Beat Fritsch [Schuemacher]; Joseph Schuemacher [Stadtburger]
117: Joseph Müller [Stadtburger], Erbe des Durs Müller seel.. Scheure und Stallung samt einer angebrachten Holzlaube
118: Joseph Müller [Stadtburger], Erbe des Durs Müller seel.. Mühlin mit drey Mahlgäng, Haus
119: Joseph Müller [Stadtburger], Erbe des Durs Müller seel.. Riby und Stampfe
120: Franz Müller; Maria Schuemacherin, Wittib des Beat Müllers seel.. Haus und Scheuren
121: Stattmühlin (ein Rädlin und zwey Mahlgäng, Rybin)
122: Die undere Sägen, mit Wohnung, hochfürstlich Lehengut

Angaben in eckigen Klammern = Ergänzungen oder Erklärungen, welche in der Steuerliste von 1753 nicht ersichtlich sind
Punktierte Linien auf dem Plan = auf dem Plan von 1820 eingezeichnete Gebäude, welche mit den Beschreibungen von 1753 nicht eindeutig nachgewiesen werden können

Daniel Hagmann

Quellen

Akten betreffend das Wirtshaus zum Weissen Krug in der Vorstadt, 13. Januar 1746 – 29. Mai 1760, in: B 239/1 Akten betreffend Häuser, Lehen und Güter in Laufen, Archives de l'ancien Evêché de Bâle (AAEB) in Porrentruy
Beschreib der Häuser in Stadt und Vorstadt Laufen, 1753, in: B 228/51 Landständische Prästanda. AAEB
Bevölkerungstabelle, 1770, in: Abteilung A / Band 95, Bevölkerungstabellen 1798–1829, Archiv der Stadtburgergemeinde Laufen
Bitte um Überlassung des Phöningerischen Hauses als Schulstube, in: B 276a Schulen und Hebammen, Fasc. 3, fol. 5ff. AAEB
Detaillierte Beschreibung der Gebäude auf einem Teil des Stadtgrabenareals, 13. Oktober 1777, in: B 234/6 Herrschaft Laufen und Zwingen, Ausmessung sämtlicher Waldungen / Tausch und Verkauf von Grundstücken, fol. 1067f. AAEB
Einwohner- und Fruchtvorratverzeichnis des Amts Laufen–Zwingen, 1771, in: B 198/21 Früchte, deren Verkauf, Ein- und Ausfuhr. AAEB
Katasterplan von Stadt und Vorstadt Laufen, ca. 1820. Handzeichnung von Auguste Quiquerez nach dem Original des Vermessungsingenieurs Fisch, in: Sammlung Quiquerez, Universitätsbibliothek Basel (Original im Staatsarchiv Bern)
Plan einer projektierten Kirche in der Viehmarktgasse, 1771, in: A 26/4 Capitulum Vallis Lutosae (Dekanat Leimental), fol. 190. AAEB
Steuerrödel für Laufen-Stadt und Vorstadt, 1753, in: B 234/17 Herrschaft Laufen und Zwingen, Verschiedenes. AAEB
Verzeichnis aller Einwohner von Stadt und Vorstadt Laufen, 1722, in: B 234/10 Herrschaft Laufen und Zwingen, Verschiedenes. AAEB
Verzeichnis aller Hintersässen und Armen, 1726, in: B 234/10 Herrschaft Laufen und Zwingen, Verschiedenes. AAEB

Literatur

Einwohnergemeinde Laufen (Hg.): Laufen. Geschichte einer Kleinstadt, Laufen 1986
Gerster-Roth, Joseph: Beiträge zur Baugeschichte von Laufen, in: Joseph Gerster-Roth, 1860-1937. Das literarische und historische Gesamtwerk in sieben Bänden. Herausgegeben von Lorenzo Gerster, Band VI, Basel 1988, p. 173-184
Krauer, Max: Die Zunftordnungen von Stadt und Talschaft Laufen im 18. Jahrhundert. Systematische Darstellung und Geschichte der Zunftordnungen einer Landstadt und ihrer Umgebung, Laufen 1950

Abbildungsnachweis:

Zeichnung Katrin Hagmann, Basel

Brennöfen am Birsufer
Ein archäologischer Beitrag zur Frühgeschichte der Laufner Ziegelherstellung

Im Jahre 1992 konnte die Tonwarenfabrik Laufen, die seit 1970 mit zahlreichen weiteren Unternehmen unter dem Dach der Keramik Holding AG Laufen zusammengefasst ist und das bedeutendste Industrieunternehmen der Stadt darstellt, ihr hundertjähriges Bestehen feiern. Just im Jubiläumsjahr wurden in der sogenannten Ziegelscheune am Mühlenweg 18 baugeschichtliche Untersuchungen durchgeführt, die über die vorindustrielle Ziegelproduktion in Laufen und damit über einen Vorläufer des heutigen Industriebetriebes Aufschluss gaben.

Die bauliche Entwicklung der Ziegelhütte

Die Ziegelscheune, die zuletzt als Landwirtschaftsbetrieb genutzt worden ist, stellt einen mehrgliedrigen Komplex aus Stein- und Holzbauten dar. Die an den Hang gebaute Gebäudegruppe dürfte ursprünglich nahe am Ufer der Birs errichtet worden sein, von der sie heute durch Aufschüttungen getrennt ist, die im Zusammenhang mit dem Bau der 1875 eröffneten Eisenbahnlinie Basel–Delémont vorgenommen worden waren.

Aufgrund der Bauanalyse war im bestehenden Gebäude ein Kernbau mit einem grossen, turmartigen Brennofen (Ofen 2) zu ermitteln. Dieser Kernbau ist in mehreren Etappen zu jenem Gebäudekomplex erweitert worden, wie er 1992 bei den Untersuchungen angetroffen wurde. Als mutmasslich ältester Teil dieser ehemaligen Handziegelei waren überdies ein kleinerer Brennofen (Ofen 1) sowie Teile eines dazugehörigen Hüttengebäudes auszumachen, welche im folgenden gesondert dargestellt werden sollen.

Der Kernbau

Als Kernbau des bestehenden Gebäudekomplexes war ein leicht trapezförmiger Bau von rund 13 m Länge und gut 9 m Breite auszumachen, welcher einen ebenfalls leicht trapezoiden Brennofen (Ofen 2) umschloss (vergleiche Abbildung 2). Aufgrund einer teilweise erhaltenen Dachschräge an der südwestlichen Giebelwand liess sich eine maximale Traufhöhe dieser Ziegelhütte von knapp 10 m ermitteln. Das Gebäude war dreigeschossig, wobei die Feuerung, die Beschickung mit Brenngut sowie die Brandregulierung des Ofens auf verschiedene Geschosse verteilt waren.

Der Ofen 2 (vergleiche Abbildungen 4 und 5), der in diesen Kernbau integriert war, besteht aus einem Mauergeviert mit äusseren Abmessungen von 5,25×4,75 m und Innenmassen von 2,95×2,53 m. Der Ofen hat sich in seiner ursprünglichen Höhe von 5,20 m weitgehend intakt erhalten, was erlaubt, seinen Rauminhalt mit rund 39 m³ zu bestimmen. Der Ofen wurde an der Südwestseite durch zwei parallel angeordnete Schürkanäle beheizt. Auf der südöstlichen Hangseite ist auf einem höheren Niveau ein Zugang angebracht (Nummer 1 in Abbildung 6), von wo aus der Ofen mit dem Brenngut beschickt wurde. Der turmartige Ofen ist zweischalig aufgemauert, der äussere Mantel besteht aus Bruchsteinmauerwerk, während die Innenauskleidung aus Backsteinen gefertigt wurde.

Der Betrieb des Ofens verteilte sich auf drei Ebenen. Im untersten Geschoss, dessen Niveau dem früheren Ufer der Birs entspricht, lag die Brennkammer sowie die beiden Schüröffnungen im Südwesten der Hütte. Dieser Gebäudeteil wurde durch einen Eingang von Norden sowie durch einen Gang (Nummer 2 in Abbildung 6) erschlossen, welcher im Süden des Gebäudes unter der Hauswand hindurchführte.

Das mittlere Geschoss entsprach dem Niveau der Beschikkungsöffnung, die auf der Südostseite situiert war. Es war dies zugleich das Niveau der Zieglerwerkstatt, wo die Werkstücke geformt und – anfänglich wohl im Freien – getrocknet wurden. Das oberste Geschoss war im ältesten Bestand nicht sicher nachzuweisen. Für die Einfüllung der oberen Teile der Brennkammer sowie für die Brandregulierung ist ein auf der Höhe der Ofenoberkante bestehendes Innenniveau anzunehmen, wie dies solcherart als jüngere Konstruktion angetroffen wurde.

Erste Erweiterungen

Der Kernbau wurde nachträglich gegen Süden erweitert (vergleiche Abbildung 2). Die bauliche Einheit dieser vergrösserten Zie-

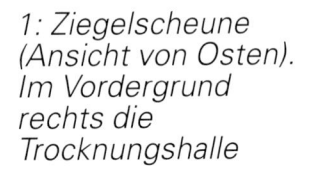

1: Ziegelscheune (Ansicht von Osten). Im Vordergrund rechts die Trocknungshalle

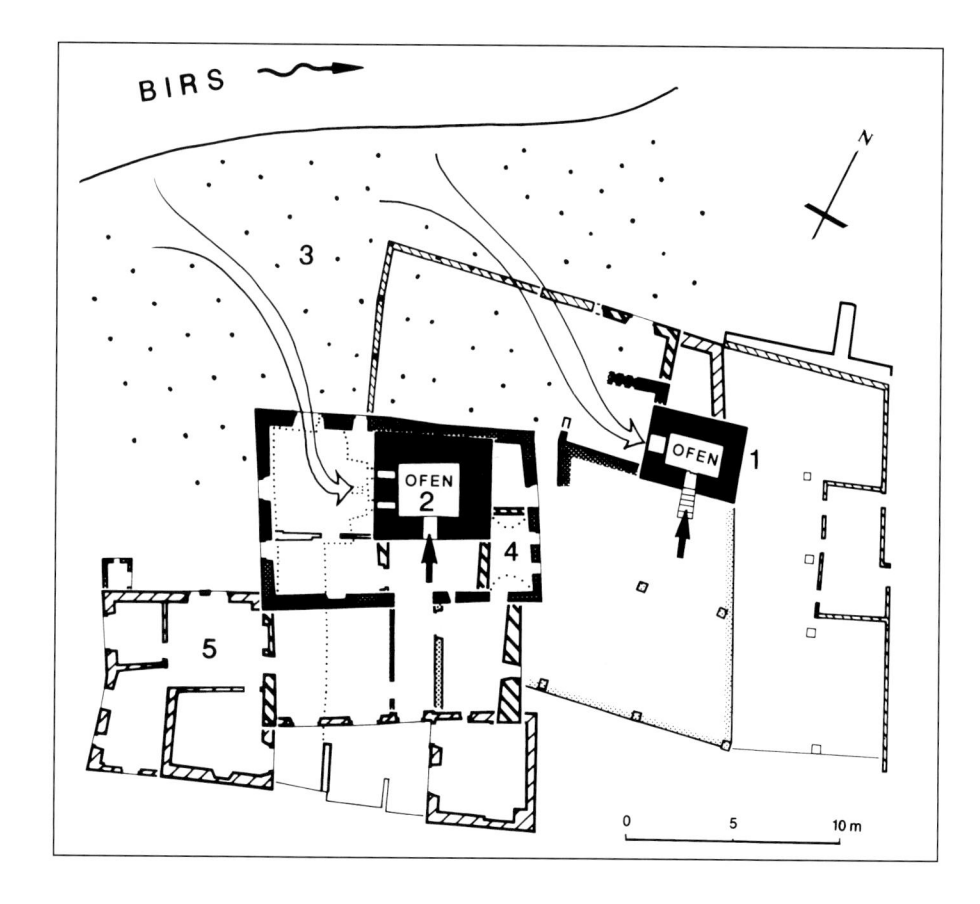

*2: Grundriss der Ziegelscheune mit den verschiedenen Ausbauetappen.
1 und 2 Ofen,
3 Stapelplatz für geflösstes Brennholz,
4 Kalkraum,
5 Wohnhaus des Zieglers*

gelhütte ist durch den bestehenden, mehrheitlich intakten Dachstuhl gegeben, der gemäss den dendrochronologischen Untersuchungen (Jahrringbestimmungen) um 1778 errichtet wurde. Diese erste Erweiterung brachte in erster Linie eine flächenmässige Vergrösserung der Ziegelhütte. Die Traufhöhe und auch die Anzahl der Geschosse blieben gegenüber dem Vorgängerbau unverändert. Auch haben sich an der inneren Aufteilung beziehungsweise am Ablauf der Produktionsprozesse in der Hütte keine wesentlichen Veränderungen ergeben. Nachträglich zu dieser ersten Erweiterung des Kernbaus wurde auf der Ostseite des Gebäudes ein überwölbter Raum ausgeschieden, wo der gleichzeitig mit den Ziegeln gebrannte Kalk in Fässern gelagert worden sein dürfte. Dieser an den Ofen angrenzende Raum bot einen guten Schutz gegen Feuchtigkeit. Er wies einen einheitlichen Bodenbelag aus Tonplatten auf. Eine davon, in Zweitverwendung angetroffen, zeigte das Datum 1646.

Spätere Erweiterungen

In einer späteren Ausbauphase sind unabhängig voneinander drei verschiedene Gebäudeteile dem bisher bestehenden Bau der Ziegelhütte angefügt worden, nämlich eine zum Trocknen der Tonwaren bestimmte Lagerhalle im Nordosten (Nummer 5 in Abbildung 6), ein kleines, möglicherweise als Werkstatt genutztes Gebäude im Südosten sowie ein Wohnhaus im Süden (Nummer 6 in Abbildung 6). Die gemäss der dendrochronologi-

3: Ziegelscheune (Ansicht von Westen). Deutlich ersichtlich ist die Hanglage der Gebäudegruppe.

schen Untersuchung um 1880 entstandene viergeschossige Lagerhalle war als hölzerne Ständerkonstruktion angelegt. Die einfachen Bretterböden wiesen mehrere verschliessbare Öffnungen auf, die dem Aufzug der Tonwaren gedient haben. Auf der Ostseite hat sich stellenweise eine regelmässige Lattung erhalten, welche zum Trocknen von Dachziegeln bestimmt war.

Ein weiterer Ausbau der Ziegelhütte brachte sukzessive eine Vergrösserung der Trocknungshalle im Osten (Nummer 7 in Abbildung 6), eine Erweiterung des Wohnhauses sowie die Errichtung eines Viehstalles im Norden des Hauptgebäudes, wobei anzunehmen ist, dass dessen Entstehung erst in die Zeit nach der Aufgabe des Ziegeleibetriebes fällt.

Der ältere Brennofen

Wie eingangs erwähnt besteht im Norden des heutigen Gebäudes ein weiterer Brennofen (Ofen 1, vergleiche Abbildung 2). Im Mauerverband mit dem Steinmantel dieses Ofens waren Teile eines gleichzeitig errichteten Gebäudes auszumachen, das allerdings nicht in seinem gesamten Umfang erfasst werden konnte.

Der Ofen 1, der ausserhalb des zugehörigen Gebäudes lag, besteht aus einem Mauergeviert mit äusseren Ausmassen von 4,70×3,40 m und Innenmassen von 2,64×1,50 m. Die erhaltene Höhe beträgt 2,85 m. Aufgrund der Lage der Beschickungsöffnung kann eine ursprüngliche Höhe von etwa 5,0 m angenommen werden, was einen Rauminhalt des Ofens von etwa 19 m³ ergibt und damit etwa der Hälfte des Volumens von Ofen 2 entspricht. Ofen 1 war von Südwesten durch eine einfache Schüröffnung beheizbar. Die Beschickungsöffnung, welche durch eine absteigende Treppe erreichbar war, lag rund 1,70 m über dem Ofenboden auf der Südostseite. Der turmartige Ofen ist ebenfalls zweischalig aufgeführt worden mit einem äusseren Mantel aus Bruchsteinen und einer inneren Auskleidung aus Backsteinen. Diese wies wie jene des grösseren Ofens stellenweise eine glasig geschmolzene Oberfläche auf. Das zum Ofen 1 gehörige Gebäude ist ebenfalls mehrfach vergrössert worden, bevor es im Gesamtkomplex der bestehenden Ziegelhütte aufging.

Zeitliche Einordnung der Anlage

Vermutlich stellen der Ofen 1 sowie ein dazugehöriges, gleichzeitig errichtetes Gebäude die ältesten Elemente des untersuchten Hüttenkomplexes dar. Aufgrund des Mauercharakters dieser Bauelemente wird man die Entstehung dieses kleineren Brennofens und des zugehörigen Gebäudes ins 16. oder 17. Jahrhundert zu datieren haben. Zwei im Zeitraum von 1565–1575 geschlagene Eichenbalken, die allerdings in sekundärer Verwendung angetroffen wurden und wohl von älteren Bauteilen am Platz stammen, könnten ein Hinweis auf den Beginn des Manufakturbetriebes in der zweiten Hälfte des 16. Jahrhunderts sein. Als Terminus ante quem wird man das Jahr 1646 bestimmen dürfen, denn es haben sich insgesamt drei Bodenplatten beziehungsweise Backsteine mit diesem Datum in der ehemaligen Ziegelscheune erhalten, von denen angenommen werden darf, dass sie in dieser Hütte produziert worden sind.

Der zweite Brennofen mit einem eigenen Hüttengebäude – Kernbau des bestehenden Gebäudekomplexes – dürfte im späten 17. oder im frühen 18. Jahrhundert entstanden sein. Als Terminus ante quem ist die Zeitstellung des Dachstuhls anzusehen, der mit der ersten Erweiterung dieses Gebäudes um 1778 entstand und durch einen auf dieses Jahr datierten Dachziegel von diesem Gebäude bestätigt wird. Im Laufe des 19. Jahrhunderts sind diesem Kernbau drei Annexbauten angefügt worden, darunter eine um 1880 errichtete Halle zur Austrocknung und Lagerung des Brenngutes. Spätestens zu diesem Zeitpunkt ist das ältere Gebäude im Bereich von Ofen 1 im bestehenden Ziegeleikomplex aufgegangen.

Noch vor Aufgabe des Ziegeleibetriebes wurde die Trocknungshalle erweitert, und auch die Vergrösserung des Wohngebäudes dürfte noch bei Bestehen des Manufakturbetriebes erfolgt sein. Aufgrund dieser Bauabfolge ist anzunehmen, dass der Betrieb der Handziegelei auch nach der Gründung der Tonwarenfabrik Laufen AG im Jahre 1892 weitergeführt wurde. Möglicherweise erstreckte sich der Handziegeleibetrieb bis in die zwanziger Jahre unseres Jahrhunderts hinein. Ein Indiz dafür ist ein auf das Jahr 1925 datierter, handgeformter Dachziegel, der vom Hauptgebäude stammt.

Art und Betrieb der Brennöfen

Die beiden Öfen standen in unmittelbarer Verbindung mit Gebäuden. Während der jüngere Ofen 2 im Innern einer Ziegelhütte errichtet worden ist, befand sich der ältere ausserhalb des dazugehörigen Gebäudes. Dieses scheint recht klein gewesen zu sein und diente wohl hauptsächlich als Witterungsschutz im Bereich der Schüroffnungen. Beiden Öfen gemeinsam war die Lage der Schürlocher auf der Südwest- und der Beschickungsöffnung auf der Südostseite. Befanden sich die Feuerungsöffnungen beidesmal im Innern zugehöriger Gebäude, so traf dies für die Beschickungsöffnung nur beim grösseren Ofen 2 zu, während der Ofen 1 vom Freien her mit Brenngut gefüllt wurde. Aufgrund der Disposition der beiden Öfen wird eine klare Trennung der Energiezufuhr für den Betrieb der Öfen von der eigentlichen Ziegelproduktion ersichtlich. Die westlich situierten Schüroffnungen der Öfen weisen darauf hin, dass die in reichlichem Umfang benötigten Brennholzvorräte am Ufer der Birs bereitgestellt worden sind. Die Formung und Trocknung der Ziegel erfolgte dagegen auf der südlichen Hangseite, von wo her die Brennöfen beschickt wurden. Die Hanglage des Hüttenstandortes wurde geschickt ausgenutzt, so dass die vom Betrieb der Öfen verlangten unterschiedlichen Brenn- und Beschickungsniveaus ohne grösseren baulichen Aufwand hergerichtet werden konnten.

4: Blick von oben in den Innenraum von Ofen 2. Unten Mitte die beiden Schürlöcher, links die Beschickungsöffnung

Bei dem in der Ziegelscheune Laufen verwendeten Ofentypus handelte sich um den Kammerofen, gelegentlich auch als «Deutscher Ofen» bezeichnet. Kennzeichnend für diesen Ofentypus ist der Verzicht auf eine bauliche Unterteilung in eine Feuerkammer sowie eine darüberliegende Kammer für das Brenngut, wie dies etwa bei römischen Ziegelöfen der Fall war. Eine solche Unterteilung wurde dadurch erreicht, dass bei jeder Beschikkung des Ofens mit Kalksteinen eine oder zwei Feuerkammern eingerichtet und die Tonwaren darüber gestapelt wurden (vergleiche Abbildung 7). Das gleichzeitige Kalkbrennen, das in den beiden Öfen durch entsprechende Ablagerungen nachzuweisen war, scheint Voraussetzung für den Betrieb dieses Ziegelofentypus gewesen zu sein.

Produktion und Markt

In der Zeit vorindustrieller Produktion und Verkehrserschliessung war die Nähe zu den Rohstoffen (Ton und Wasser) sowie zur Energie (Holz) für die Wahl des Standortes einer Ziegelei von ausschlaggebender Bedeutung. Diese Voraussetzungen waren in der hier untersuchten Handziegelei, die auf dem ersten sich darbietenden Plateau bei der Öffnung des engen Birstales oberhalb des Städtchens Laufen errichtet wurde, in hohem Masse gegeben. Noch heute ausgebeutete Tonlager einer stark eisen-

5: Ofen 2, Ansicht der Schürlöcher

haltigen, jedoch kalkarmen Erde hervorragender Qualität finden sich auf der leicht erhöhten Hangstufe gegen Wahlen in nächster Nähe.

Mit dem Standort am einstigen Birsufer war auch das für die Zubereitung der Tonerde und für die Formung der Werkstücke benötigte Wasser in ausreichender Menge vorhanden. Das Birstal oberhalb von Laufen ist dicht bewaldet, und es ist anzunehmen, dass das Holz bis zur Ziegelhütte geflösst worden ist, sei es als ganze Stämme oder als bereits für den Brennofen zugerichtete Spälten. Mit dem anstehenden Jurakalk war auch der Rohstoff zum Kalkbrennen unmittelbar greifbar.

Soweit die Untersuchungen ergeben haben, umfasste die Produktion in der Laufner Ziegelscheune neben der Herstellung von gebranntem Kalk eine breite Palette von Baukeramik. Dazu gehörten neben Backsteinen verschiedener Formate auch Dachziegel, Hohl-, Flach- (sogenannte Biberschwanzziegel) und Firstziegel, ferner Bodenplatten und Tonröhren in unterschiedlichen Grössen. Auch wurde eine Anzahl von Brennhilfen gefunden, welche die Zirkulation der Heissluft zwischen dem Brenngut sicherstellten. Einzelne Werkstücke aus der Ziegeleiproduktion trugen ein Datum. Zwei Backsteine und eine Bodenplatte zeigten die Inschrift 1646. Auch bei Dachziegeln waren bei einzelnen Stücken neben dem Laufenstab die Daten 1649, zweimal 1778 sowie 1925 eingeprägt.

Man wird die Anfänge dieser Ziegelei im Zusammenhang mit einem seit dem späten 15. Jahrhundert verbreiteten Bauboom sehen müssen, der sowohl den Wohn-, Wirtschafts- und Kommunalbau als auch den Kirchenbau der Städte und in gewissen Teilen auch der dörflichen Siedlungen umfasste. War Baukeramik in unseren Gegenden zuvor nur in beschränktem Masse, vor allem in Form von Dachziegeln, verwendet worden, so waren nun auch Backsteine, hauptsächlich für die Errichtung von

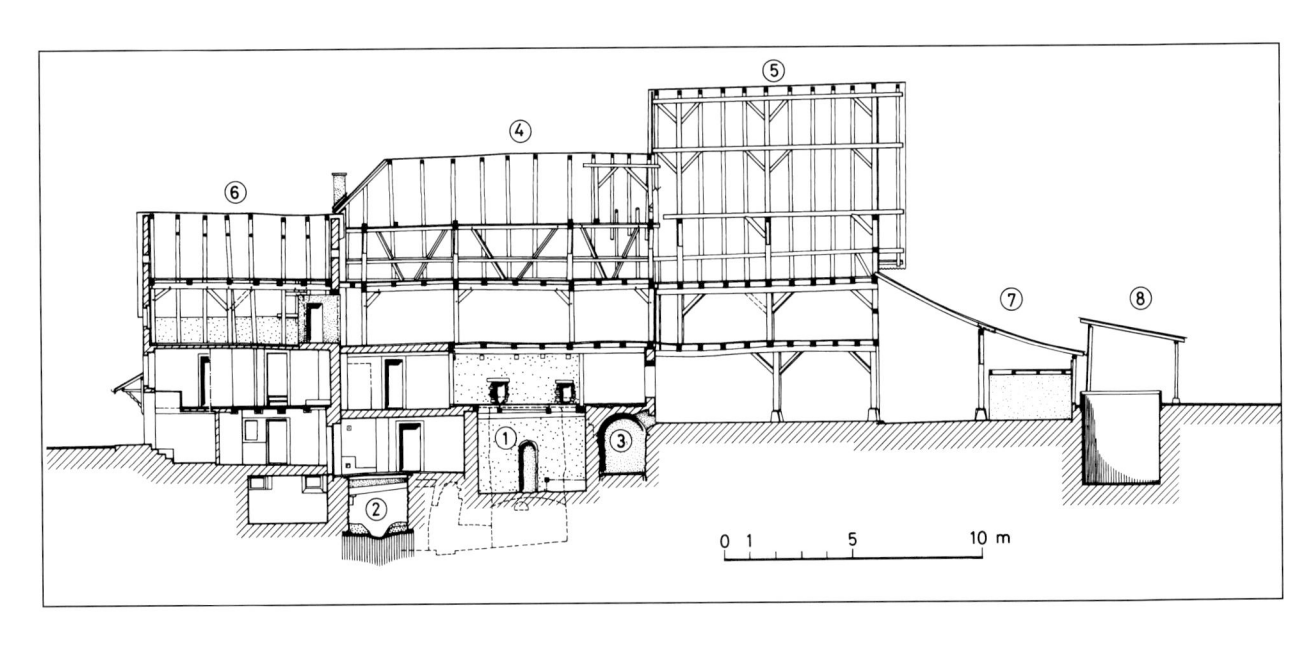

6: Längsschnitt durch die Ziegelscheune gegen Norden
1 Ofen 2 mit Beschickungsöffnung,
2 südlicher Zugang zum Schürbereich von Ofen 2,
3 Kalkkammer,
4 Ziegelhütte mit Dachstuhl um 1778,
5 Trocknungshalle um 1880,
6 Zieglerhaus,
7 Erweiterungsbau der Trocknungshalle,
8 moderne Silobauten (Landwirtschaftsbetrieb)

Bogen und Gewölben, vermehrt gefragt, und auch Tonplatten wurden nun vielfach anstelle von Bretterböden oder des einfachen Mörtelestrichs verwendet. Zudem ersetzte der Dachziegel – speziell in städtischen Verhältnissen, wo da und dort entsprechende Vorschriften erlassen wurden – bei Wohn- und Wirtschaftsbauten zunehmend die feueranfälligen Holzschindeln oder Strohbedachungen.

Zwei Entwicklungen in der Bautätigkeit des späten Mittelalters und der frühen Neuzeit führten überdies zu einem vermehrten Bedarf an Kalk für die Herstellung von Mauer- und Verputzmörtel: Die eine war eine zunehmende Verdrängung der Holz- durch Steinbauten hauptsächlich in städtischen Verhältnissen. Die andere war durch die Verbreitung neuer Konstruktionstechniken beim Holzbau bedingt, wo anstelle von Ständerkonstruktionen mit Bohlenwänden vermehrt Fachwerkbauten auftraten, deren Ausfachungen gemauert wurden.

Die Nachfrage nach Baukeramik sowie nach gebranntem Kalk muss um 1700 in Laufen erheblich zugenommen zu haben. Dies zeigt sich am Beispiel der Ziegelhütte daran, dass ein zweiter und zudem doppelt so grosser Brennofen in Betrieb genommen wurde, was eine Verdreifachung der bisherigen Produktionskapazitäten ergab.

Ziegelherstellung für die Region

Um sich eine Vorstellung vom Umfang der Produktion in der Ziegelscheune von Laufen machen zu können, lässt sich folgende Hochrechnung auftun:

Brennkammervolumen von Ofen 2	39 m^3
geschätztes Kalkvolumen (inkl. Hohlraum)	10 m^3
geschätzte Abdeckung über dem Brenngut	1 m^3
Volumen des Brenngutes	28 m^3
Volumen eines Ziegels	0,0016 m^3

Unter der Annahme, dass für die Beschickung des Ofens das 1,5fache Volumen (die Hälfte des Volumens dient als Hohlraum für die Zirkulation der heissen Luft) des Brenngutes gerechnet werden muss, würde im vorliegenden Fall ein Brand rund 11 000 Ziegel umfassen bei einem verwertbaren Kalkvolumen von etwa 6–8 m^3. Da pro Jahr mit zwei bis drei Bränden zu rechnen ist, dürfte der Jahresausstoss des kleinen Ofens 10 000–15 000 Ziegel, derjenige des grösseren Ofens 25 000–35 000 Ziegel betragen haben. Die Gesamtmenge – vorausgesetzt, dass nur Dachziegel gebrannt wurden – dürfte bei einfacher Deckung für eine Dachfläche von 1500–2000 m^2 ausgereicht haben, was ungefähr der Dachfläche von zehn Häusern der Altstadt entsprach.

7: Schematische Darstellung eines Ofens mit eingefülltem Brenngut.
1 Beschickungs-öffnung,
2 Schüröffnungen,
3 Feuerraum,
4 Kalksteine,
5 Backsteine,
6 Dachziegel,
7 Hohlziegel

8: In der Ziegel-scheune angetroffener Schubkarren für den Transport von Ziegeln

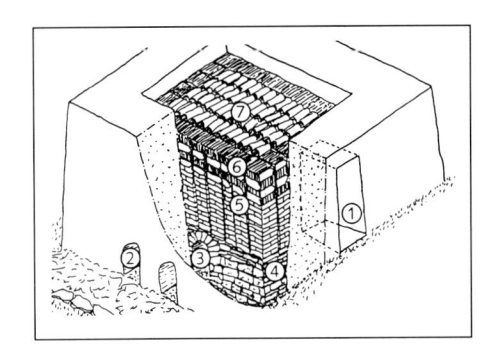

Bedenkt man ferner, dass beim Bau von Häusern so weit wie möglich ältere Ziegel wiederverwendet worden sind, so muss der Bedarf an neuen Ziegeln entsprechend geringer veranschlagt werden. Das Produktionsvolumen der Ziegelscheune dürfte zumindest seit der Inbetriebnahme des zweiten Ofens den Ziegelbedarf der Stadt Laufen übertroffen haben. Daraus wird man schliessen dürfen, dass die Ziegelei ihre Produkte auch in der weiteren Umgebung vertrieb. Die Laufner Ziegelproduktion dürfte bereits vor der Etablierung einer industriellen Herstellung von regionaler Bedeutung gewesen sein.

Georges Descœudres

Literatur

Der vorstehende Beitrag stützt sich auf eine baugeschichtliche Untersuchung, welche das Atelier d'archéologie médiévale, Moudon/Zürich, im Auftrag und in Zusammenarbeit mit dem Archäologischen Dienst des Kantons Bern von April bis Juni 1992 durchgeführt hat: «Laufen BE, Ziegelscheune (Mühlenweg 18). Bericht über die Bauuntersuchungen 1992 von Georges Descœudres mit einem Beitrag von Werner Stöckli vom 31. Juli 1992». Die Dokumentation dieser Untersuchungen ist beim Archäologischen Dienst des Kantons Bern archiviert. Dazu gehört auch ein «Bericht über die dendrochronologische Analyse der Bohrproben aus der Alten Ziegelei in Laufen (BE) vom Dendrolabor Heinz und Kristina Egger, Boll-Sinneringen, vom 17. Juni 1992». Basierend auf den erwähnten Unterlagen wurde folgender Artikel publiziert: «Gutscher, Daniel: Archäologische Untersuchungen in der ehemaligen Ziegelscheune in Laufen, in: Laufentaler Jahrbuch 9, 1994, p. 59–66 und in: Jurablätter 56, 1994, H. 4, p. 56–62».

Fässler, Silvan: Zur Ziegeleientwicklung in der Region Basel, in: 10. Bericht der Stiftung Ziegelei-Museum, Cham 1993, p. 45–58
Gerster, Giuseppe: 100 Jahre Keramik Laufen. Tonprodukte sind tägliche Begleiter aller Menschen, in: Jurablätter 54, 1992, H. 9, p. 129–139
Goll, Jürg: Kleine Ziegelgeschichte, in: Jahresbericht 1984 der Stiftung Ziegelei-Museum Meienberg, Baar 1985, p. 29–102
Hermann, Claudia: Das Ziegelhandwerk in der Schweiz, in: 10. Bericht der Stiftung Ziegelei-Museum, Cham 1993, p. 5–26
Schlapp, Hermann: Erde, Wasser, Luft und Feuer – Von der Vielfalt der Keramik. Festschrift 100 Jahre Keramik Laufen, Laufen 1992
Sennhauser, Hans Rudolf: Randnotizen zur Ziegelforschung in der Schweiz, in: Jahresbericht 1986 der Stiftung Ziegelei-Museum Meienberg, Baar 1987, p. 3–5

Abbildungsnachweis:

1–5: Archäologischer Dienst des Kantons Bern
6: Zeichnung Atélier d'archéologie médiévale
7: Hermann, Claudia: Das Ziegelhandwerk in der Schweiz
8: Archäologischer Dienst des Kantons Bern

Im Brennpunkt der Region
Eine wirtschafts- und stadträumliche
Untersuchung der Entwicklung Laufens
1957–1995

Der vorliegende humangeographische Beitrag befasst sich mit einem einzelnen Aspekt der Stadt Laufen: Mit ihrer Funktion im aktuellen Beziehungsfeld der Region. Gefragt wird also nach den Kräften oder Aktivitäten des Stadtraumes Laufen, der historisch und baulich-architektonisch als vorgegeben betrachtet und von kompetenter Seite behandelt wird. Gewiss ist die Frage nach der räumlichen Funktion immer auch eine Frage nach überlieferten Handlungsmöglichkeiten der Bevölkerung, zum Beispiel etwa der Möglichkeit, städtische Berufe auszuüben oder industrielle Betriebe in die vorgegebene Raumstruktur einzubringen und weiter zu entwickeln.

Insofern wäre auch bei der funktionalen Fragestellung die zeitlich (historisch) differenzierende Methode anzuwenden. Aus praktischen Gründen wird darauf verzichtet und allein die aktuelle Funktionsanalyse durchgeführt, wie sie sich aus den Bevölkerungs- und Siedlungskartierungen des Autors seit den 1950er Jahren bis heute vollziehen lässt. Diese aktualgeographische Methode übernimmt die jeweils vorgegebenen kulturräumlichen Zustände eines Raumes vom Zeitpunkt der konkreten Betrachtung an, das heisst seit den 1950er Jahren, und beschreibt und deutet die im seitherigen Zeitraum ablaufenden raumfunktionellen Veränderungen.

Laufen als regionales Arbeitszentrum

In einem ersten Ansatz soll die Stellung Laufens als einem Zentrum der Industrie betrachtet werden, wie dies seinerzeit von Alban Müller[1] im räumlichen Zusammenhang mit dem unteren Birstal untersucht worden ist. 1957 hat der Autor die spezifische industrielle Attraktivität Laufens in bezug auf den Laufener Jura und im Vergleich zu Breitenbach durch eine eigene Umfrage untersucht (vergleiche Karte 1). Allerdings beruhte diese Studie mangels statistischer Unterlagen auf einer kartographischen Lokalisierung der Personalwohnsitze folgender 11 grösseren Laufener Firmen (AK = Arbeitskräfte) im Jahre 1957:

– AG für Keramische Industrie	423 AK	– Aluminium Laufen AG	124 AK
– Korkfabrik Hans Scheidegger AG	36 AK	– Korkwarenfabrik Kögler AG	23 AK
		– Überkleiderfabrik Laufen AG	96 AK
– Tonwarenfabrik Laufen AG	264 AK	– Jurassische Steinbrüche Cueni AG	87 AK
– Papierfabrik Laufen	128 AK	– Richterich & Cie	22 AK
– Juramill AG	35 AK	– Kleiderfabrik Weber AG	45 AK

Das Einzugsgebiet der Industrie-Arbeitskräfte von Laufen umfasst mit 270 km² ein grösseres Areal als jenes von Breiten-

[1] Müller, Alban: Die Entwicklung der Industrien im unteren Birstal mit besonderer Berücksichtigung des Standortes, Diss. Basel 1940

bach (250 km^2). Darin kommt die zentrale Verkehrslage des traditionellen Regionalzentrums Laufen zum Ausdruck und gewiss auch die wesentlich frühere Industrialisierung Laufens nach dem Jurabahnbau. Zudem ist die stärker durchmischte Branchenstruktur der Laufner Industrien hervorzuheben. Demgegenüber musste sich Breitenbach durch ein dichteres Netz firmeneigener Bus-Linien die Arbeitskräfte sichern. Im Gegensatz zum Einzugsgebiet von Breitenbach dehnt sich jenes von Laufen stärker in den damals noch bernischen Jura aus (Bezirke Delsberg und Moutier), begünstigt durch die Anbindung an das öffentliche Verkehrsnetz.

Bevor die regionale Stellung des Arbeitszentrums Laufen noch mit den Jahren 1980 und 1990 verglichen wird, seien die inzwischen ablaufenden Veränderungen in Wirtschaft, Gesellschaft und Regionalpolitik generell verdeutlicht. Es erscheint bemerkenswert, dass in der bernischen Zeit – vor Gründung des Kantons Jura - die Pendelwanderung über die Sprachgrenze, wenn nicht stark entwickelt, so doch durchaus existent war. Dies belegt unter anderem auch eine Pendelwanderungsstudie von 1960[2]. Danach stärken sich die Beziehungen Laufens vor allem zur Region Basel (vergleiche Karten 2 und 3)[3].

Des weiteren sei noch die Automobilisierung der Regionalbevölkerung nach 1960 in Betracht gezogen. Der individuelle Verkehr erfasst den gesamten Raum, gerade und auch entlegene Siedlungen, wodurch sich die Pendlerströme zugleich im Raum ausbreiten und verstärken; dies zeigt sich in Laufen etwa in der Ausbreitung der Zupendler von 1957 bis 1980/90. Zudem überlagert sich darauf der Prozess der regionalen Desindustrialisierung, wie er unter anderem aus der Berufs-, der Betriebs- und Volkszählungsstatistik herausgelesen werden kann. Dieser Trend hält auch in Laufen weiterhin an; so gingen die Industrie-Beschäftigten Laufens von 1669 Personen (1985) auf 1565 (1991) zurück, bei gleichzeitiger Zunahme aller Arbeitsplätze von 2844 (1985) auf 2932 (1991).

Von immer weiter her

Im Unterschied zu Karte 1 beziehen sich die Karten 2 und 3 auf alle Arbeitsplätze in Laufen, nicht nur auf jene der Industriebetriebe. Die beiden Karten zeigen daher die Attraktionskraft der Stadt als Zentrum für die ansässigen Arbeitskräfte und jene der Region (Zupendler). 1980 ist das Einzugsgebiet noch kompakter um Laufen organisiert, 52 Prozent der Arbeitskräfte stammen noch von Laufen selber. Bis 1990 geht die Desindustrialisierung weiter und die Arbeitsplatzstruktur verändert sich zugunsten des dritten Wirtschaftssektors (Dienstleistungen); das heisst dass sich das Zupendlergebiet Laufens deutlich Richtung Basel-NW-Schweiz vergrössert. Das Laufner Einzugsgebiet überlagert 1990 nun deutlich die Bezirke Thierstein, Dorneck, Arlesheim und die weiteren Nachbar-Gebiete der Kantone Basel-Landschaft, Aargau und Solothurn; offensichtlich hat Laufen den Rückgang von Arbeitsplätzen im angrenzenden Schwarzbuben-

[2] Gallusser, Werner A.: Wirkungsbereich und Raumstruktur der industrieorientierten Pendelwanderung im Laufener Jura, in: Regio Basiliensis 1, 1960, H. 2, p. 124–134
[3] Auskunft des Bundesamts für Statistik, Bern

Das Industriezentrum Laufen 1957:

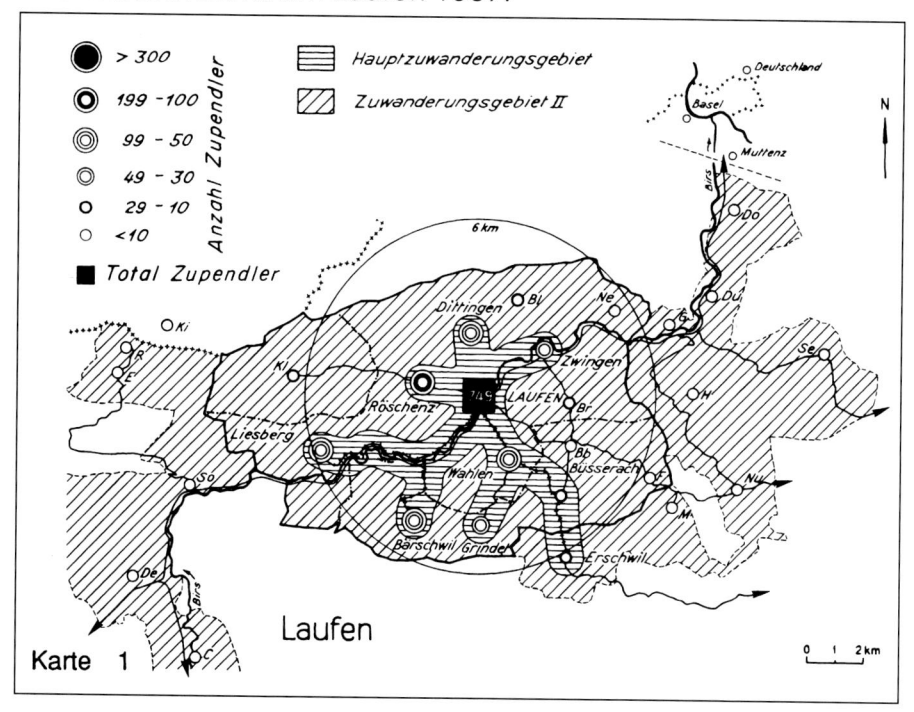

land aufgefangen. Dieser regionale Bedeutungszuwachs des Arbeitszentrums Laufen erweist sich auch dadurch, dass 1990 nur noch 45 Prozent aller Arbeitskräfte in Laufen wohnhaft sind.

Zusammenfassend lässt sich die Steigerung der Arbeitsfunktion Laufens für den Zeitraum 1960–90 aus den nachfolgenden Zahlen erkennen:

Tabelle 1: Arbeitszentrum Laufen 1960–90[4]

	Berufstätige in Laufen	Davon Zupendler	In Laufen wohnhaft
1960	2537	972	62%
1980	2798	1338	52%
1990	2997	1619	45%

Die Verstärkung der Zentralfunktion Laufens vollzieht sich gleichläufig mit der Mobilisierung und Regionalisierung des Arbeitsmarktes[5], das heisst dass 1980–90 trotz Zunahme der Erwerbstätigen im Bezirk Laufen die auswärtigen Arbeitsplätze in den Kantonen Basel und Basel-Landschaft für die Laufentaler attraktiver geworden sind, vor allem Basel, Aesch, Reinach und Münchenstein, in geringerem Ausmass jene der Solothurner Nachbarschaft.

[4] Gemäss Bundesamt für Statistik, Bern
[5] Vergleiche Gallusser, Werner A.: Das Laufental als Heimat der Bevölkerung und regionale Wirklichkeit, in: Cueni, Andreas (Hg.): Lehrblätz Laufental, Zürich 1993, p. 11–26

Wandel vom Industrie- zum Dienstleistungszentrum

Wer Laufen in den 1950er Jahren erlebt hat und so wie der Autor Haus für Haus nach der Nutzung kartiert hat, konnte wohl leicht vom Fabrikstädtchen an der Birs sprechen. Einesteils fielen dem Beobachter ausgedehnte Werk-Areale der gesteinsverarbeitenden Industrie, eine kompakte Aluminiumfabrik am Laufner Birsfall und verschiedene kleinere Fabrikationen im Lochfeld und im Bahnhofquartier auf. Innerhalb der Mauern des alten Marktstädtchens kontrastierten die vertrauten Wirtschaften und Ladengeschäfte der Hauptstrasse mit den traditionellen Landwirtschaftsgebäuden der Viehmarkt- und der Bauerngasse. Welch ein Kontrast zu heute! Die Tendenz zu einer verstädterten Stadt ist unübersehbar: Automobilisierung, Auslagerung beziehungsweise Rückgang von industriellen Arbeitsplätzen, dafür Ausbreitung der Wohnsiedlungen im Aussengebiet und Infiltration des Stadtkerns durch neuartige zusätzliche Dienstleistungseinrichtungen – moderne Dienstleistungsangebote, die der Autor sich 1957 bei der ersten Kartierung Laufens nicht einmal als Möglichkeit vorstellen konnte. Auch das idyllisch verträumte Ackerbürgerstädtchen von früher ist seither vom säkularen Trend zur Dienstleistungs-City für eine mobile regionale Dienstleistungs-Gesellschaft erfasst worden, eine Entwicklung, wie sie sich statistisch in Tabelle 2 abzeichnet.

Tabelle 2: Von der Industriearbeit zur Dienstleistung 1985–91[6]

	Beschäftigte total	In der Industrie	Im Dienstleistungsbereich
1985	2844	1669	1175
1991	2932	1565	1367

	Betriebe total	Industriebetriebe	Dienstleistungsbetriebe
1985	274	66	208
1991	296	56	240

Die aktuelle Nutzungsstruktur Laufens

Die geographische Erörterung von städtischen Arbeitszentren kann einesteils, wie das im Vorstehenden versucht worden ist, durch Bevölkerungszahlen, durch die Zahl von Arbeitskräften, Zupendlern und durch Betriebszahlen ausgedrückt werden,

[6] *Gemäss Bundesamt für Statistik, Bern*

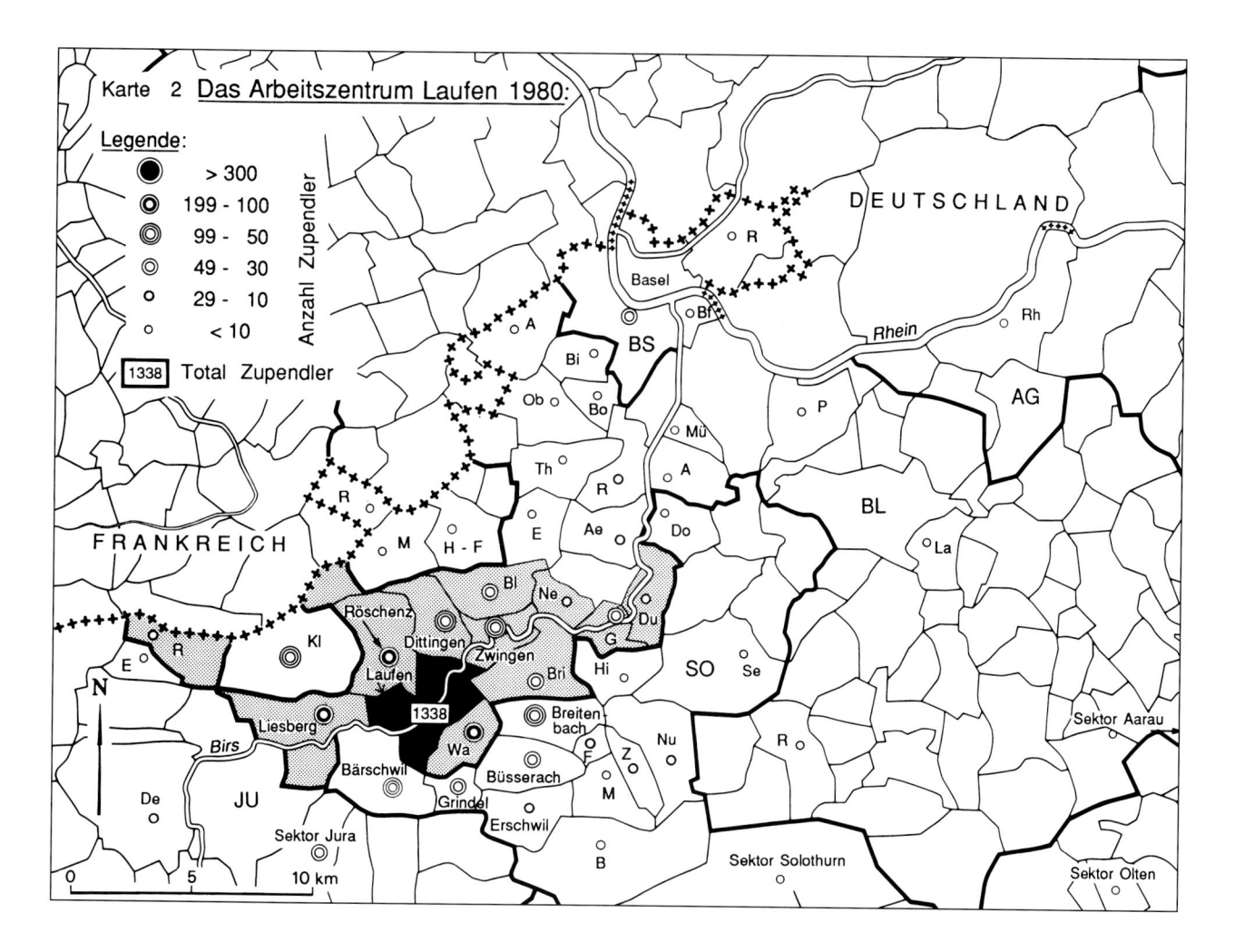

beziehungsweise durch die dadurch eruierbaren Einzugsgebiete. Ein weiterer methodischer Schritt besteht in der räumlichen Erfassung (Kartierung) der Nutzungsstruktur, woraus direkt die Funktion einer Raumzelle, sei dies eines Einzelraumes, eines Hauses, einer Parzelle, einer Strasse oder gar einer ganzen Siedlung erschlossen werden kann. Diese Nutzungs- oder Funktionalanalyse gehört daher zu den zentralen Instrumenten siedlungs- oder stadtgeographischer Arbeit, und ihre zugehörigen Pläne sind vielseitig auswertbare Dokumente der städtischen Nutzungsstruktur.

Im Prinzip basiert Karte 4 auf einer der üblichen Kartierungstechniken. Aus Gründen der besseren Vergleichbarkeit wurde sie aus der Funktionalerhebung von Liestal[7] abgeleitet. Die Nutzungstypen sind in einfachen Schwarzweiss-Rastern dargestellt worden; des weiteren wurden die Funktionen wegen der Überzahl von 2- und 3geschossigen Gebäuden auf wenige Stockwerk-Varianten reduziert.

Wie schon oben ausgeführt wurde, haben sich die Beschäftigungsstrukturen seit der Nachkriegszeit tiefgreifend gewandelt. Unsere heutige Freizeit- und Informationsgesellschaft konsumiert in zunehmendem Masse nicht nur Verbrauchsgüter, son-

[7] Eichenberger, U./Frey, S.: Zur funktionalen Analyse von Innenstadtgebieten, dargestellt am Beispiel von Liestal, in: Regio Basiliensis 11, 1970, H. 2, p. 231–235

dern Dienstleistungen jeder Art, welche zum unverkennbaren Zeichen einer pluralistischen Lebensgestaltung geworden sind. Dementsprechend ist in der Kartierung von Laufen 1995 diesen veränderten Lebens- und Wirtschaftsbedingungen Rechnung getragen worden, und zwar durch eine klare Unterscheidung von Dienstleistungs-, Warenangeboten und weiteren Aktivitäten im Raum (Wohnen, Gewerbe, Landwirtschaft).

Wohnen und Einkaufen

Für den dargestellten zentralen Teil der Gemeinde Laufen treten damit die landwirtschaftlichen und gewerblich-industriellen Raumfunktionen der Aussengebiete etwas zurück. Dagegen werden das Wohnen, der Handel und die Dienstleistungen zu den bestimmenden Aktivitäten des städtischen Laufen. Beim Handel und den Dienstleistungen wurde zudem zwischen täglichem und periodischem Bedarf unterschieden, weil damit Aussagen über die Angebotsstruktur und die Versorgungsreichweite der Stadt Laufen möglich werden. Gerade hiezu haben ja geographische Umfragen des Regionalen Gymnasiums Laufental-Thierstein 1988 und 1992[8] wertvolle empirische Einsichten beibetragen. Zudem sind auch die Verkehrsverhältnisse im Zentrum Laufens ganz wesentlich vom räumlichen Gefüge der Dienstleistungs- und Handelsfunktionen abhängig, wie dies das «Verkehrskonzept Altstadt Laufen 1993»[9] dokumentiert hat.

Im Blick auf Karte 4 liefert das «Verkehrskonzept 1993» eine gute Zusammenfassung der räumlichen Nutzungen in der Altstadt. Danach wären die rund 48 000 m^2 Bruttogeschossfläche mehrheitlich von der Wohnnutzung (56 Prozent), von Läden mit Lagerflächen (21%), danach von Dienstleistungen inklusive Gastronomie (19%) und etwas Gewerbe (6%) bestimmt. Im Grundriss ist die Konzentration der Läden, Cafés, Restaurants und Dienstleistungen auf die Hauptstrasse sehr markant. Umfragen bestätigen ihre stärkere Attraktion im südlichen Teil (Rathausplatz). Dagegen ist die Viehmarktgasse funktionell mehr durchmischt und im Parzellenmuster unausgeglichen. Räumlich bemerkenswert – und für eine künftige Siedlungsgestaltung wichtig – erscheinen hier die relativ grossen Freiflächenanteile. Eher als vorwiegende Wohnbereiche erweisen sich jedoch das Wassertorquartier und die Bauerngasse mit ihrer zum Teil engeren Parzellenscharung.

Das vorhandene Nutzungsangebot, wie es übersichtsweise aus Karte 4 erschlossen werden kann, versorgt eine wesentlich grössere Bevölkerungszahl als die Einwohnerschaft Laufens (Ende 1994: 4788 Einwohner). Laufen ist nicht nur ein regionaler Arbeitsplatz, sondern gleichzeitig ein Zentrum regionaler Versorgung. Die spezifische Bedeutung der Dienstleistungsbetriebe Laufens für die Region wurde schon 1988 durch die vorgenannte Erhebung über das Einkaufsverhalten in der Region Laufen-Thierstein abgeschätzt. Danach versorgte Laufen 34,5 Prozent aller erhobenen Haushalte der Region Laufental-Thierstein, im Vergleich zu Breitenbach mit 19,3 Prozent; besonders intensiv

[8] *Einkaufsverhalten in der Region Laufental-Thierstein. Umfrage zur Inanspruchnahme von Versorgungseinrichtungen, durchgeführt von der Klasse 6c am Gymnasium Laufental-Thierstein, Laufen 1988; Attraktivitätsprofil Laufen. Geographie-Maturarbeit der Klasse 7c am Gymnasium Laufental-Thierstein, Laufen 1992*
[9] *Verkehrskonzept Altstadt Laufen. Erstellt im Auftrag der Einwohnergemeinde Laufen, Biel 1993*

Karte 3 Das Arbeitszentrum Laufen 1990:

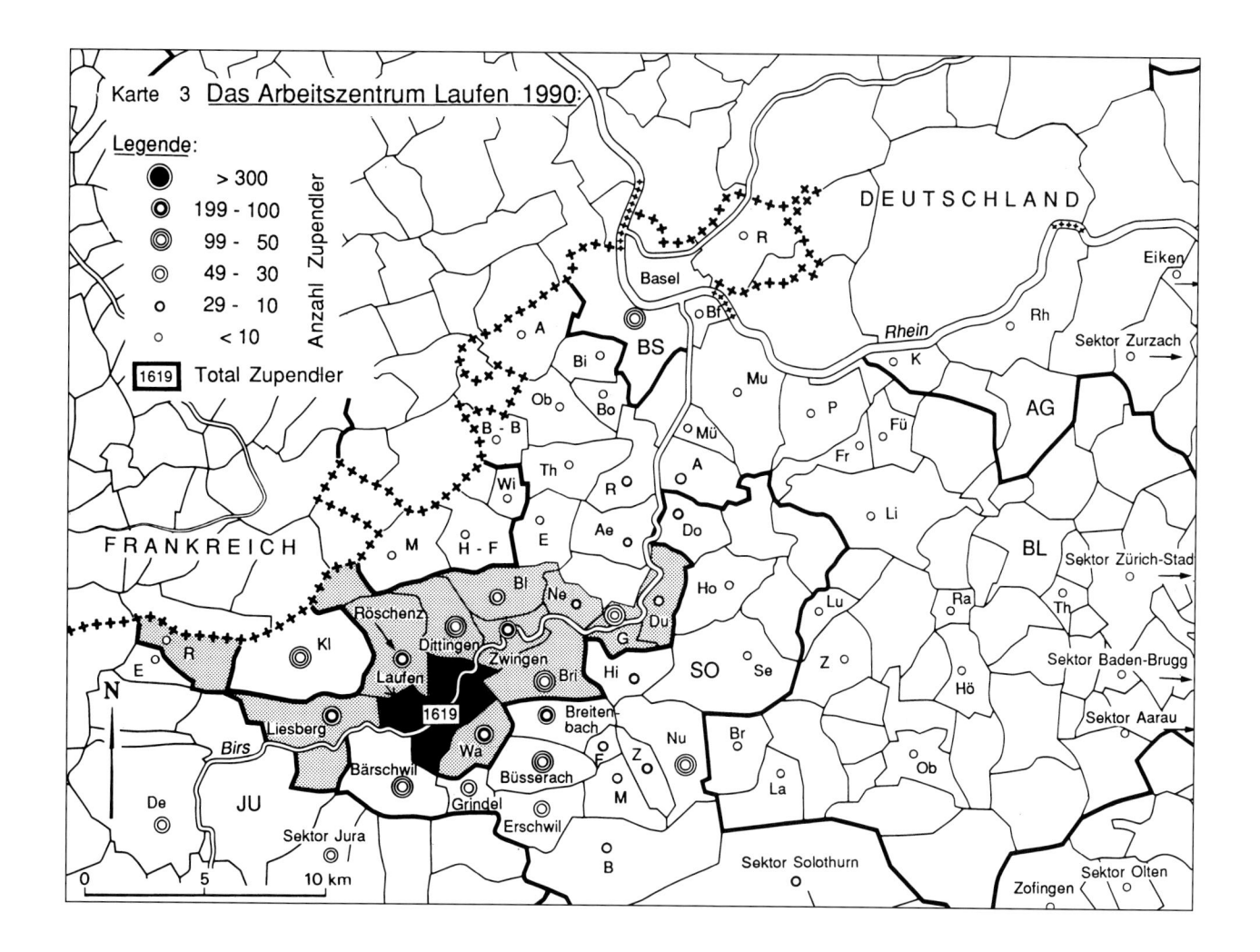

Legende:
- ● > 300
- ◉ 199 - 100
- ◎ 99 - 50
- ◎ 49 - 30
- ○ 29 - 10
- ○ < 10

Anzahl Zupendler

|1619| Total Zupendler

ist das Laufner Umland westlich der Linie Blauen–Zwingen–Wahlen–Grindel bis zur Sprachgrenze mit den Dienstleistungen Laufens verbunden. Berücksichtigt man noch besonders die Bedarfsstufen der Güterversorgung und die Dienstleistungen, so ist im Vergleich zu Breitenbach die höhere Zentralfunktion Laufens auffällig: «Wenn man Laufen mit Breitenbach vergleicht, sieht man, dass beide Orte beim täglichen Bedarf etwa zu gleichen Teilen beteiligt sind. Im mittel- und langfristigen Bedarf jedoch ist Laufen schon deutlich mehr vertreten und bei den Dienstleistungen kommt ein Unterschied von 16 Prozent hervor»[10].

Charme der Altstadt

Betrachtet man nach den Erhebungen von 1992[11] die Herkunft und das Verkehrsmittel der in Laufen Einkaufenden, so stammen über 50 Prozent aus Laufen selbst, etwa 30 Prozent wohnen innerhalb einer Distanz von maximal 5 km und die restlichen 20 Prozent in einer Entfernung bis 10 km. Dabei benutzt die Laufner Kundschaft zu 20 Prozent das Velo, zu 23 Prozent das Auto und 57 Prozent kommen zu Fuss; umgekehrt benutzen die

[10] *Einkaufsverhalten 1988*, p. 36
[11] *Attraktivitätsprofil 1992*, p. 5

LAUFEN
1995

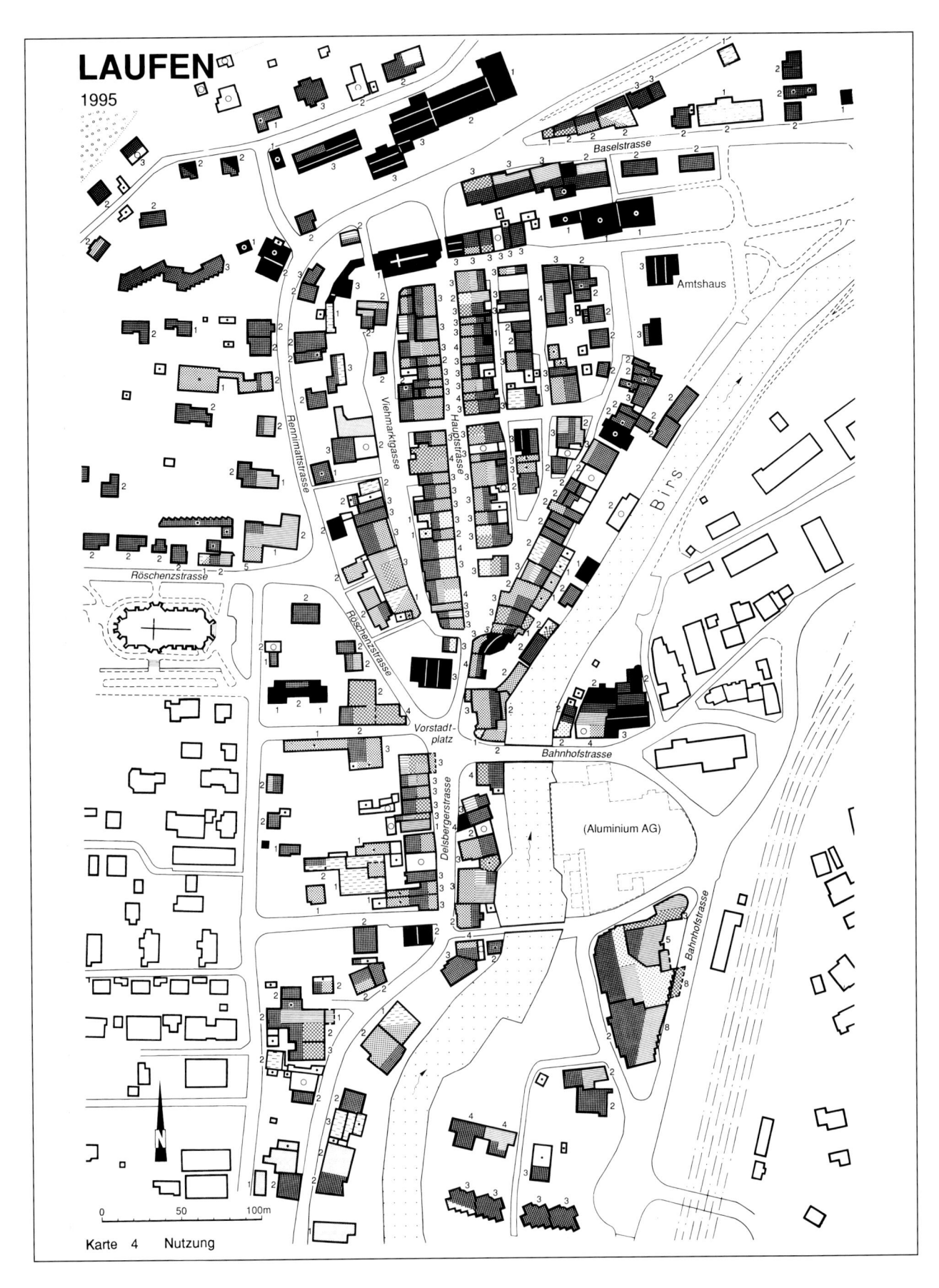

Baselstrasse

Amtshaus

Rennimattstrasse

Viehmarktgasse

Hauptstrasse

Birs

Röschenzstrasse

Röschenzstrasse

Vorstadtplatz

Delsbergerstrasse

Bahnhofstrasse

(Aluminium AG)

Bahnhofstrasse

0 50 100m

Karte 4 Nutzung

Legende zu Karte 4:

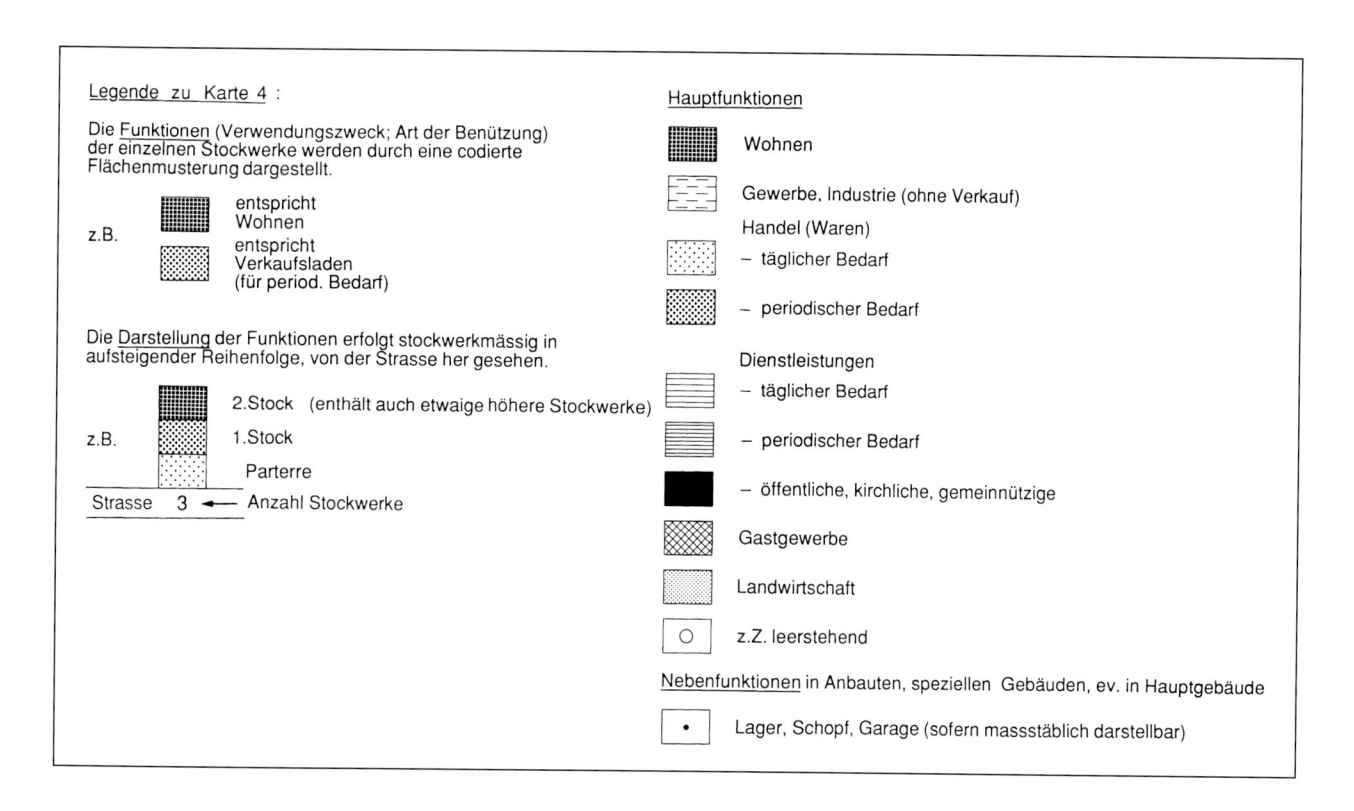

Die Funktionen (Verwendungszweck; Art der Benützung) der einzelnen Stockwerke werden durch eine codierte Flächenmusterung dargestellt.

z.B. ▓ entspricht Wohnen
░ entspricht Verkaufsladen (für period. Bedarf)

Die Darstellung der Funktionen erfolgt stockwerkmässig in aufsteigender Reihenfolge, von der Strasse her gesehen.

z.B. 2.Stock (enthält auch etwaige höhere Stockwerke)
1.Stock
Parterre
Strasse 3 ← Anzahl Stockwerke

Hauptfunktionen

- Wohnen
- Gewerbe, Industrie (ohne Verkauf)
- Handel (Waren)
  - täglicher Bedarf
  - periodischer Bedarf
- Dienstleistungen
  - täglicher Bedarf
  - periodischer Bedarf
  - öffentliche, kirchliche, gemeinnützige
- Gastgewerbe
- Landwirtschaft
- z.Z. leerstehend

Nebenfunktionen in Anbauten, speziellen Gebäuden, ev. in Hauptgebäude

· Lager, Schopf, Garage (sofern massstäblich darstellbar)

auswärtigen Kunden zu 63 Prozent das Auto, zu 15 Prozent das Velo, zu 7 Prozent den Bus und weitere 15 Prozent sind Fussgänger (aber eventuell in Kombination mit den andern Verkehrsmitteln)[12].

Die Bedarfsdeckung kann ebenso aus dem «Attraktivitätsprofil 1992» abgeschätzt werden, wonach die Laufener Bevölkerung zu über 90 Prozent ihren Tagesbedarf in Laufen selbst eindeckt, den periodischen Bedarf zu 60 Prozent. Dagegen werden die Dienstleistungen in Laufen durch die Ortsbevölkerung zu fast 80 Prozent beansprucht; dazu ist eine markant gestiegene Nachfrage aus Zwingen festzustellen[13].

Im Blick auf die aktuelle Bevölkerungsverteilung und die Raumstruktur der Versorgungseinrichtungen ist eine wesentliche Steigerung des regionalen Versorgungspotentials kaum möglich noch notwendig[14]. Vielmehr gilt es nun, durch den relativ guten Verkehrsanschluss das regionale Dienstleistungs- und Güterangebot, vom Dorf zum Regionalzentrum Laufen bis zum Stadtzentrum Basel sinnvoll auszunützen, wobei sinnvoll nicht nur billig, das heisst zeit-, kosten- und energiesparend heissen muss, sondern auch psychosozial begründet, atmosphärisch attraktiv, wie es die Einkaufsverhaltens-Studie von 1988 für den Einkaufsort Laufen zusammengefasst hat: »Das ‹Stedtli› Laufen entspricht mit seinem guten Angebot ziemlich den Vorstellungen von einem attraktiven Einkaufsort ... Zahlreiche Antworten zeigen, dass das ‹Stedtli› eine Treffpunktfunktion ausübt. Die Atmosphäre, das Cachet ist ein Standortvorteil, den kein Einkaufszenter nachahmen kann! Eine autofreie Hauptgasse stärkt diesen Standortvorteil.»[15]

[12] Verkehrskonzept 1993, p. 13f.
[13] Attraktivitätsprofil 1992; Verkehrskonzept 1993, p. 14
[14] Vergleiche Einkaufsverhalten 1988, p. 48
[15] Einkaufsverhalten 1988, p. 48

LAUFEN
1957-1995

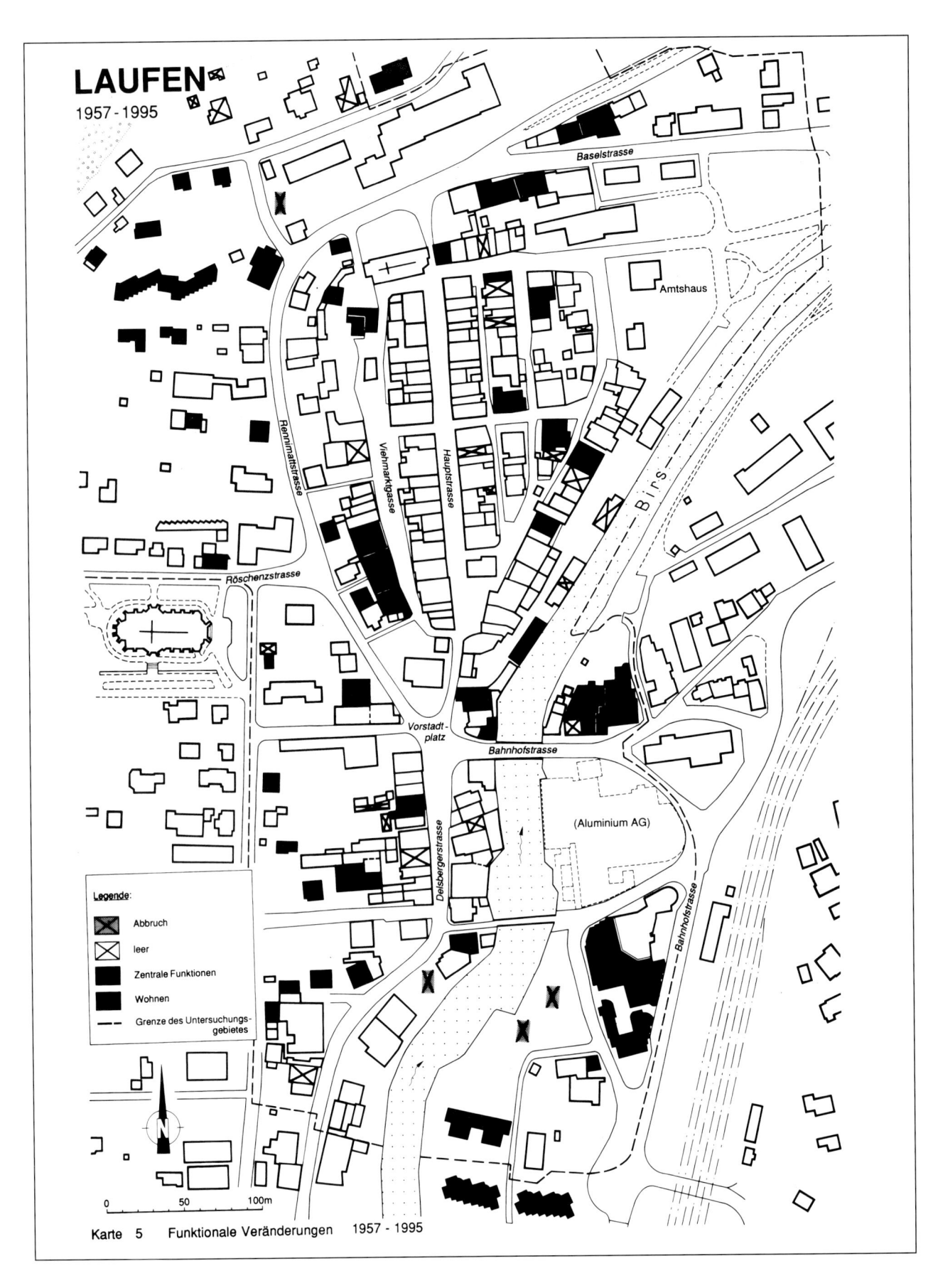

Baselstrasse

Amtshaus

Rennimattstrasse

Viehmarktgasse

Hauptstrasse

Birs

Röschenzstrasse

Vorstadt-
platz

Delsbergerstrasse

Bahnhofstrasse

(Aluminium AG)

Bahnhofstrasse

Legende:

- ⊠ Abbruch
- ⊠ leer
- ■ Zentrale Funktionen
- ■ Wohnen
- --- Grenze des Untersuchungs-
  gebietes

N

0 50 100m

Karte 5 Funktionale Veränderungen 1957 - 1995

Diese Bevorzugung der Ambiance des Rathausplatzes-Stedtli durch die Laufner Kunden wird auch im «Attraktivitätsprofil 1992» betont: «Eine grosse Mehrheit der Laufner (rund 75 Prozent), welche ausschliesslich im Quartier Rathausplatz-Stedtlimitte einkaufen, erledigen ihre Einkäufe täglich. Im Einkaufszentrum am Bahnhof sind es noch etwa 65 Prozent»[16].

1957–95: Unterwegs zum Regionalzentrum

Zusammenfassend soll die Entwicklung des Arbeitszentrums Laufen aus der begleitenden Sicht seit 1957 betrachtet werden (vergleiche Karte 5). Sowohl die Bevölkerungszahl des Amtsbezirkes wie der Gemeinde Laufen haben seither (1960–90) um rund 20 Prozent zugenommen, das heisst auch statistisch hat Laufen trotz einer relativ geringen Volksdichte des typisch jurassischen Umlandes an Bewohnern zugelegt (1960: 3955, 1994: 4788) und dies im Rahmen der vorstehend erörterten Veränderungsprozesse. So, wie sich auch andere regionale Bezirkshauptorte der Nordwestschweiz im Zuge der Verkehrs- und Siedlungsentwicklung der 1960er und 1970er Jahre verstärkt haben – als Urbanisierungs-Zentren des ländlich-industrialisierten Hinterlandes[17] – ist heute das verkehrsgünstige Laufen offensichtlich unterwegs zu einem multifunktionalen Regionalzentrum. Dies lässt sich aus der Karte 5 allerdings nur in allgemeinen Zügen herauslesen.

Der Kartierungsvergleich 1957–95 bestätigt einmal die Zunahme der Wohnfunktion ausserhalb der Altstadt, vor allem durch Neubauten. Die Gemeinde Laufen bietet ein attraktives, vielfältiges Wohnen in bester Verkehrs- und Versorgungslage. In der Altstadt verstärken sich die zentralen Funktionen (Dienstleistungen, Handel), jedoch ohne vollständiges Verdrängen des Wohnens. Dieser Prozess hält an und wird durch Hausleerstellungen markiert. Ähnlich wird das gewerbereiche Bahnhofviertel und die Vorstadt verändert, wo Abbrüche und Leerstellungen die City ante portas signalisieren.

Die Zukunft Laufens wird vorgeprägt durch die räumlichen Strukturen des mittelalterlichen Marktstädtchens und des industrialisierten Arbeitsortes vor den Mauern. Beide Aspekte werden mitbeachtet werden müssen, wenn die Weiterentwicklung der 700jährigen Stadt Laufen zu einem multifunktionalen Zentrum führen soll, das die regionale Funktion und die Lebensqualität seiner Bewohnerschaft auch in Zukunft gewährleisten wird.

Werner A. Gallusser

Literatur:

Zum Basisverständnis der vorliegenden Funktionsanalyse sei auf die Ergebnisse der Dissertation des Autors über den Laufner Jura von 1961 verwiesen; zur speziellen aktualgeographischen Methodik auf die Studie des gleichen Autors über die Kulturlandschaft der Nordwestschweiz von 1970. Wesentliche Quellen sind Betriebs- und Volkszählungen der

[16] *Attraktivitätsprofil 1992, p. 28*
[17] *Vergleiche dazu Gallusser, Werner A.: Die kulturräumliche Dynamik der Regio im Zeitraum 1960–70, in Zusammenarbeit mit Kempf, A./Vettiger, B., in: Regio Basiliensis 21, 1980, H. 1 + 2, p. 29–44*
[17] *Vergleiche dazu Gallusser, Werner A.: Die kulturräumliche Dynamik der Regio im Zeitraum 1960–70, in Zusammenarbeit mit Kempf, A./Vettiger, B., in: Regio Basiliensis 21, 1980, H. 1 + 2, p. 29–44*

Schweizer Statistik und die persönlichen Siedlungskartierungen (gebäudeweise) des Autors in Laufen und in den umgebenden Gemeinden des Laufentals und Thiersteins während den 1950er Jahren. Diese Kartierungen wurden bis jetzt nicht veröffentlicht.

Die Kartierung von Laufen wurde 1994/95 nochmals für die zentralen Teile des Stadtgebietes wiederholt, dabei konnte Herr Thomas Braun (dipl. Mittellehrer) als zeitweiliger Mitarbeiter im Gelände für statistische Abklärungen und für die Kartographie verpflichtet werden. Mit den Reinzeichnungen durfte Frau Leena Baumann, Kartographin am Geographischen Institut der Universität Basel, betraut werden. Ebenso standen für die Reinschrift Frau Ruth Niederhauser und für die Kartenbeschriftung Frau Vera Kintera (Geographisches Institut) hilfreich zur Verfügung. Allen vorgenannten Mitarbeiterinnen und Herrn Thomas Braun sei für die Zusammenarbeit bestens gedankt.

Attraktivitätsprofil Laufen. Geographie-Maturarbeit der Klasse 7c des Gymnasiums Laufental-Thierstein, Laufen 1992

Eichenberger, U. / Frey, S.: Zur funktionalen Analyse von Innenstadtgebieten, dargestellt am Beispiel von Liestal, in: Regio Basiliensis 11, 1970, H. 2, p. 231–235

Einkaufsverhalten in der Region Laufental-Thierstein. Umfrage zur Inanspruchnahme von Versorgungseinrichtungen, durchgeführt von der Klasse 6c am Gymnasium Laufental-Thierstein, Laufen 1988

Gallusser, Werner A.: Wirkungsbereich und Raumstruktur der industrieorientierten Pendelwanderung im Laufener Jura, in: Regio Basiliensis 1, 1960, H. 2, p. 124–134

ders.: Studien zur Bevölkerungs- und Wirtschaftsgeographie des Laufener Juras, Basel 1961

ders.: Struktur und Entwicklung ländlicher Räume der Nordwestschweiz, Basel 1970

ders., zusammen mit Kempf, A. und Vettiger, B.: Die kulturräumliche Dynamik der Regio im Zeitraum 1960–70, in: Regio Basiliensis 21, 1980, H. 1+ 2, p. 29–44

ders.: Das Laufental als Heimat der Bevölkerung und regionale Wirklichkeit, in: Cueni, Andreas (Hg.): Lehrblätz Laufental, Zürich 1993, p. 11–26

Müller, Alban: Die Entwicklung der Industrien im unteren Birstal mit besonderer Berücksichtigung des Standortes, Diss. Basel 1940

Verkehrskonzept Altstadt Laufen. Erstellt im Auftrag der Einwohnergemeinde Laufen, Biel 1993

Abbildungsnachweis:

1–5: Werner A. Gallusser, Basel

Zwischen Prädikanten und Jesuiten

Kirchliche Sonderstellung und politische Bedeutung der Stadtgemeinde während Reformation und Gegenreformation

Laufen gehörte zusammen mit einigen Birsecker Dörfern zu den Kirchgemeinden im nördlichen Teil des Fürstbistums Basel, welche im 16. Jahrhundert die Reformation annahmen und dadurch während sechs Jahrzehnten in einen konfessionellen Gegensatz zu ihrem Landesherrn gerieten. Während in den südlichen Herrschaften des Bistums die Reformation von Bern und Biel aus vorangetrieben wurde, fehlte im nördlichen Teil eine vergleichbare Einwirkung von aussen. Wenn Gemeinden im Birseck und im Laufental sich dem neuen Glauben zuwandten, so wurde dies durch die Nähe zu Basel begünstigt, nicht aber von Basel aus gelenkt. Die Schwäche der bischöflichen Herrschaft ermöglichte um 1525 im Birseck und im Laufental eine bäuerliche Reformation: die eigenständige, nicht obrigkeitlich verordnete Annahme der Reformation durch ländliche oder kleinstädtische Gemeinden.

1528: Bildersturm in Laufen

In der Zeit des Bauernkrieges von 1525 wurden in Laufen Forderungen an den Bischof gestellt, die sich auch auf die kirchlichen Verhältnisse bezogen. Vorerst richtete sich Unzufriedenheit vor allem gegen bestimmte kirchliche Abgaben und gegen Eingriffe des geistlichen Gerichtes. Bald kam es aber zu Konflikten mit dem Bischof um grundsätzliche Fragen der kirchlichen Ordnung: Als 1527 der Bischof den noch vom Domkapitel eingesetzten Leutpriester auswies, weil dieser in neuer Weise aus der Schrift predigte, verweigerte die Stadt Laufen den Gehorsam. Nicht mehr der Bischof als Vertreter der kirchlichen Hierarchie konnte sich in diesem Fall durchsetzen, sondern faktisch bestimmte die Stadtgemeinde selbst, wer in Laufen das Pfarramt versah.

Einen Höhepunkt erreichten die kirchlich-religiösen Spannungen im Mai 1528. Die Mehrheit in Laufen wollte, wie dies auch andernorts im Umkreis geschah, die sichtbaren Zeichen des alten Glaubens aus der Kirche entfernen. Die versammelte Gemeinde beschloss, die «Götzen» – die bis vor kurzem noch verehrten religiösen Bilder – abzuschaffen. War es den Leuten bei diesem radikalen Bruch mit früher Heiligem zutiefst doch unheimlich oder fürchteten sie sich vor Strafen ihres bischöflichen Landesherrn? Jedenfalls kam es, wie häufig bei Widerstandsereignissen, zu einer förmlichen gemeindlichen Verschwörung, welche nach innen zusammenbinden und nach aussen stärken sollte: man gelobte sich in einer gemeindlichen Versammlung der Bürgerschaft, die Folgen der getroffenen Entscheidung – in diesem Fall des Bildersturms – gemeinsam zu tragen, ob im Guten oder im Schlimmen. Damit war auch die Minderheit, die den Bildersturm ablehnte, zum Verstummen gebracht: Wer nicht als Verräter gelten und Repressalien ausgesetzt sein wollte, hatte sich dem Mehrheitsentscheid zu unterwerfen.

Alle Bilder wurden aus der Pfarrkirche gerissen und verbrannt, der veräusserbare Kirchenschmuck verkauft. Der Zehnten wurde nicht mehr in der bisherigen Weise den Herren des Domkapitels überlassen, sondern innerhalb der Gemeinde behalten und an die Meistbietenden vergeben. Der Unterhalt des Pfarrers hing so direkt von der Gemeinde ab. Auch bezüglich der Lehre sollte sich der Pfarrer der Gemeinde verpflichtet fühlen. An die Berner Disputation im Januar 1528 liess ihn die Stadt Laufen nicht alleine ziehen. Das abschliessende Protokoll der Disputation unterschrieben ebenfalls der Schuhmacher Hans Schmidlin und Peterhans Meyer als Abgeordnete Laufens, welche beide ihrem Pfarrer «zugen zuzelosen von einer Gemeind»[1].

Laufen eignete sich so im kirchlichen Bereich innerhalb weniger Jahre weitgehende Autonomie an. Die traditionelle kirchliche Hierarchie wurde nicht mehr anerkannt, Entscheidungen über die Besetzung von Pfarrstellen oder die Verwendung kirchlicher Einkünfte traf die Gemeinde, und auch die Sorge um die rechte Lehre wurde zu einem gemeindlichen Anliegen.

Abkehr vom Glauben?

Diese plötzliche Abwendung von der hergebrachten kirchlichen Ordnung bedeutete freilich nicht, dass alte religiöse Denkweisen sich innerhalb weniger Jahre oder gar Monate vollständig gewandelt hätten. In vielem, das äusserlich neuartig wirkte, steckten herkömmliche Vorstellungen. Die Aussagen einiger Laufner Bilderstürmer lassen davon etwas erahnen. Während eines in Basel durchgeführten Verhörs gab der Laufner Peter Scherer zu Protokoll, sie hätten die Bilder verbrannt, «... dorumb das sy durch iren predicanten usz der geschrifft underricht, das man die bylder nit haben solle.»[2]

Es mag sein, dass Scherer hier von seiner eigenen Beteiligung abzulenken sucht, indem er die Verantwortung für den Bildersturm hauptsächlich dem Pfarrer zuschiebt. Dass es zum Bildersturm der anspornenden Predigt eines Geistlichen bedurfte, erscheint jedoch nicht unglaubwürdig. Es war ja nicht plötzliche Gleichgültigkeit und rationale Distanz, welche die eben noch verehrten und oft teuer bezahlten Zeichen der traditionellen Frömmigkeit von einer Stunde zur andern zu Brennholz werden liess. Die Abwendung von herkömmlichen Ausdrucksformen des Glaubens entstand nicht aus einem schwindenden Bedürfnis nach religiöser Heilsvergewisserung, sondern aus plötzlich bedrängenden Zweifeln an der Zuverlässigkeit der bisherigen Glaubenspraxis. Man bekam Angst, von der alten Kirche statt zum Seelenheil in die Irre geführt zu werden, und hoffte, dass die neuen Prediger den Weg zum Heil besser weisen konnten.

[1] *Aktensammlung zur Geschichte der Basler Reformation Band 3, Nr. 10b, p. 11*
[2] *Aktensammlung Band 3, Nr. 133, p. 115*

Statue des St. Fridolin (Beschützer des Viehs), vermutlich aus der St. Martinskirche

Die evangelischen Pfarrer verwalteten zwar nun nicht mehr im altkirchlichen Sinn einen Schatz von Gnadengaben und Heilsgütern. Aber auch sie stellten die Verbindung zwischen irdischer und himmlischer Welt her, dank ihrer besonderen Schriftkenntnis und ihrem Wissen um die richtige Auslegung des geheimnisvollen göttlichen Wortes. Nur wer sich durch diese neue Autorität bestärkt fühlte, wagte wohl den Angriff auf die bis vor kurzem noch verehrten Heiligtümer. Dabei weist die abwehrende Dämonisierung der Bilder, die Peter Scherer als «Götzen» bezeichnet, eher auf die noch wirkende Macht der Bilder und weniger auf deren plötzliche Bedeutungslosigkeit hin.

Die Legitimation für den Bildersturm – gleichsam die Bestärkung zum Handeln – erhielt die Laufner Stadtgemeinde durch die Schriftauslegung des Pfarrers. Für den Vollzug des so geoffenbarten göttlichen Willens fühlte sich die Gemeinde aber selbst verantwortlich, und dabei hielt sie sich ganz an vertraute Vorgehensweisen: «Daruff sy den meyger, ein gemeinde ze hand, gebetten, unnd als er aber das nit thun wollen, syend sy zusamen gangen, das meer gemacht unnd alle samen gemeinlich, bisz etwan an vier oder funnf par, des willens worden, die getzen harusz ze thund.»[3]

Ein Bildersturm mag vor allem als blinder Akt der Zerstörung erscheinen, und doch lässt sich der Laufner Bildersturm nicht einfach als chaotische Gewalttat beurteilen. In ihrer Beschlussfassung hielt sich die Gemeinde an das gewohnte Verfahren, das sie aus einer Vielzahl grösserer und kleinerer Entscheidungsprozesse kannte: Der Meier als Amtsperson sollte zur Abstimmung über den Bildersturm zuerst die Gemeinde einberufen und ihrem Beschluss damit Ordentlichkeit und Verbindlichkeit verleihen. Einerseits löste sich die Gemeinde mit ihrem radikalen Angriff gegen die Bilder von alten Formen des religiösen Lebens, andererseits blieben dabei herkömmliche gemeindliche Ordnungsprinzipien und Rechtsvorstellungen völlig intakt.

Prediger aus Basel

Die Reformation in Laufen war nicht das Werk des Basler Rates, ihr Fortbestand während der folgenden Jahrzehnte hing jedoch vom Burgrecht ab, das Basel 1525 mit Laufen geschlossen hatte. Der Bauernkrieg von 1525 erzeugte im bischöflichen Gebiet ein Machtvakuum, das dem Basler Rat als Bedrohung für die politische Stabilität im regionalen Umfeld der Stadt erschien. Indem Basel die Gemeinden in den bischöflichen Ämtern Birseck und Laufen ins Burgrecht aufnahm, machte es sich zur Schutzmacht dieser Gemeinden und band sie politisch an sich. Das Burgrecht bedeutete freilich nicht, dass der Basler Rat nun in Laufen hoheitliche Funktionen übernommen hätte. Die rechtliche Stellung des Bischofs als Landesherr war grundsätzlich nicht bestritten. Der Basler Rat wurde jedoch durch das Burgrecht verpflichtet, die Stadt Laufen vor Eingriffen in ihre Gewohnheiten und Freiheiten zu schützen, und zu ihren Gewohnheiten zählte nun auch die Reformation, gegen die der

[3] Aktensammlung Band 3, Nr. 133, p. 115

isolierte Bischof nicht mehr einschreiten konnte. In einem Abkommen von 1532, welches die Auseinandersetzungen der Bauernkriegszeit beilegen sollte, musste Bischof Philipp von Gundelsheim der Stadt Laufen zugestehen, dass «... daß Heillig Wort Gottes, daß Evangelium Jhesu Christi noch vermög deß neüwen, auch alten Thestamentz zu der Ehren Gottes und Pflantzung guter gehorsame, auch Brüederlicher Liebe, treüwlich verkündet werde.»[4]

Aber nicht nur bezüglich des äusseren Schutzes, sondern auch der inneren Ausformung hing der längerfristige Bestand der reformierten Kirche in Laufen von Basel ab. In den turbulenten Jahren nach 1525 war es einfach gewesen, reformatorische Forderungen durch selbständige gemeindliche Aktionen durchzusetzen. Um aber eine dauerhafte Kirchenordnung aufzubauen, brauchte es die Anlehnung an eine grössere kirchliche Organisation, welche geeignete Prediger vermittelte, bei der Neugestaltung des religiösen Lebens als Vorbild diente und bei dogmatischen oder kirchenrechtlichen Problemen als sachverständige Entscheidungsinstanz wirkte.

In besitzrechtlicher Hinsicht erlangten allerdings nach einigen Verwirrungen zwischen 1525 und 1530 vorreformatorische Verhältnisse wieder Geltung: Die früheren Zehntherren kamen wieder zu ihren Einkünften, die Kirchenherren – die sogenannten Kollatoren – ernannten wieder die Pfarrer und hatten aufgrund ihrer Zehntbezüge für den Unterhalt von Pfarrern und Kirchenbauten zu sorgen. Ein stillschweigendes Arrangement bestand jedoch darin, dass die katholischen Kollatoren – im Falle der Laufner Pfarrkirche das Domkapitel – nicht katholische Geistliche bestellten, sondern als Pfarrer evangelische Prediger einsetzten, welche man ihnen von Laufen oder von Basel aus präsentierte. Die Ernennung des zweiten Laufner Pfarrers, des Helfers in der St. Katharinenkapelle, stand dem Basler Petersstift zu und befand sich damit ohnehin unter reformierter Kontrolle. Dass die Pfarrer von Basel aus nach Laufen vermittelt wurden, war die Regel. Allerdings musste ein Pfarrer bei der Gemeinde auch Anklang finden. Als 1552 Pfarrer Michael Diller Laufen verliess, wurde der von Basel geschickte «Bartlomeus Westheimerus, nechst vergangen sontag alhie by unns verhört, sins predigenns halb ein gmeine versamlet, und ob man inn zum Ministro Dei verbi annemen welte, beratschlaget unnd umgefraget»[5].

Die Gemeinde zog aber den bisherigen Helfer Konrad Schreck als Prediger an der Pfarrkirche vor, und dieser wurde dann auch vom Domkapitel dazu ernannt. Das Basler Petersstift setzte daraufhin, wenn auch etwas indigniert über diesen eigenmächtigen Wechsel Konrad Schrecks, an dessen Stelle Christoph Megerich aus Glarus als Helfer an der Katharinenkapelle ein. Bei einer Vakanz im Laufner Pfarr- oder Helferamt bemühten sich also die kirchlichen Stellen in Basel um geeignete Nachfolger und schickten Kandidaten mit entsprechenden Empfehlungen ausgestattet nach Laufen. Dort war man auf die Hilfe Basels bei der Besetzung der Pfarrstellen angewiesen, erlaubte sich aber auch,

[4] *Bischöfliche Handlung D 3, 1532 Juni 12.*
[5] *Klosterarchiv St. Peter, JJJ 78, 1552 Okt. 17.*

Bewerber zurückzuweisen, die nicht gefielen. So bildete sich in Laufen eine durch Basler Einfluss und gemeindliche Mitsprache bestimmte Praxis der Pfarrerwahl heraus.

Strengere Sitten im reformierten Laufen?

Bereits 1536 erhielten die Kirchgemeinde Laufen und die umliegenden, mit Laufen kirchlich verbundenen Gemeinden eine schriftlich fixierte Kirchenordnung. Notwendig war es, den Besuch des Gottesdienstes zu regeln: An den Sonntagen sollte sich jedermann beim Läuten der Glocken in der Kirche einfinden, um das Gotteswort zu hören. Wer nicht in die Kirche kam, wurde mit einer Strafe von 5 Schilling bedroht. Eine besondere Mahnung ging dabei an die Metzger, es mit ihrem Verkauf so zu halten, dass sie andere Leute nicht aufhielten und selbst rechtzeitig zur Predigt erschienen. Weiter äussert sich die Kirchenordnung zu Taufen, Patenschaften und zur Reichung des Abendmahls an Kranke und Sterbende. Die Abschaffung der oft ausgelassenen Kirchweihen oder Bestimmungen gegen «gotzlestern, offner hury, uberessen und trinken, verachtung des worts und der Sacramenten gottes, mutwilligklichem kriegen, wucheren, verachtung vatters unnd muters und was derglichen unverschampt[6]» zielten auf strengere Sittenzucht.

Es wäre aber wohl zu einfach, in dieser Kirchenordnung ein exaktes Abbild des kirchlichen und gesellschaftlichen Lebens im reformierten Laufen gespiegelt zu sehen. Am deutlichsten verändert im Vergleich zur vorreformatorischen Zeit hatte sich natürlich die äussere Form des Gottesdienstes. An die Stelle der häufig gefeierten Messen und der zahlreichen Feiertage trat eine nur noch an Sonntagen abgehaltene Predigt. Diese bildete, stärker als es vermutlich die Messfeier gewesen war, ein eigentliches gemeindliches Ereignis, und entsprechend starker Druck wurde denn auch auf die Gemeindeangehörigen ausgeübt, zur Predigt zu erscheinen. Der sonntägliche Kirchbesuch war leicht zu überwachen, und für diesbezügliche Versäumnisse enthält die Kirchenordnung denn auch die konkretesten Strafandrohungen.

Wiewelt aber veränderten sich – abgesehen vom sonntäglichen Anhören der Predigt – andere Bereiche des Lebens in reformatorischem Sinn? Forderungen nach besserer Sittenzucht gehörten zum festen Bestandteil reformatorischer Kirchenordnungen und fehlten auch in den Laufner Bestimmungen nicht. Bezeichnenderweise blieben aber hier nun die Strafandrohungen ganz unbestimmt: Mit Fehlbaren werde «durch die verordneten der kilchen gehandelt, dermassen das die kilch der Ergernuß abwerde und dises alles zu gut denen, so mit der sund beschwärt, damit sy dem hern nit empfallend.»[7]

In welchem Umfang tatsächlich in Laufen ein den Chorgerichten oder Bannbrüdern ähnliches Sittengericht wirkte, bleibt unklar. Jedenfalls dürfte es nicht immer leicht gewesen sein, theoretische reformatorische Forderungen nach besserer Sittenzucht in

[6] *Bischöfliche Handlung D 3, 1536 Nov. 26.*
[7] *Bischöfliche Handlung D 3, 1536 Nov. 26.*

*Statue des St. Fridolin
aus der
St. Katharinenkirche
(18. Jahrhundert)*

Einklang zu bringen mit den Realitäten des gemeindlichen Lebens, welches in vielem seine eigenen Gesetze besass.

Vom richtigen Sterben

Das untergründige Fortwirken herkömmlicher Glaubensvorstellungen kommt zum Vorschein in den Bestimmungen zum Abendmahl, das die Laufner Kirchenordnung als Mittel der Tröstung für Kranke und Sterbende zulässt: «Ob ouch yemant dantzemal deß hern nachtmal mit den sinen zehalten begerte, rechter unnd warer meynung als geistlichen den lib unnd das blut Christi zeniessen unnd also sinen glouben zestercken, uff das ime sine sünd durch das sterben christi volckomelich verzigenn, so er das mit warem hertzen bekennt und annimpt, ouch ein kuntschaft by den sinen zelassen, wie sin hertz gegen dem hern stande, darvon sy getröst sin mögen, deß sterbenden halb und hoffnung haben siner seligkeit, sol man ime dasselbig mit trüwen und andacht nit abschlachen, sonder mit hocher erbietung mitteilen.»[8]

Die Nähe zu den früher gespendeten Sterbesakramenten ist hier spürbar, und es kam auch vor, dass diese auf dem Totenbett verlangt wurden: «Und obschon der begerend sich ethlicher maßen bißhar gehalten, das man dencken möchte, er begerte es nach vordrigem bruch, nach dem ime der priester den rechten bruch mit fliß hett angezoigt und der kranck denselbigen annimpt, sol man im nüt abschlachen und willig sin mit allen vermanungen uff den hern Jesum Christum, die fürderlich sin mögen zum Eewigen leben.»[9]

Es blieb die zentrale Aufgabe auch der neuen Kirche, das richtige Sterben zu gewährleisten und so mitzuhelfen, die ständige Präsenz des Todes zu bewältigen. Ob der ans Sterbelager gerufene Geistliche Priester hiess oder Prädikant, ob er lateinische Worte sprach oder Verse aus den Psalmen las, ob er die Ölung spendete oder das Abendmahl – im Zentrum stand das unveränderte religiöse Bedürfnis nach Versicherung eines heilvollen Todes. Gerade die existentielle Bedeutung des Religiösen gab freilich auch scheinbar geringfügigen dogmatisch-rituellen Unterschieden ein grosses Gewicht. Indem das gesamte Weltverständnis von religiösen Deutungen durchsetzt war, konnte Religiosität nicht als persönliche, private Angelegenheit von anderen Bereichen des gesellschaftlich-öffentlichen Lebens getrennt werden. Wer in religiösen Dingen abwich von der herrschenden Überzeugung seiner Umgebung, löste Verunsicherung aus und wurde als Bedrohung empfunden – als Bedrohung für die gesellschaftliche Ordnung ebenso wie für das Seelenheil aller.

Kein Raum für Andersgläubige

Den Anspruch auf alleinige Gültigkeit ihres jeweiligen Glaubens erhoben die Anhänger der Reformation in gleicher Weise wie die Verteidiger der alten Kirche. So zeigt sich denn auch die Laufner Kirchenordnung unversöhnlich gegen diejenigen, welche sich den Neuerungen nicht anschliessen wollten:

«Diewil ethliche obgeschribne dörffer, als Reschentz, Walen, Tittingen unnd Zwingen, von yewelther inn die pfarrkilchen gen Louffen gehörennt, doch ethliche personen (als das Evangelium alda uffkomen und von uns angnomen) sich da geüssert und von der kilchen abzogen anderswohin Bäpstlichem und frömdem (ja dem waren Evangelio ouch unser angenomner Religion gantz zewider) gotzdienst nachgangen, ja zuvilmalen wider unser trülich warnen und manen das ethliche so es inen gelegen etwan ire kindle unns ze toüffen fürgetragen, ouch zue ziten mit uns das nachtmal des hern empfangen, nachmalen ire kindli inn usswendigen Bapstlichen pfarrkilchen (als dann noch beschicht) toüffen lassen, ouch sy an den orten das Sacrament empfangen.

[8] Bischöfliche Handlung D 3, 1536 Nov. 26.
[9] Bischöfliche Handlung D 3, 1536 Nov. 26.

Und diewil sölichs und derglichenn bishiehar unnd noch, wo dem mit der hilff gottes nit fürkomen zu bösen Conscientzen irenthalb und die nit wüssent, woran sy sind, ouch zu verderbung unser kilchen mit der Zit dienen wurde, als sich d sach ouch yetzt ansechen laßt, haben wir us hilff Gottes inn unser christlichenn versamlung einmütig und einwürdig beschlossen, ob man dise gewünnen und unser kilchen inn ruw behaltenn sy sonderlich durch verordnete personen zemanen uff das ernstlichist, das sy von irem furnemen ablassent, dann es uns nit traglich und sich dem hern und sinem wort ergebend, dann wo das nit, so wurden wir mit der zit dahin getriben, das wir etwas müßten fürnemen des touffs, des hern nachtmals und der begrebnuß halber, sy gar von unns zethund ...».[10]

Wie stark die hier erwähnte Gruppe der Altgläubigen war und wer dazugehörte, bleibt ungesagt. Offenbar fanden sie sich weniger in Laufen selber als vielmehr in den umliegenden Gemeinden. 1554 verlangte die Stadt Laufen sogar vom neugewählten Bischof Melchior von Lichtenfels, er möge dafür sorgen, dass das Gesinde des Vogtes von Zwingen sich der Laufner Kirchenordnung anpasse und zur Predigt komme. Wenn hier dem katholischen Bischof zugemutet wurde, die umfassende Geltung der reformierten Laufner Kirchenordnung auch auf die unmittelbare Umgebung des Vogtes auszudehnen, weist dies nicht nur auf den unbedingten Willen zu kirchlicher Gleichförmigkeit, sondern ebenso auf die politische Bedeutung hin, welche die Reformation für Laufen besass: Die Stadt wollte den Bischof zwingen, ihre konfessionelle Eigenständigkeit anzuerkennen und ihr im kirchlichen Bereich einen unangefochtenen Freiraum zu garantieren.

Kirchliche Autonomie – das war im 16. Jahrhundert nicht scharf zu trennen von politischer Handlungsfreiheit. Zwar dachte niemand daran, den Bischof als Landesherrn grundsätzlich abzulehnen. Aber kommunale Rechte ihm gegenüber zu behaupten oder zu verstärken, lag im Interesse der Stadt Laufen. Gegen Altgläubige wurde auch deshalb so unversöhnlich vorgegangen, weil sie die nicht immer selbstverständliche gemeindliche Geschlossenheit aufzubrechen schienen und dadurch die Position der Stadt gegenüber dem Bischof zu schwächen drohten. Die Reformation in Laufen besass somit ebenso eine religiöse wie eine politische Dimension. Beide Komponenten waren so miteinander verflochten, dass es kaum möglich ist, sie isoliert zu betrachten.

Die Gegenreformation: ein erster Versuch

Im letzten Viertel des 16. Jahrhunderts veränderten sich die Machtverhältnisse im Fürstbistum: Die zunehmende konfessionelle Polarisierung in der Eidgenossenschaft führte dazu, dass die katholischen Orte mit dem neuen Fürstbischof Jakob Christoph Blarer von Wartensee im Jahre 1580 ein Bündnis eingingen. Im Bündnisvertrag wurde dem Bischof ausdrücklich Hilfe zugesagt, wenn er in seinem Territorium Anstrengungen zur

[10] *Bischöfliche Handlung D 3, 1536 Nov. 26.*

Statue der St. Agatha (Beschützerin des Viehs), vermutlich aus der St. Martinskirche links

Madonnenstatue aus der Marienkapelle der St. Martinskirche, Spätgotik

Rekatholisierung vornehme. Als Landesherr stand ihm dieses Recht grundsätzlich zu, und zwar sowohl aufgrund des Augsburger Reichsfriedens – der Bischof war Reichsfürst – wie auch gemäss dem Zweiten Kappeler Landfrieden, der die konfessionellen Verhältnisse in der Eidgenossenschaft regelte. Keine Obrigkeit, ob katholisch oder reformiert, duldete damals in ihrem Territorium freiwillig eine andere Konfession als die von ihr vertretene. Wenn Bischof Blarer, bestärkt durch das neue Bündnis, kurz darauf nun im Birseck und im Laufental den alten Glauben wieder durchzusetzen versuchte, verfolgte er einen durchaus zeitüblichen politischen Kurs. Wo dabei das Bemühen um landesherrliche Machtverstärkung aufhörte und obrigkeitliches Verantwortungsgefühl für das Seelenheil der Untertanen begann, ist nicht unterscheidbar. In einer Person wie Bischof

Blarer wirkte beides zusammen und hatte in der Zeit auch nicht den Anschein des Widersprüchlichen.

Nach ersten Versuchen zur Wiedereinführung der Messe in Arlesheim und Pfeffingen ordnete Bischof Blarer im Februar 1582 an, dass auch in Laufen die Kirche für die Messfeier vorbereitet werde. Er kündigte sein Erscheinen an und bestellte für diesen Tag die ganze Gemeinde in die Kirche. Für Laufen bildete die Initiative des Bischofs eine gewaltige Herausforderung. Die Bürgerschaft musste eine Strategie entwickeln, um die Wiedereinführung der Messe abzuwehren, ohne dabei in der Person des Bischofs den Landesherrn anzugreifen und in den gefährlichen Zustand offener Auflehnung zu geraten. Es ist sicher anzunehmen, dass bestimmte Gruppen oder Einzelpersonen innerhalb der Bürgerschaft aufgrund ihrer sozialen oder wirtschaftlichen Stellung stärkeren Einfluss auf die politische Ausrichtung der Stadt ausübten. Führungspositionen in einer kleinen Stadtgemeinde wie Laufen liessen sich aber meist nicht so ausbauen, dass politische Entscheidungen ohne Einbezug der Gemeinde hätten getroffen werden können. Die Frage, wie man auf den vom Bischof befohlenen Besuch der Messe zu reagieren habe, war daher nicht nur in einem engeren Ratsgremium zu entscheiden, sondern musste vor der versammelten Bürgerschaft erörtert werden. Die dabei ebenfalls anwesenden evangelischen Pfarrer verlangten zunächst ein grundsätzliches Bekenntnis zur reformatorischen Ordnung, und dieses fiel einmütig aus. Hier liess massiver Mehrheitsdruck auch wohl kaum ein anderes Ergebnis zu.

Sichtbar gespalten war man hingegen in der Bürgerschaft über das konkrete Vorgehen gegenüber dem Bischof. Radikale Stimmen verlangten, dem Bischof überhaupt den Zugang zur Stadt zu verwehren. Die gemässigtere Gruppe, angeführt vom Rat und von den beiden Pfarrern, konnte sich aber durchsetzen. Man einigte sich darauf, den Bischof nicht zu brüskieren und dem Befehl zum Kirchgang zu folgen, jedoch die Kirche sogleich zu verlassen, wenn mit der Messe begonnen würde. Es entsprach dies genau den Anweisungen des Basler Rates, welcher mit dem Laufner Rat und mit den Pfarrern in dauernder Verbindung stand. Der Basler Rat musste unbedingt den Eindruck vermeiden, er unterstütze Bistumsuntertanen in einer Rebellion gegen ihren Landesherrn. Ungehorsam der Laufner sollte sich strikte beschränken auf bischöfliche Gebote zur Teilnahme an der Messe, und vor allem sollten alle gewaltsamen Handlungen unterbleiben, um dem Bischof keine Handhabe zu geben, die katholischen Orte einzuschalten.

Schiedsspruch gegen Basel

Dieses vorsichtige, Selbstbeherrschung erfordernde Vorgehen, das die Schutzmacht Basel wünschte, wurde in Laufen tatsächlich zunächst eingehalten: Am 18. Februar 1582 ritt der Bischof in der Stadt ein und verlangte in der Kirche von der versammelten Gemeinde, zum allein seligmachenden katholischen Glauben zurückzukehren. Die Gemeinde hörte sich die Rede des Bischofs an, verliess aber die Kirche, sobald die Messe begann. Bischof Blarer verfügte nicht über ausreichende Druckmittel, um die ganze Stadtgemeinde zu zwingen, der Messe beizuwohnen. Er liess sich freilich auch nicht durch diesen ersten Misserfolg von seinem Vorhaben abbringen: Die sichtbaren Zeichen des alten Glaubens, der Altarstein und weitere Altargeräte, blieben in der Kirche und wirkten als ständige Provokation, bis sich schliesslich eine Gruppe junger Männer zu einem Akt offener Gewalt hinreissen liess, in die Kirche eindrang, die katholischen Kultgegenstände hinauswarf und zerstörte. Der Konflikt – bis jetzt von politischen Rücksichten gebremst – drohte zu eskalieren.

In diesem Moment nahmen jedoch die Dinge eine Wendung, welche die Aufmerksamkeit von den Vorgängen in Laufen auf eine andere Bühne ablenkte: Die Streitsache zwischen dem Bischof, seinen reformierten Untertanen und der Stadt Basel kam aufgrund einer Basler Klage vor ein paritätisches eidgenössisches Schiedsgericht. Bischof Blarer konzentrierte sich nun darauf, im Streit mit Basel seine rechtlichen Möglichkeiten auszuschöpfen, und tatsächlich brachte ihm der in Baden gefällte Schiedsspruch einen unerwarteten Erfolg: Basel sah sich nicht nur gezwungen, für den definitiven Besitz alter verpfändeter Herrschaftsrechte des Bischofs in Stadt und Landschaft die immense Summe von 200 000 Gulden zu zahlen, es durfte in Zukunft den verburgrechteten bischöflichen Untertanen auch keinerlei Unterstützung mehr leisten. Um Basel nicht ganz zu demütigen, wurde das Burgrecht nicht formell aufgelöst, verlor jedoch jede Bedeutung.

60 Jahre lang hatte sich eine Vielzahl kleinerer und grösserer Konflikte zwischen dem Bischof und seinen Untertanen mit Basler Beteiligung – gleichsam in einem Beziehungsdreieck – abgespielt. Auch in ihrem Widerstand gegen die Rekatholisierung hatten sich die reformierten Gemeinden in den deutschen Ämtern von Basel beraten und damit in ihrem Rechtsgefühl und ihrer Entschlossenheit bestärkt gefühlt. Nun standen sie dem Bischof allein gegenüber, dessen Bewegungsfreiheit nicht nur durch das Bündnis mit den katholischen Eidgenossen, sondern auch durch den unerwarteten Geldsegen aus Basel gewachsen war. Der Bischof hatte im Vertrag von Baden zwar zugesagt, die reformierten Gemeinden nicht zur Rückkehr zum alten Glauben zu zwingen, sich aber vorbehalten, neben dem reformierten Gottesdienst auch den katholischen einzurichten. Was dies konkret bedeutete, wurde in Laufen bald spürbar.

Erfolgreiche Rekatholisierung

Während der juristischen Auseinandersetzung mit Basel und in den ersten drei Jahren nach Abschluss des Badener Vertrages hatte der Bischof aus taktischen Gründen an den konfessionellen Verhältnissen in Laufen nicht mehr gerührt. Nun aber, im Frühling 1588, ordnete er an, dass in der Laufner Kirche wieder ein Altar aufgestellt werde. Gleichzeitig kündigte er dem evangelischen Prädikanten Tobias Rupp, dessen Pfarrstelle ja vom Domkapitel besetzt werden konnte. Die Pfleger des Basler Petersstiftes versuchten zwar noch, den erfahrenen Tobias Rupp in Laufen zu halten, indem sie ihn ins Helferamt an der Katharinenkapelle einsetzten, der zweiten Laufner Pfarrerstelle, deren Kollatur dem Basler Petersstift zustand. Der Bischof bestand jedoch darauf, dass Rupp Laufen verlasse, und angesichts der energischen Willensäusserung des Landesfürsten konnte sich der Pfarrer nicht halten.

Rupp wurde vom Bischof durch einen gefügigeren Nachfolger ersetzt, den aus der Markgrafschaft stammenden ehemaligen Schulmeister Stephan Schmid, dessen lutherische Ausrichtung nicht mehr mit dem neuerlichen Kurs der Basler Kirche zusammenpasste und eine Zusammenarbeit praktisch verunmöglichte. Formal tat der Bischof freilich den Forderungen des Vertrages von Baden Genüge, wonach er den evangelischen Gottesdienst in Laufen nicht verhindern durfte. Mit der Person von Schmid hatte er aber die Pfarrerstelle bewusst so schlecht besetzt, dass die Qualität der evangelischen Seelsorge sank und der Pfarrer nicht mehr zu einer Führungsfigur im Widerstand gegen die Rekatholisierung werden konnte: Schmid selber räumte wenige Jahre später seine Stelle kampflos, ja geradezu als Helfer des Bischofs – vermutlich so, wie Blarer es ihm von vornherein zugedacht hatte.

Dafür gab sich Blarer umsomehr Mühe, fähige katholische Geistliche nach Laufen zu ziehen. Interimsweise wirkte hier der dem Luzerner Jesuitenkollegium angehörende Pater Jodocus Ittäus, der es offenbar verstand, katholische Glaubenslehren so subtil einzuführen, dass er die Angesprochenen nicht vor den Kopf stiess. Pater Jodocus konnte aber wohl vor allem auch deshalb Erfolge verzeichnen, weil der Widerstand der Laufner Stadtgemeinde gegen die bischöfliche Rekatholisierungspolitik 1588 deutlich zaghafter ausfiel als noch 1582. Die gemeindliche Geschlossenheit, die sich noch vor einigen Jahren in dramatischen Versammlungen der Bürgerschaft gezeigt hatte, war nicht mehr herzustellen.

Die Gründe für das Abbröckeln der Opposition lassen sich vermuten, wenn auch im einzelnen nicht ganz exakt nachweisen: Ausschlaggebend dürfte die Entkräftung des Basler Burgrechts und damit das Wegfallen der Basler Unterstützung gewesen sein. Zwar hatte Basel auch 1582 keine eigentliche materielle Hilfe leisten können, aber bereits politischer Beistand und juristische Beratung trugen dazu bei, dass sich in Laufen eine selbstbewusste Widerstandshaltung bildete und ein verbreitetes Gefühl entstand, man widersetze sich dem Bischof mit vollem Recht. 1588 gelang es nun dem Bischof nicht nur, den evangelischen Pfarrer zu entlassen, sondern auch potentielle Führungspersonen, unter ihnen den Laufner Meier Bartlome Frey, festzunehmen und einzuschüchtern, als sie versuchten, in Basel Hilfe zu suchen. Reaktionen der Gemeinde auf dieses massive Vorgehen des Bischofs blieben aus – in deutlichem Unterschied zur Empörung, welche beispielsweise die erste Messfeier sechs

Jahre zuvor noch verursacht hatte. Der kompromittierte Meier Frey und die anderen Verhörten spürten, dass sie sich nicht mehr auf ungebrochenen Rückhalt in der Bürgerschaft verlassen konnten. Sie beeilten sich, gegenüber dem Bischof die Kontaktaufnahme mit Basel zu bereuen, und beschuldigten den entlassenen Pfarrer Tobias Rupp, sie zu dem Schritt verleitet zu haben.

Der Bischof seinerseits zögerte nicht, die zunehmende Verunsicherung in der Laufner Bürgerschaft zu verstärken. Geschickt setzte er abwechselnd Lock- und Druckmittel ein, um die Zahl derer zu vergrössern, die nun den katholischen Gottesdienst besuchten. Mit unnachsichtigem Schulden- oder Busseneinzug konnte er den evangelisch Gesinnten ebenso drohen wie mit vergünstigten Getreidegaben diejenigen ermuntern, die zur Messe gingen. Als besonders wirksam erwies sich das Verbot für die Evangelischen, ihre Toten auf dem Friedhof bei der Pfarrkirche ausserhalb der Stadt zu beerdigen. Verstorbene in ungeweihter Erde zu begraben, löste – unabhängig von der Konfession – tiefe Ängste aus. In welche innere Zwangslage dadurch beispielsweise ein Metzger und seine Frau gerieten, deren Kind bei der Geburt starb, zeigt der folgende Bericht:

«... er, metzger, [habe] den herren Obervogt befragt, ob er daßelb [Kind] in den pfarrkirchhof begraben dörfte. Habe Obervogt von ihm wüssen wollen, ob er Bapistisch seie, oder nit, dann auf dem Pfarrkirchhof niemandt, so deß Bischofs glauben zewider, begraben werde. Habe metzger darauf geantwortet, das er schon etlich mol die Bapistisch predig besucht, gefiel ihm sollich lehr unnd wesen wol, were derwegen fürthin mit weib unnd kinden in dieselb kirchen zugehn bedacht. Harauf hab ihm Obervogt sein kindt an einem sonderparen ort deß Pfarrkirchhofs wie es im Bapstumb gebreüchlich, zu begraben nit abgeschlagen. Sei mit ihm, dem metzger gar khein zwang noch gwalt gebraucht worden.»[11]

Konfessionswechsel als Machtfrage

Um 1590 gab es in Laufen keinen eigentlichen evangelischen Gottesdienst mehr. Für die schwindende Zahl derjenigen, die nicht zur Messe gingen, blieb nur die Möglichkeit privater Zusammenkünfte oder des Predigtbesuchs im baslerischen Bretzwil. Es war eine Frage der Zeit, bis das im Verlauf von 60 Jahren ausgebildete reformierte kirchliche Leben gänzlich abgelöst wurde durch katholische Glaubenspraxis.

Gewalt im Sinne eines Verbotes des reformierten Bekenntnisses oder einer eigentlichen Verfolgung reformierter Überzeugungen hat Bischof Blarer nicht ausgeübt. Der Konfessionswechsel erfolgte jedoch eindeutig unter Druck, unter berechnendem und rücksichtslosem Einsatz aller obrigkeitlichen Machtmittel, die Blarer zur Verfügung standen. Die Vorstellung, dass es nur einen richtigen Glauben gebe, bestimmte sein Handeln ebenso, wie in den vorangehenden Jahrzehnten die Gemeinde Laufen Druck auf diejenigen ausgeübt hatte, die sich ihrer Kirchenordnung

*Sakraments-
monstranz von
Andreas Rutenzwig,
1508*

[11] *Klosterarchiv St. Peter, JJJ 78*

Vortragskreuz (für Prozessionen), 1605

nicht unterwarfen. Laufen verlor nicht so sehr individuelle Glaubensfreiheit – die hatte die reformierte Stadt den Altgläubigen ebenfalls nicht gewährt – sondern ein Stück gemeindlicher Autonomie im kirchlichen Bereich.

Eine bestimmte konfessionelle Ausrichtung entsprang meist nicht so sehr der persönlichen Gewissensentscheidung der Einzelnen, sondern orientierte sich an dem, was die Gemeinschaft vorgab. Sich einer reformiert gesinnten Strömung innerhalb der Gemeinde anzuschliessen oder dem Druck eines offensichtlich entschlossenen Landesherrn nachzugeben, lag nahe beieinander. Nur so ist es verständlich, dass der Prozess des Konfessionswechsels in Laufen verhältnismässig schnell ablief. Es brauchte nicht Hunderte individueller Konversionen. Es genügte bei einigen ein Unsicherheit stiftendes Zögern, bei anderen resignierende Einsicht in momentan veränderte Machtverhältnisse, um die vorher so manifeste Widerstandshaltung in Ergebung zu verwandeln.

In politischer Hinsicht bedeutete die Gegenreformation eine Stärkung der geistlichen wie auch der weltlichen Macht des bischöflichen Landesherrn. Eine gemeinsame Oppositionshaltung der reformierten Gemeinden im Laufental und im Birseck – theoretisch immerhin denkbar, wenn auch praktisch schwierig – entwickelte sich nicht einmal in Ansätzen. Die Laufner Stadtgemeinde gab dem Fürstbischof schliesslich in der Konfessionsfrage ohne entscheidende Kraftprobe nach, weil angesichts der damaligen Machtkonstellation für die Stadt wenig Aussicht bestand, sich in diesem Bereich gegen den Bischof langfristig zu behaupten. Allerdings: so leicht Widerstand sich aufzulösen schien, so schnell konnte er sich bei anderer Gelegenheit wieder neu bilden. Die erfolgreiche Rekatholisierung machte Laufen nicht auf Dauer zu einer besonders gehorsamen Stadt.

Hans Berner

Quellen:

Bischöfliche Handlung D 3, Staatsarchiv Basel (StABS)
Klosterarchiv St. Peter, JJJ 78, StABS

Literatur:

Aktensammlung zur Geschichte der Basler Reformation, Band 3
Berner, Hans: «die gute correspondenz». Die Politik der Stadt Basel gegenüber dem Fürstbistum Basel in den Jahren 1525–1585, Basel 1989
Blickle, Peter (Hg.): Zugänge zur bäuerlichen Reformation, Zürich 1987
Brotschi, Wilhelm: Der Kampf Jakob Christoph Blarers von Wartensee um die religiöse Einheit im Fürstbistum Basel (1575–1608). Ein Beitrag zur Geschichte der katholischen Reform, Freiburg/Schweiz 1956
Gauss, Karl: Die Reformation im baslerisch-bischöflichen Laufen, in: Basler Jahrbuch 1917, p. 37–96
Gauss, Karl: Die Gegenreformation im baslerisch-bischöflichen Laufen, in: Basler Jahrbuch 1918, p. 31–76; 1919, p. 91–155

Abbildungsnachweis:

1,3: Laufentaler Museum
2, 4–6: Kleiner Kunstführer durch die Stadtkirche St. Katharina in Laufen, Laufen 1978

Grenzen in Stein gehauen
Von Grenzsymbolen und -konflikten im fürstbischöflichen Amt Laufen und Zwingen

Eines der kunsthistorisch wohl interessantesten weltlichen Gebäude Laufens steht am Vorstadtplatz. Es wurde im 17. Jahrhundert von Johann Franz von Roggenbach, Vogt in Zwingen, erbaut und diente später als Schulhaus, Arztpraxis und Spital, heute als Gemeindeverwaltung (1974–76 renoviert). Dass der Vogt seinen Sitz ausserhalb der Mauern nahm, lag auf der Hand, hatte er doch in der Stadt von Amtes wegen nichts zu suchen, denn dort galt eine eigene Rechtssprechung. Johann Franz von Roggenbach allerdings brauchte den Fürstbischof, von dem er ja auch eingesetzt worden war, nicht zu fürchten, handelte es sich doch um seinen Bruder Johann Konrad von Roggenbach, welcher 1656 bis 1693 in Porrentruy herrschte.

«Bildete auch die Stadt einen relativ autonomen Herrschaftsraum, so bestimmte letztlich doch der Fürstbischof als Landesherr die Grenzen, nicht nur jene der Stadt. So hat auch Fürstbischof Johann Konrad von Roggenbach aus dem fernen Porrentruy im Tal sichtbare Spuren hinterlassen, die allerdings längst nicht so prunkvoll wie das Haus seines Bruders sind, und die sich zum Teil auch nicht so leicht finden lassen: Mindestens vier Grenzsteine sind es, die erhalten geblieben sind und die sein Wappen tragen. Zwei davon stehen auf Röschenzer Bann in den Niederen Ammergersten und tragen die Jahrzahl 1674[1], ein drittes Exemplar trotzt der Zeit ausgangs des Röschenz Tannig an der Grenze zur Gemeinde Liesberg[2]. Der vierte Stein steht neben der Strasse von Wahlen nach Grindel, am Aufstieg zum Bännlifels[3]. Möglicherweise zeigt auch der Dreiländerstein in der Tüfleten bei Duggingen das Wappen der Roggenbach[4].

Im Streitfall vor den Vogt

Die Grenzen markierte damals der Fürstbischof, über die Einhaltung aber hatte ein Vogt zu wachen. Dies geht klar hervor aus einem «Ausmarkungs Spruch in streitigen Bans Sachen»[5] vom 20. September 1549. Damals lagen sich «Liessperg», «Lütterßtorff» (Courroux) und «Sollendorff» (Courcelon) zum zweiten Mal in den Haaren. Die beiden Dörfer Courroux und Courcelon, in denen bis ins letzte Jahrhundert Eisen abgebaut wurde, bildeten seit je her zusammen eine Gemeinde. Schon im 14. Jahrhundert hatte ein bischöflicher «Pfläger» einen Grenzstreit mit Liesberg entschieden, die Grenze festgelegt und einige Steine setzen lassen.

Zankapfel anno 1549 war das Gehöft Spitzenbüel, auf welches Courroux und Courcelon Anspruch erhoben. Das eingesetzte Schiedsgericht bestand aus dem «Edlen vesten Erasimus Sigellmann vogt zu porentrutt als der obmann, Syffryd freysenn, Burgermeister, Hüglin huge, Jörg Nussbaum Burger zu Delsperg,

[1] *Steine Nummer 12 und 13, vergleiche Inventar der Grenzsteine 1985.*
[2] *Stein Nummer 22, mit Jahrzahl 1688, a.a.O.*
[3] *Stein Nummer 101, auf 1755 nachdatiert, a.a.O.*
[4] *Stein Nummer 40, nachdatiert 1753 und 1781, a.a.O.*
[5] *Copia eines Spruchs, 20. September 1549*

Hans König, Schaffner zu Zwingen, Albrecht Schumacher Burger zu Lauffen und Reinhart Im Hoff maiger zu Tittingen, als underthädinge, Iren missverstandnuss zu entschaiden ...»[6].

Die Liesberger Abordnung legte dem Schiedsgericht einen 200 Jahre alten Brief vor, der nach dem ersten Streit abgefasst worden war. Zwar bekamen sie Recht, aber Grund dafür war nicht etwa der besagte Brief, der im Gegenteil für ungültig erklärt wurde: «Item die erst marchen pleiben soll wie es der alt brieff entscheiden hatt, und hiemit dieser alt brief thodt und ab sin soll ...». Grund für den Liesberger Sieg war ein ganz anderer: In der Nähe des Spitzbühl nämlich, «do stat ein marchsteinn in mitten des boden gesetzt, mit zweyen schlecht Crütz gezeichnet ...». Das eine Kreuz zeigte hinab auf «sanct Niclaus matten», das andere hinauf zum nächsten Grat, wo sich auf einem andern Stein ebenfalls zwei Kreuze fanden, wobei das eine zurück auf den ersten Stein wies, das zweite auf einen weiteren Stein – und so fort. So wie diese Steine es anzeigten, «also sollendt die zwei Bänn, Liesperg und Lütterstorff von einander gescheiden sein»[7].

Grenzstein mit Wappen des Fürstbischofs Johann Konrad von Roggenbach (1656–1693)

[6] a.a.O.
[7] a.a.O.

Dieser Schiedsspruch zeigt klar, dass die steinernen Grenzmarkierungen höher bewertet wurden als papierne Verträge. Grenzsteine wurden denn in der Regel auch gesichert: Beim Setzen wurde im Fundament des Steines eine Tontafel zerbrochen, die bezeugte, dass der Stein am richtigen Ort stand. Ein Stein liess sich zwar versetzen, doch den Tonscherben sah man immer an, ob sie an Ort und Stelle zerbrochen worden waren oder anderswo. Über den Frevel des mit hoher Strafe bedrohten Grenzsteinversetzens ist aus dem Laufental nichts bekannt, abgesehen von jenem Vorkommnis aus jüngster Zeit, da ein Einwohner von Burg einen Stein mit Berner Wappen entwendete und in seinen Garten setzte[8].

Was aber war zur Zeit der Fürstbischöfe und ihrer Vögte der Grund für Grenzstreitigkeiten? Beispielsweise der: Im Jahre 1756 stritten die Zwingner mit den Brislachern wegen des Weidgangs in der Allmend. Teile des Banns waren verkauft worden, doch richtete nun das Vieh auf dem Weg zur Weide Schaden auf fremdem Boden an, weshalb die Zwingner Viehhalter zu einem Umweg angehalten wurden. Die Zwingner wollten darauf

Grenzzeichen Nummer 15 (1761) mit Wappen des Fürstbischofs Jakob Rink von Baldenstein (1744–1762)

die umstrittene Parzelle zurückkaufen, waren aber dazu nicht imstande, weil die Brislacher einen horrenden Preis forderten[9].

Symbole der fürstbischöflichen Herrschaft

Zur Zeit dieses Streites respektive kurz davor, nämlich von 1744 bis 1762, herrschte im Tal und in der Stadt Laufen Fürstbischof

[8] *Stein Nummer 22 unter dem Galgenfels in Burg, 1977 ersetzt durch einen Granitstein mit den Buchstaben F und S; vergleiche Inventar der Grenzsteine 1985.*
[9] *Scherrer, Alfred: Die Herrschaft Zwingen, das Schloss und seine Geschichte, Bann und Dorf, die Bewohner, Handwerk, Gewerbe und Industrie, Laufen 1963*

Wilhelm Jakob Rink von Baldenstein. Einem seiner Vorfahren mit gleichem Namen und ebenfalls Fürstbischof hat die Stadt Laufen die Katharinenkirche zu verdanken. Als nämlich die Schweden im Dreissigjährigen Krieg die St. Martinskirche zerstörten, wurde die Katharinenkapelle zur Pfarrkirche ausgebaut und 1699 durch den Bischof geweiht. Das Wappen der Rink von Baldenstein ziert noch heute die Wand oberhalb der hinteren Seitentüre der spätbarocken Kirche.

Der spätere Rink von Baldenstein war ein emsiger Grenzsteinsetzer. 31 Steine mit seinem Wappen sind erhalten geblieben sowie eine Markierung in einer Felswand in den bereits erwähnten Niederen Ammergersten[10]. Fünf Steine finden sich zwischen Liesberg und Kleinlützel, fünf an der Banngrenze zu Bärschwil, 13 zwischen Brislach (östlich der Lüssel) und der Tüfleten bei Duggingen, zwei zwischen Roggenburg und Kleinlützel, der Rest an der Südgrenze Metzerlens. Sie alle tragen die Jahrzahlen 1753, 1754, 1755 oder 1761. Ein einziger Stein ist auf 1868 nachdatiert[11]. Dazu kommen vier weitere Steine mit dem Wappen der Rink von Baldenstein, allerdings nicht fürstbischöflichen Ursprungs, da nicht viergeteilt. Einer davon steht nördlich, zwei stehen südlich der Lützel[12] in der Gegend der Lützelhollen. Alle tragen die Jahrzahl 1622; ein vierter findet sich nahe der Bachmatt im Bann Wahlen[13]. Die ersten drei könnten noch von Johann Jakob Rink von Baldenstein stammen, der als bischöflicher Landvogt auf Schloss Birseck hauste. Er starb 1640, sein Sohn war der genannte Wilhelm Jakob (der erste), der die Katharinenkirche weihte, übrigens der zweite Bischof seines Geschlechts.

Neue Zeiten – neue Zeichen

Damit ist die Aufzählung von Grenzsteinen, welche adlige Wappen tragen, bereits beendet. Mehr gibt es nicht und es ist fast ein Wunder, dass so viele bis heute überdauert haben. Nach dem Einmarsch der Franzosen 1793 wurden adlige Wappen verboten, alle sichtbaren Zeichen der Adelsgeschlechter wurden zerstört. An der Grenze des Bezirks finden sich viele Steine, die auf diese Weise verstummt oder erblindet sind. Eine stattliche Anzahl hat jedoch überlebt. Weil alle Relikte, die an den Adel erinnerten, eliminiert wurden, musste auch das oben erwähnte Wappen der Rink von Baldenstein in der Katharinenkirche versteckt werden.

Aus der Revolutionszeit ist noch ein weiterer Grund überliefert, warum Grenzen so wichtig waren. In der Reisebeschreibung von Rudolf Samuel Hentzy steht Interessantes vom Stürmenkopf, der allerdings fälschlicherweise «Stiere-Köpfli» genannt wird: «Man sagte mir, dass man versucht habe, in dieser Umgebung Erdkohleminen zu betreiben; aber es scheint, dass dieses Unternehmen ohne jeden Erfolg geblieben ist. Es wäre indessen sehr wichtig, den Waldmangel, der im Fürstbistum schon sehr spürbar wird, wenn möglich auszugleichen; die Art der Forstverwaltung seit der französischen Besetzung hat den Ruin der Wäl-

---

[10] *Stein Nummer 15, 1761, vergleiche Inventar der Grenzsteine 1985.*
[11] *Stein Nummer 38, ob dem Ringrain in Liesberg, a.a.O.*
[12] *Steine Nummer 16, 18 und 21, a.a.O.*
[13] *Stein Nummer 97, 1676, a.a.O.*

der, der seit mehr als einem Jahrhundert im Gange war, beschleunigt.»[14]

Die Franzosen wird das wenig gekümmert haben. Sie zerstörten alte Steinmetzarbeiten, führten in Laufen ein lasterhaftes Leben und ritten unter anderem die Herberge «Zur Sonne» in den Ruin. Denn sie hatten es sich laut Hentzy «zur Gewohnheit gemacht, sich in den Gasthöfen sehr gut bedienen zu lassen und sehr schlecht zu bezahlen; oft nahmen sie sogar das Tischtuch und die Servietten mit. Das war bei vielen der besten Herbergen der Grund zum Schliessen. Bei meinem letzten Aufenthalt in Lauffen 1796 gelang es mir nur mit grosser Mühe, ein Nachtlager im Wirtshaus ‹Poulain› zu finden, das früher als grosse Herberge unter dem Namen ‹Rössli› bekannt war. Trotz der Bescheidenheit des neuen Namens war der ganze Stab der Garnison, Männlein und Weiblein, dort untergebracht. Er bestand aus einem Feldweibel, einem Tambouren und einem Fräulein aus Strassburg, das der Armee folgte, um sich im Geiste und im Herzen zu bilden.»[15]

Wappenrelief des Fürstbischofs Wilhelm Jakob Rink von Baldenstein (1693–1705) in der St. Katharinenkirche

[14] Hentzy, Rudolf Samuel: Promenade pittoreque dans l'Evêché de Bâle, aux bords de la Birse, de la Sorne et de la Suze, Dordrecht 1820
[15] a.a.O.

Die Fürstbischöfe hätten dies wohl nicht gerne gesehen, doch mit der französischen Revolution ging ihre weltliche Herrschaft im Tal für immer zu Ende.

Dieter Leutwyler

Quellen

Copia eines Spruchs oder Vertrages brief zwischen denen von Liesperg, Lütterstorff und Solendorf des spanen halben zwischen ihren Bännen, 20. September 1549, in: B 234/8 Herrschaft Laufen und Zwingen, Verschiedenes, Archives de l'Ancien Evêché de Bâle (AAEB) in Porrentruy
Fürstbischöfliche Wappen, in: Mappe Grenzen F, Staatsarchiv Basel
Hentzy, Rudolf Samuel: Promenade pittoresque dans l'Evêché de Bâle, aux bords de la Birse, de la Sorne et de la Suze, Dordrecht 1820
Inventar der Grenzsteine des Amtsbezirks Laufen, erstellt von Dieter Leutwyler im Auftrag von Oberförster Paul Kümin, Laufen 1985

Literatur

Bezirkskommission des Laufentals (Hg.): Das Laufental - eine Bestandesaufnahme, Laufen 1976
Heitz, August: Grenzen und Grenzzeichen der Kantone Basel-Stadt und Basel-Landschaft, Liestal 1964
Kleiner Kunstführer durch die Stadtkirche St. Katharina in Laufen, hg. von der Christkatholischen Kirchgemeinde Laufen, Laufen 1978
Leimgruber, Walter: Zur Entstehung der Basler Bistumsgrenzen. Ein Beitrag zur frühen Geschichte der Diözese Basel, in: Regio Basiliensis 9, 1968, p. 436–439
Scherrer, Alfred: Die Herrschaft Zwingen, das Schloss und seine Geschichte, Bann und Dorf, die Bewohner, Handwerk, Gewerbe und Industrie, endgültig bearbeitet und zusammengestellt von Leo Jermann, Laufen 1963

Abbildungsnachweis:

1–2: Hannes-Dirk Flury, Basler Zeitung, Basel
3: Kleiner Kunstführer durch die St. Katharinenkirche in Laufen, Laufen 1978

Kleinstadt in Bewegung

Ein- und Auswanderung im Wandel der Jahrhunderte

Die Gemeinde, in der wir leben, das Volk, zu dem wir uns zählen, die Nation, der wir angehören, wirken auf uns in der Regel konstant, unveränderlich, zeitlos. Wir sind an ein bestimmtes Erscheinungsbild und an eine bestimmte Zusammensetzung dieser Gemeinschaften gewöhnt, sind ihnen gefühlsmässig verbunden und empfinden es als unnatürlich, störend oder gar bedrohlich, wenn sich daran etwas ändert. Wenn etwa Menschen aus weit entlegenen Gebieten zuwandern – möglicherweise noch in grösseren Gruppen – und neue kulturelle Elemente mitbringen, vielleicht sogar durch ihre Anwesenheit oder durch ihr Wirken unsere Gemeinschaft ein wenig mitzuprägen vermögen.

Gerade in solchen Situationen vergessen wir gerne, dass menschliche Gemeinschaften natürlicherweise keineswegs konstant sind, sondern sich laufend – meist unmerklich – verändern und weiterentwickeln. Was wir als Volkscharakter bezeichnen, ist so nichts anderes als ein momentaner Zustand und genauso das Resultat jahrhundertelanger Volksvermischung, entstanden durch eine Unzahl kleiner und kleinster Wanderungsbewegungen, wie wir selbst als Individuen und als Gemeinde.

Mit diesen Bevölkerungsbewegungen auf dem Gebiet der Stadt Laufen beschäftigt sich der folgende Artikel. Es stehen dabei die Fragen im Vordergrund, welche Wanderungsbewegungen im Raum Laufen seit der offiziellen Gründung der Stadt im Jahr 1295 stattgefunden haben, welches ihre Ursachen waren und wie die ansässige Bevölkerung jeweils darauf reagierte. Der Begriff der Wanderung oder Migration ist in diesem Zusammenhang bewusst weit gefasst und bezieht sich auf jede kleinere oder grössere, plötzliche oder allmähliche, definitive oder auch nur vorübergehende Standortveränderung von Menschengruppen im Umfeld der Stadt.

Die Stadt lockt

Migration steht bereits am Anfang der Laufner Geschichte. Wenn die Stadt, wie es der Freiheitsbrief von 1295 andeutet, erst mit ihrer Gründung durch Bischof Peter Reich von Reichenstein zu existieren begann, musste sie durch den Zuzug von Siedlern bevölkert werden. Diese Zuzüger dürften aus der unmittelbaren Umgebung, mehrheitlich sicher aus dem Gebiet des Dinghofes gekommen sein, einzelne aber durchaus auch von weiter her. Das ist etwa anzunehmen für die von der interessanten Verkehrslage angelockten Handwerker und Gewerbetreibenden, aber auch für die vom Bischof als Obrigkeit eingesetzten Untervögte, die Meier. Diese mussten in Laufen ihren Wohnsitz nehmen, entstammten aber in der Regel auswärtigen Adelsgeschlechtern, so die Hertenstein aus dem Luzernischen oder die Staal aus dem Solothurnischen.

Aber auch wenn sich vor der Gründung der Stadt an ihrer Stelle bereits eine Siedlung befunden haben sollte, dürfte Laufen – wie die meisten mittelalterlichen Städte – auf den permanenten Zuzug von Auswärtigen angewiesen geblieben sein. Diese suchten hier neue Verdienstmöglichkeiten, wohl aber auch die Freiheiten der Stadtbürger. Dass dieser Zuzug auch tatsächlich stattfand und der Flecken Laufen damit über die Grösse eines mittelalterlichen Dorfes hinauswuchs, belegen die Schätzungen von A. Quiquerez, der auf Grund der Anzahl Haushaltungen für das Jahr 1580 eine Bevölkerungszahl von (minimal) 570 Personen annimmt. Damit ist Laufen der grösste Ort im Laufental und um ein Mehrfaches grösser als der nächstgrössere Ort Röschenz mit damals etwa 165 Einwohnern[1].

Beschränkter Platz

Diesem Zustrom von Menschen gegenüber vertrat die Stadt eine zurückhaltende und zuweilen restriktive Politik. Denn zum einen war der Platz innerhalb der Mauern beschränkt und eine Ausdehnung des Stadtgebietes aufgrund der Herrschaftsverhältnisse nicht denkbar. Zum anderen sollten auch die Nutzungsrechte der Stadtbewohner an Wald und Weide nicht zu stark aufgesplittert, also der Besitzstand der Bürger beschnitten oder eine Übernutzung der Wirtschaftsfläche gefördert werden.

Schliesslich hatte die Stadt auch kein Interesse daran, minderbemittelte Menschen anzulocken, die dann der städtischen Armenfürsorge zur Last fielen. Deshalb war das Recht auf Niederlassung und Einbürgerung in der Regel an den Nachweis von Besitz, in der Regel denjenigen eines Hauses innerhalb der Stadtmauern gebunden. Dass aber selbst das noch keine Einbürgerung garantierte, belegt die Beschwerde des Bartholomäus Gutmann aus Basel, der sich im Jahr 1560 beim Bischof darüber beklagte, dass ihm die Laufner Stadtregierung das Bürgerrecht verweigerte (die Gründe dafür sind leider nicht bekannt)[2].

Interessant ist in diesem Zusammenhang das Verhältnis zwischen Laufen und der Vorstadt. Da die Stadt aus dem Gebiet des Dinghofs herausgeschnitten worden war, unterstanden die Menschen beiderseits der Stadtmauer unterschiedlichen Herrschafts- und Rechtsordnungen, obwohl sie gewissermassen Tür an Tür wohnten. Dass die beiden Menschengruppen bei dieser Nähe zur gegenseitigen Durchmischung tendierten, liegt nahe, wurde aber sowohl vom städtischen Rat als auch vom bischöflichen Vogt in Zwingen ungern gesehen. Beide Autoritäten bemühten sich deshalb aus politischen und administrativen Gründen um Abgrenzung und Eindämmung dieser Kleinstmigration.

Inwieweit es dennoch zu einer Durchmischung der Bevölkerung kam, lässt sich anhand mittelalterlicher Quellen nicht ermitteln, doch zeigt ein Rechtsstreit aus dem 18. Jahrhundert, dass die

[1] Gallusser, Werner A.: Studien zur Bevölkerungs- und Wirtschaftsgeographie des Laufener Juras, Basel 1961, p. 36 f.
[2] Beschwerde des Bartholomäus Gutmann

Vermischung bis zu diesem Zeitpunkt sehr weit fortgeschritten war. Als nämlich im Jahr 1785 die Vorstadtgemeinde die Kosten für die Benutzung und den Unterhalt des Vorstadtbrunnens auf alle Einwohner der Vorstadt gleich zu verteilen suchte, weigerten sich die in der Vorstadt wohnenden Stadtbürger, dieser Aufforderung Folge zu leisten. Aus den Prozessakten ist ersichtlich, dass von den 52 in der Vorstadt lebenden Familien nicht weniger als 32 aus der Stadt stammten. Ähnliche Fälle – mit umgekehrten Vorzeichen – sind auch aus der Stadt selbst bekannt[3].

Amtshausplatz mit Brunnen (August Cueni) links

Obertor mit Vorstadt-Brunnen (A.C. 1921) rechts

Bettler nicht erwünscht

Neben diesen Siedlungsmigranten gab es im Mittelalter aber auch eine beachtliche Anzahl von Menschen, die zu einem dauerhaften Nomadendasein gezwungen waren oder dies freiwillig auf sich nahmen. Zur ersten Gruppe zählten vorab die Armen, die bettelnd durchs Land zogen und von der für Christen verbindlichen Mildtätigkeit lebten. Im Spätmittelalter gingen die Städte jedoch vermehrt dazu über, die Bettler in ihren Mauern auf ihre Arbeitsfähigkeit und ihre Herkunft hin zu überprüfen und die Unerwünschten unter ihnen in regelmässigen Bettelfuhren an die nächste Grenze zu setzen, wenn möglich sogar in ihre Heimatgemeinde zurückzuschaffen. Solche Fuhren sind in Laufen bis zum Ende des 18. Jahrhunderts belegt.

[3] *Hof, Fritz: Aus der Geschichte der Vorstadtburgergemeinde Laufen, Laufen 1973, p. 17*

Zur zweiten Gruppe zählten die Bettelmönche, die Dominikaner und Franziskaner, die entlang der wichtigen Verkehrsrouten Herbergen für ihre wandernden Brüder unterhielten. Solche Herbergen, die sich mehrheitlich im Besitz der Basler Klöster befanden, sind in Laufen schon im 14. Jahrhundert zahlreich belegt[4]. Die meisten von ihnen waren Schenkungen vermögender Bürger und Adliger, die sich so die Fürbitte der Kirche für das eigene Seelenheil sichern wollten. Diese Zuwendungen belegen die grosse Akzeptanz des Bettelmönchtums im Mittelalter.

Doch in dem Masse, wie die Rechtmässigkeit der Bettelei an sich von den städtischen Bürgern kritischer betrachtet und schliesslich verneint wurde, wandelte sich auch das Image der kirchlichen Berufsbettler. Dominikaner und Franziskaner verloren bis zum Ausgang des Mittelalters in vielen Städten den Rückhalt der finanzkräftigen Schichten und wurden eher als Schmarotzer denn als Heilsbringer betrachtet.

Glaubensflüchtlinge finden Zuflucht

Die scheinbar ruhigen und kontinuierlichen migrativen Prozesse in der Laufner Bevölkerung erhielten mit dem Einsetzen der Reformation eine ungeahnte Dynamik. Durch die Aufnahme ins Basler Burgrecht 1525 entzog sich die Stadt faktisch der Oberhoheit des Bischofs, ohne aber ganz unter die Kontrolle Basels zu geraten, und stellte so einen beinahe autonomen Bereich dar. Dieser zog natürlich all diejenigen Menschen magnetisch an, die in den umliegenden Gebieten verfolgt wurden oder sich in ihrer Freiheit eingeengt fühlten: Glaubensflüchtlinge, Enttäuschte aus der Bauernerhebung von 1525, aber sicher auch Kriminelle im landläufigen Sinn.

Begünstigt wurde dieser Zuzug durch die in dieser Phase liberale Einbürgerungs- und Niederlassungspraxis des Laufner Rats, der sich durch die Aufnahme dieser Zugeströmten eine Stärkung in der Auseinandersetzung mit dem Bischof versprach. Die schleichende Reformierung der Stadt zog wahrscheinlich auch einige Wiedertäufer an, die sich von der toleranten Haltung der Laufner Obrigkeit Schutz vor ihren katholischen und zunehmend auch reformierten Verfolgern erhofften. Namentlich bekannt sind etwa der Schuhmacher Kaspar Heinrich und der Sattler Veit Oettlin, die beide aus dem Baselbiet nach Laufen kamen, weil sie sich hier sicherer fühlten als unter der Obhut der Stadt Basel, die vor allem seit Einführung der Reformationsordnung im Jahr 1529 einen zunehmend härteren Kurs gegen die Wiedertäufer steuerte. Die beiden Flüchtlinge mussten denn auch, als sich der Einfluss Basels in Laufen gefestigt hatte, ihren Zufluchtsort wieder verlassen, um nicht ertränkt zu werden[5].

Bereits früher allerdings hatte sich Basel besorgt gezeigt über die scheinbar wahllose Aufnahme von Fremden in Laufen und ihren neuen Untertanen im Jahr 1526 nahegelegt, die «frömbden banditen» aus der Stadt zu entfernen[6]. Mit der Klärung der Situation in der Stadt Basel im Jahr 1529 und dem Übergang des

[4] *Einwohnergemeinde Laufen (Hg.): Laufen. Geschichte einer Kleinstadt, Laufen 1986, p. 24f.*
[5] *Einwohnergemeinde Laufen 1986, p. 35f.*
[6] *Einwohnergemeinde Laufen 1986, p. 34*

nun reformierten Rates zu einer strikteren Ordnungspolitik gestaltete sich auch in Laufen die Bevölkerungsentwicklung wieder ruhiger.

Im Hinterland des Krieges

Nach einer langen Zeit relativer Ruhe in bezug auf die Bevölkerungsentwicklung brachte der Dreissigjährige Krieg (1618–48) wieder neue Migrationsschübe. Laufens Situation in dieser Zeit war dadurch gekennzeichnet, dass das Bistum als Teil des Deutschen Reiches zwar in diesen Konflikt verwickelt war, der Bischof aber eine neutrale Haltung einzunehmen versuchte, ähnlich der mit ihm verbündeten und benachbarten Eidgenossenschaft. Die Transitlage des Birstales zwischen dem auf protestantischer Seite kämpfenden Frankreich und den vorderösterreichischen Landen der Habsburger verunmöglichte diesen Versuch aber. Zwar fanden im Laufental kaum Kämpfe statt, doch wurde die ganze Birsniederung zum Durchzugsgebiet der jeweils gerade siegreichen Armee.

So quartierten sich 1630, als sich der Krieg mit den siegreichen Schweden erstmals der hiesigen Region näherte, in der Umgebung Laufens kaiserliche Truppen ein. 1634 wurden sie von den einrückenden Franzosen verdrängt, die in der Stadt mehrmals ihr Lager aufschlugen, bis sie 1635 wieder den kaiserlichen Truppen weichen mussten. Doch nachdem sich im Juni 1635 der Ulanenführer Peter Uriel mit 50 Reitern, im Dezember desselben Jahres Graf Colleredo gar mit drei Reiterkompanien und im Juni 1635 120 Dragoner unter Hauptmann Ulrich Froberg in der Stadt aufgehalten hatten, zogen im Sommer 1637 wieder die Schweden ins Tal ein. Am 26. Oktober und am 9. November desselben Jahres schlug sogar der Oberbefehlshaber der protestantischen Truppen, Bernhard von Weimar, in Laufen sein Hauptquartier auf.

Nach 1638 verlagerte sich der Krieg wieder vom Bistum weg nach Norden und – von einigen Unterbrüchen ausgenommen – erlebte das Laufental keine grossen Truppenbewegungen mehr. Erst die Kriege Ludwigs XIV. brachten Laufen erneut Einquartierungen – so im Januar 1647 400 Mann des österreichischen Kommandanten Graf von Starhemberg und 1690/91 diejenige einer Schwyzer Kompanie unter Leutnant Franz Kyd, doch diesmal ohne die kriegerische Dramatik der dreissiger Jahre.

Rette sich, wer kann!

Für die Bevölkerungsentwicklung bedeutsam nun sind weniger die militärischen Migranten als das, was sie auslösten. Denn die Armeen der Zeit ernährten sich in der Regel aus dem Land, in dem sie sich befanden, und zwar sowohl durch geordnete Requisition als auch einfach durch Plünderung. Darüber hinaus füllten sie ihre Mannschaftsbestände nicht selten durch Zwangsrekrutierungen in den Gegenden auf, durch die sie ihre Feldzüge führten. Dabei spielte es meist keine grosse Rolle, ob sie sich in Freundes- oder Feindesland befanden. Vor diesen Nebenerscheinungen des Krieges floh die Zivilbevölkerung genauso wie vor den kriegerischen Ereignissen selbst, und brachte dabei alles in Sicherheit, was sie konnte. So suchten 1632 und 1637 viele Elsässer und Leimentaler Schutz vor den vorrückenden Schweden in Laufen, wo ihnen der Bischof die vorübergehende Niederlassung ohne Ansehen ihrer Konfession gestattete.

Mehrmals aber sahen sich auch die Laufner dazu veranlasst, sich und vor allem ihr Eigentum ins benachbarte Thierstein in Sicherheit zu bringen, etwa als die Franzosen 1634 aus Pruntrut heranrückten, aber auch als die Kaiserlichen 1635 die Stadt für die Überwinterung ausersahen. Wie berechtigt diese Flucht jeweils war, zeigen zum einen die verbissenen Versuche der Besatzer, die Geflohenen zur Rückkehr und vor allem zur Rückschaffung ihres Guts zu bewegen, zum anderen aber auch die hohen Aufwendungen, die die Stadt machen musste, um die verschiedenen Truppen einzuquartieren. Und wenn sich die Meier gegen die Requisitionen zur Wehr setzten oder auch nur ihre Höhe beklagten, so konnten sie leicht – wie Meier Viktor Müller 1637 – im Kerker von Angenstein landen[7].

Heere und Flüchtlingsströme belasteten Laufen aber nicht nur finanziell, sie brachten auch Seuchen mit, insbesondere die Pest. Der Schwarze Tod hatte schon vor Einbezug des Laufentals ins Kriegsgeschehen hier getobt – ein schwerer Pestzug fand 1628 bis 1630 statt – wurde aber von den hereinströmenden Menschen immer wieder neu entfacht, so im Sommer 1634 oder im Jahr 1636. In dieser Beziehung erwies sich die gute Verkehrslage als nicht zu unterschätzender Risikofaktor, denn Laufen und Zwingen, die beiden Verkehrsknotenpunkte im Laufental, waren immer besonders stark von der Seuche betroffen[8].

Kämpfe für fremde Herren

Bis Anfang des 18. Jahrhunderts waren die Bevölkerungsverluste des kriegerischen 17. Jahrhunderts mehr als ausgeglichen. Die gute Verkehrslage, die fruchtbare Ackerfläche und ab Mitte des Jahrhunderts das Aufblühen der Heimindustrie begünstigten einen starken Geburtenüberschuss, der schliesslich den Arbeitsmarkt des bereits überdurchschnittlich dicht besiedelten Tales überforderte. Dieser Überdruck an Arbeitskräften sorgte dafür, dass sich im 18. Jahrhundert verglichen mit den übrigen Ortschaften des Bistums verhältnismässig wenig Fremde in Laufen aufhielten[9], dafür viele Laufner zur (Aus-)Wanderung gezwungen waren.

Die Statistik (die durch die sporadisch einsetzenden Volkszählungen nun möglich wird) zeigt, dass von den Einwohnern der Stadt ein immer etwa gleich grosser Teil nicht ständig anwesend war (1722: 54 von 986 Einwohnern, 1770: 49 von 840 Einwohnern), die meisten davon Männer[10]. Von diesen Migranten waren 43% sporadisch auf Reisen oder standen im Dienst eines auswärtigen

[7] *Einwohnergemeinde Laufen 1986, p. 53*
[8] *Gallusser 1961, p. 41 f.*
[9] *Schluchter, André: Zur Bevölkerungsentwicklung und Bevölkerungsstruktur des Fürstbistums Basel, spätes 16.–18. Jahrhundert, in: Mattmüller 1987, p. 635*
[10] *Schluchter 1987, p. 622*

Arbeitgebers, 25% waren Berufsreisende – die meisten davon wahrscheinlich Wanderarbeiter im Elsass oder im Sundgau – und 32% Söldner in fremden Kriegsdiensten[11]. In diesem letzten Bereich war das Laufental sogar führend im Bistum: keine andere seiner Regionen exportierte einen so grossen Anteil seiner Einwohnerschaft in fremde Kriegsdienste. Vielleicht ein Indikator für die angespannte Lage auf dem Arbeitsmarkt, vielleicht aber auch einfach nur eine Folge der guten Verkehrslage, die es den Werbern leicht machte, ihre Kunden zu erreichen.

Seit 1744 stellte das Bistum Frankreich eine Kompanie Söldner zur Verfügung, seit 1758 ein Regiment – 2800 Mann – unter dem Befehl des Barons von Eptingen. Anforderungen waren die Verpflichtung zu einer dreijährigen Dienstzeit und die Mindestgrösse von 5 Schuh und 3 Zoll. Bis zur Auflösung des Regiments am 25. September 1792 in Dünkirchen nahmen Laufentaler nachweislich teil an der Schlacht von Gorbach 1760, am Feldzug in Korsika 1768 und bei der Verteidigung der Tuilerien 1792[12].

Neben diesen verschiedenen Gruppen von Wanderarbeitern – deren Wanderung ja eine zeitlich begrenzte war – kannte das Laufental in der absolutistischen Zeit auch die Auswanderung. Vor allem in der Zeit unmittelbar nach dem Dreissigjährigen Krieg nutzten viele wirtschaftlich bedrängte Leibeigene oder unzufriedene Bauern, die vom Ausgang der Bauernrevolte von 1653 ent-

Friedhofkapelle St. Martin (A.C. 1921) links

Obertor und Birspartie (A.C. 1921) rechts

[11] *Schluchter 1987, p. 637*
[12] *Gallusser 1961, p. 45*

151

täuscht waren, die Chance, die durch den Krieg stark entvölkerten Gebiete des Elsass und Süddeutschlands als neue Heimat zu erschliessen[13]. Diese Emigration wurde im allgemeinen durch das Werben und die Versprechungen der dortigen Autoritäten stark gefördert und unterstützt, zumal die Schweizer Bauern – und hier darf man die Bauern des Bistums dazuzählen – im Ausland einen guten Ruf als Viehzüchter und Verarbeiter von Milchprodukten besassen.

Die Franzosen kommen

Mit der Französischen Revolution, der fortschreitenden Besetzung des Bistums durch die französische Revolutionsarmee und schliesslich der Eingliederung des ganzen Territoriums in das Gebiet der französischen Republik beziehungsweise Napoleons Empire erhielten die migrativen Prozesse erneut Dynamik und Dramatik.

Zunächst bedeutete die Okkupation wieder den Durchmarsch und die Einquartierung fremder Armeen. Die Präsenz der französischen Armee 1792 bis 1814 sah die Laufner Bevölkerung offensichtlich mit Unmut, diejenige der Alliierten 1814/15 anfänglich mit Freude – sie musste letztlich für beide gleichermassen in die Tasche greifen. Als Etappenort im fein vernetzten Nachschub- und Aufmarschsystem der französischen Armee war Laufen aber auch – im Gegensatz zur Situation im Dreissigjährigen Krieg – mit einem starken und permanenten militärischen Durchgangsverkehr konfrontiert, der manchem Einwohner Verdienst verschaffte, manch anderen Einwohner aber und die Stadtkasse durch Requisitionen, Frondienste und Unterhaltspflichten stark belastete.

Mit dem Ausbruch der Revolution und den ihr folgenden Koalitionskriegen war auch das Problem der Flüchtlinge wieder aktuell. Zwischen 1789 und 1791 war das Bistum Zufluchtsort für die vorab adligen Emigranten, die Frankreich weniger aus Zwang als aus Abscheu vor der politischen Entwicklung in ihrer Heimat verliessen. Ihnen folgten ab 1791 Menschen aus fast allen Schichten, die durch den Gang der Revolution in ihrer Existenz gefährdet und deshalb zur Flucht gezwungen waren. Für beide Gruppen – besonders stark aber für die erste – war das Bistum eigentlich nur Transitstation auf dem Weg zu einer definitiven, weiter von Frankreich entfernten Zufluchtstätte[14].

Mit der französischen Besetzung 1792 wurden viele Laufentaler ihrerseits zu Flüchtigen. Dazu gehörte zunächst die – kleine – Gruppe der Geistlichen, die den in Frankreich vorgeschriebenen Eid der Kirchenangehörigen auf die Republik, der vom Papst abgelehnt wurde, nicht zu leisten gewillt waren. Zu ihnen zählten auch der Laufner Pfarrer Zacharias Schmidlin und sein Vikar Joseph Thüring, die im Jahr 1793 der Eidespflicht durch Flucht ins solothurnische Gempen entkamen. Bis zu ihrer Rückkehr im Jahr 1795 (Revision der französischen Verfassung) mussten die Laufner Katholiken den Gottesdienst in Mariastein besuchen

[13] Schluchter 1987, p. 336f.
[14] Costes, Cathérine: Le Fond du Bureau des Emigrés, in: Fondation des Archives de l'ancien Evêché de Bâle. Rapport annuel 9, 1993, p. 16ff.

oder nach der Schliessung der Grenzen zu Solothurn mit der seelsorgerischen Betreuung durch den Laufner Schulmeister Joseph Gerster vorlieb nehmen[15].

Fliehen vor dem Krieg

Den Hauptteil der Flüchtigen aber dürften diejenigen jungen Männer zwischen 18 und 25 Jahren ausgemacht haben, denen die Rekrutierung durch die französische Armee drohte. Die Kantonalbehörden hatten alle Mühe, die von ihnen geforderten Kontingente zusammenzubekommen und konnten sich schliesslich, nachdem der Versuch, ein Freiwilligenregiment zu rekrutieren, misslungen war, nur noch durch Zwangsmassnahmen helfen. So hatte jede Gemeinde ihre wehrfähigen jungen Männer zu melden, aus denen dann die für jede Gemeinde erforderliche Zahl – für Laufen 14 – ausgelost wurde.

Vor diesem Entscheid drückte sich so mancher junge Laufner durch Flucht ins nahe Solothurn. Und da die französischen Behörden als Strafe für diese Desertionen nicht nur das Eigentum des Delinquenten einzogen, sondern auch seine Familie mit ho-

*Baslertor
(A.C. 1921)
links*

*Der «Laufen»
(A.C. 1920)
rechts*

[15] *Einwohnergemeinde Laufen 1986, p. 84 ff.*

hen Bussen belegten, schlossen sich den Flüchtigen sicherlich oft auch andere Familienmitglieder an. Dies zumindest lassen die verzweifelten Aufrufe der Stadtbehörde vermuten, die die so Entwischten zur Rückkehr aufforderten.

Die Gründe für den Widerstand gegen die Rekrutierung durch die französische Armee dürften wohl vielfältig sein. Zum einen genoss die französische Republik als rein weltlicher Staat in einer katholischen Bevölkerung wenig Sympathie, zumal er seine antiklerikale Botschaft mit enormen finanziellen Forderungen verband. Zum anderen war die Wehrpflicht in diesem Umfang neu und hätte wahrscheinlich auch unter dem bischöflichen Regime in dieser Form und in diesem Mass Unmut hervorgerufen. Schliesslich war auch bekannt, wie verlustreich die Kriegszüge der Revolutionsarmee waren, und zu keiner Zeit haben sich die Menschen darum gerissen, in Kriegen zu verbluten.

Es gab aber auch durchaus Laufner, für die der Dienst in der französischen Armee nichts Erschreckendes hatte. Joseph Fritschi etwa, geboren 1786 in Laufen, trat als Sapeur in die kaiserliche Armee ein, diente dort mehrere Jahre, nahm an zahlreichen Feldzügen teil und wurde schliesslich zum Korporal befördert. Als Ritter der Ehrenlegion – die Auszeichnung wurde ihm 1813 verliehen und 1821 vom neuen französischen König Ludwig XIII. bestätigt – verliess er wahrscheinlich im Jahr 1819 die nun königliche Armee und liess sich in Biederthal nieder, bis ihm der Kanton Bern den Posten eines Trüllmeisters, also eines Instruktors, in Röschenz anbot. In dieser Funktion stieg er 1833 zum Leutnant und 1838 zum Oberleutnant auf. 1847 wurde Joseph Fritschi im Zuge der Armeereform in den Ruhestand entlassen. Dort erreichte ihn schliesslich noch 1857 der späte Dank Kaiser Napoleons in Form einer testamentarischen Zuwendung von 400 Francs für die ehemaligen Soldaten der napoleonischen Armee[16].

Amerika ruft

Die wirtschaftlich-soziale Situation nach 1815 bis zum Ende des Jahrhunderts war dadurch gekennzeichnet, dass die Bevölkerung – untypisch für den Jura in dieser Zeit[17] – langsam, aber stetig durch Geburtenüberschüsse zunahm, die wirtschaftliche Grundlage (Landwirtschaft, Verkehr) aber früh schon ihre Leistungsgrenze erreichte. Eine Ausweitung der wirtschaftlichen Basis war bis Ende des Jahrhunderts nicht in Sicht und so musste die kleinste ökonomische Krise sofort soziale Folgen zeitigen. Seit die Helvetik um 1800 die Niederlassungsfreiheit eingeführt hatte (für Christen blieb sie auch nach 1815 bestehen, den Juden wurde sie erst 1866 auf internationalen Druck hin wieder gewährt), war die übliche Reaktion auf landwirtschaftliche Einbrüche die Auswanderung, vornehmlich in die USA oder nach Brasilien.

Von diesen Auswanderungswellen waren in der Regel eher diejenigen Regionen betroffen, die durch ihre verkehrsgünstige

[16] Akten des Joseph Fritschi
[17] Laubscher, Otto: Die Entwicklung der Bevölkerung im Berner Jura insbesondere seit 1850, Weinfelden 1945, p. 82

Lage den Emigranten das Erreichen der atlantischen Überseehäfen leicht machten[18]. Laufen lag diesbezüglich äusserst günstig, und es ist deshalb nicht verwunderlich, dass die Stadt und ihr Bezirk zwischen 1880 und 1888 den grössten Auswandereranteil nach Übersee im ganzen Kanton Bern zu verzeichnen hatte[19].

Die Auswanderer sammelten sich in der Regel zu Reisegesellschaften und beauftragten dann einen Basler Transportunternehmer mit der Organisation der Reise an die französische Atlantikküste, der Einschiffung, der Abwicklung der Zollformalitäten und der Überfahrt nach Amerika. Die Seereise dauerte mit dem Segelschiff 56 Tage, mit dem Dampfschiff 15 und kostete für einen Erwachsenen zwischen 150 und 180 Franken[20]. Zwischen 1830 und 1870 machten über 150 Laufner und Laufnerinnen diese Reise, was von der Bürgerschaft nicht ungern gesehen, ja zuweilen tatkräftig durch die Gewährung von Reiseunterstützung gefördert wurde. Denn der Bevölkerungsdruck hatte den Verteilungskampf innerhalb der Stadt intensiviert, den Futterneid geweckt, und die Bevölkerung reagierte darauf zunächst mit einer schroffen Abschottung gegen alle Fremden (auch wenn es bloss in der Stadt niedergelassene Thiersteiner waren), dann aber auch mit der wohlwollenden Wegschaffung der ärmeren Gemeindemitglieder in die Neue Welt, wo sie die städtische Armenkasse nicht mehr belasteten.

Die Industrie braucht Arbeitskräfte

Die einsetzende Industrialisierung in Laufen und die Entstehung grösserer Industriebetriebe gegen Ende des Jahrhunderts veränderten diese Situation vollständig und machten die Stadt von einem Auswanderungs- zu einem Einwanderungsort.

Der Schlüssel zu diesem Wandel war der Bau der Jurabahn. Ihre Eröffnung 1876 verlieh dem Standort Laufen verkehrstechnisch wieder grössere Attraktivität – und dennoch liess der wirtschaftliche Impuls noch über ein Jahrzehnt auf sich warten. In dieser Phase ging die Auswanderung nach Übersee weiter – nun noch gefördert von der grossen gesamtschweizerischen Agrarkrise der achtziger Jahre – doch setzte auch gleichzeitig ein Zustrom von Auswärtigen ein. Da waren zunächst einmal die Bahnarbeiter, die in den siebziger Jahren das Trassee der Jurabahn errichteten. Von ihnen waren 90 Prozent Ausländer, und davon wiederum 90 Prozent Italiener, vornehmlich aus Norditalien: die Vorhut der Gastarbeiter moderner Prägung, die von den neunziger Jahren an zusammen mit Polen und Franzosen in stetig steigender Zahl in die Region kamen, um in den neu entstehenden oder wachsenden Betrieben der gesteinsverarbeitenden Industrie Arbeit zu finden. Zu diesem Kontingent an ausländischen Arbeitnehmern gesellte sich ebenfalls in den neunziger Jahren die grosse Gruppe der Arbeitsuchenden aus dem agrarisch gebliebenen Thierstein (im Thiersteinischen setzte die Industrialisierung erst nach 1900 ein).

[18] Gallusser 1961, p. 50
[19] Gallusser 1961, p. 54
[20] Einwohnergemeinde Laufen 1986, p. 124

Im Schatten dieser grösseren Migration erfolgte aber noch eine zweite, kleinere. Seit dem Bau der Jurabahn war es notwendig geworden, technisches Fachpersonal aus den industrialisierten Kantonen in die Region zu holen. Da die Industrieorte meist reformiert waren, lässt sich diese Tendenz an der Zunahme der Reformierten in Laufen ablesen. 1870 bekannten sich 4,9 Prozent der Laufner und Laufnerinnen zur evangelischen Konfession – viele davon Angehörige von Altberner Beamtenfamilien, die nach dem Anschluss des Juras an Bern hierhergezogen waren – 1900 bereits 19 Prozent.

Dieses reformierte Kontingent erhielt in der Zwischenkriegszeit noch einmal Zulauf durch die Einwanderung arbeitssuchender Uhrenarbeiter aus dem krisengeschüttelten Südjura und stieg auf 27 Prozent. Die Niederlassung von Gastarbeitern aus dem Mittelmeergebiet fing den Verlust des katholischen Anteils jedoch in der Zeit nach dem Zweiten Weltkrieg auf und senkte den Anteil der Reformierten wieder auf 16 Prozent (1993).

Einwohner aus aller Welt

Der Zustrom der Ausländer – vornehmlich als Arbeitnehmer im 2. Sektor – nahm in der ersten Dekade unseres Jahrhunderts sprunghaft zu, wurde dann aber jäh 1913 durch die Zementkrise beziehungsweise 1914 durch den Ausbruch des Weltkrieges und die damit verbundene Einberufung vieler Arbeitnehmer in die Armeen ihrer Heimatländer gestoppt. Die Einwanderung im grösseren Massstab setzte erst nach 1945 wieder ein, nahm in den Jahren der Hochkonjunktur stetig zu und erreichte 1974 ihren Höchststand, als in Laufen 1120 Ausländer niedergelassen waren, was 23 Prozent der Gesamtbevölkerung entsprach.

Die Einbrüche der Rezession Mitte der siebziger Jahre führten kurzfristig zu einem starken Rückgang der ausländischen Wohnbevölkerung (1977: 823, also noch 18 Prozent der Gesamtbevölkerung) und – weil die Zahl der in Laufen niedergelassenen Schweizer relativ stabil blieb – zu einem Rückgang der gesamten Wohnbevölkerung in diesem Zeitraum. Während der achtziger Jahre blieb der Ausländeranteil an der Laufner Bevölkerung dann konstant bei rund 21% und nahm seit Anfang der neunziger Jahre wieder leicht zu.

Die meisten Zuwanderer stammten auch in dieser zweiten Einwanderungsphase aus Italien (1994: 431). Weitere grosse Gruppen kamen jetzt aber auch aus Spanien (1994: 126), Jugoslawien (1994: 181), der Türkei (1994: 63) und Deutschland (1994: 52). Die übrigen 1994 in Laufen niedergelassenen Ausländer stammen – und das ist ebenfalls neu im Vergleich zur ersten Einwanderungsphase – zum Teil aus anderen europäischen Ländern, vor allem aber aus Asien, Lateinamerika und Afrika. Der Anteil der Ausländer an der Laufener Wohnbevölkerung allgemein schwankte in diesem Zeitraum je nach Konjunkturlage stark, pendelte sich aber im letzten Jahrzehnt zwischen 15% (1987)

und 21% (1986, 1992) ein. Die Asylsuchenden stellen 3–5% dieses Ausländerkontingents, bilden also etwa 0,8% der gesamten Wohnbevölkerung[21].

Der industrielle Aufschwung Laufens führte natürlich auch innerhalb der Region Laufental-Thierstein zu Wanderungsbewegungen. Nachdem Laufen und die anderen Birstalgemeinden Ende des 19. Jahrhunderts vor allem für die noch rein agrarischen solothurnischen Nachbargemeinden interessante Zuwanderungsgebiete dargestellt hatten, verloren sie diese Attraktivität zu Beginn des 20. Jahrhunderts wieder etwas durch die Krise der Zementindustrie einerseits, die Entstehung eines neuen industriellen Zentrums in Breitenbach andererseits. Einen Wandergewinn konnte Laufen denn auch erst nach 1942 wieder aufweisen, allerdings nie mehr so stark wie in den Gründerjahren.

St. Katharinenkirche (A.C. 1920) links

Hintere Gasse mit Obertor (A. C. 1920) rechts

Pendeln statt Zügeln

Generell nimmt sich die Binnenwanderung im Umfeld Laufens bescheiden aus, erweist sich die Laufentaler Bevölkerung als sehr sesshaft. Die Gründe hierfür dürfen vielleicht im bäuerlichen, katholisch-konservativen Grundcharakter der ländlichen Bevölkerung gesucht werden, wie dies einige Beobachter tun, vielleicht auch einfach in der zunehmend leichten Erreichbarkeit

[21] *Gemäss freundlicher Auskunft der Gemeindeverwaltung Laufen*

der Arbeitsorte von den umliegenden Wohndörfern aus. Sicher ist nur das Resultat: nämlich dass in der gesamten Region heute ein intensiver Pendelverkehr stattfindet. Diese besondere Migration hat sich – mindestens in diesem Ausmass – erst im 20. Jahrhundert entwickelt und ist selbstverständlich bedingt durch die Verfügbarkeit effizienter Verkehrsmittel.

Für Laufen als Industrieort und Verkehrsknotenpunkt bedeutet dies, dass es gleichzeitig Ziel des Pendelverkehrs ist als auch Ausgangsort. Denn die regionale Metropole Basel liegt dank Eisenbahnanschluss in einer bequemen Reisedistanz, die vielen Laufnern und Laufnerinnen für den Arbeits- oder Schulweg akzeptabel scheint, während Laufen als Arbeitsort von den umliegenden Gemeinden aus dank Strassennetz und öffentlichem Verkehr bequem erreicht werden kann. Diese Form der Migration dürfte in den kommenden Jahrzehnten die intensivste, wenngleich nicht unbedingt die spektakulärste sein, sicher aber diejenige, die die Bevölkerungsvermischung künftig am stärksten vorantreiben wird.

Armin Meyer

Quellen

Akten betr. Joseph Fritschi, aufbewahrt im Laufentaler Museum, Laufen
Beschwerde des Bartholomäus Gutmann, B 234/8 Herrschaft Laufen und Zwingen, Verschiedenes (1296–1600), Archives de l'Ancien Evêché de Bâle (AAEB) in Porrentruy

Literatur

Costes, Cathérine: Le Fond du Bureau des Emigrés, in: Fondation des Archives de l'ancien Evêché de Bâle. Rapport annuel 9, 1993, p. 13–29
Einwohnergemeinde Laufen (Hg.): Laufen. Geschichte einer Kleinstadt, Basel 1986 (2. Auflage)
Frey, René L.: Von der Land- zur Stadtflucht. Bestimmungsfaktoren der Bevölkerungswanderungen in der Region Basel, Bern und Frankfurt a.M. 1981
Gallusser, Werner A.: Studien zur Bevölkerungs- und Wirtschaftsgeographie des Laufener Juras. Basler Beiträge zur Geographie und Ethnologie, Heft 4, Basel 1961
Hof, Fritz: Aus der Geschichte der Vorstadtburgergemeinde Laufen, Laufen 1973
Laubscher, Otto: Die Entwicklung der Bevölkerung im Berner Jura insbesondere seit 1850, Weinfelden 1945
Mattmüller, Markus: Bevölkerungsgeschichte der Schweiz (Basler Beiträge zur Geschichtswissenschaft 154), Basel und Frankfurt a.M. 1987
Vuilleumier, Marc: Immigrés et réfugiés en Suisse, Zürich 1987

Abbildungsnachweis:

1–8: Stiftung August Cueni, Zwingen

Sittsam und leidenschaftlich
Laufner und Laufentaler Parteien zwischen Kulturkampf und Kantonswechsel

Das 1975 von der Einwohnergemeinde herausgegebene Werk über die Geschichte Laufens[1] erzählt wenig von der Parteipolitik der letzten zwei Jahrhunderte. Die halbe Seite Text, die mit «Politik in Laufen» überschrieben ist, informiert nur darüber, dass nach dem Kulturkampf von 1870 das politische Leben in der Gemeinde verstärkt in Erscheinung trat und die Freisinnigen oder Liberalen und die Katholisch-Konservativen jahrzehntelang eine heftige Parteipolitik betrieben, in der sie ihre Parteiblätter «Nordschweiz» und «Volksfreund» einsetzten. Die Buchautoren bieten aber keine genaueren Informationen über diese bewegte Zeit. Sie meinen, dass mit dem Anbruch des Wohlfahrtsstaates die Gemüter sich beruhigten: «Heute geht es im politischen Leben ganz sittsam zu!» Immerhin deuten sie an, dass zur Zeit der ersten Auflage des Buchs, Mitte der 1970er Jahre, die Frage der Kantonszugehörigkeit des Bezirks Laufen noch zu lösen ist und im Zusammenhang damit doch wieder Auseinandersetzungen zu erwarten sind[2].

Tatsächlich kann 20 Jahre später, rund um die Frage der Kantonszugehörigkeit, wieder auf eine Zeit «heftiger Parteipolitik» zurückgeblickt werden. Leidenschaftliche politische Auseinandersetzungen bilden offenbar kein Phänomen vorwohlfahrtsstaatlicher Epochen, sondern können sich heute noch um wichtige Fragen ergeben und die Verhältnisse unter den Parteien beeinflussen. Auf den folgenden Seiten sollen einige Daten zu Laufner und Laufentaler Parteipolitik zusammengestellt werden. Es geht um die Frage, welches die Parteien und welches ihre Stärken in Vergangenheit und Gegenwart sind. Die folgende Darstellung besteht vor allem aus einer Datensammlung und beruht ausschliesslich auf gedruckten Quellen, oft jurassischer Herkunft, erschien aber in dieser Systematik noch nie.

Wende Kulturkampf?

Eine wichtige Grundlage jedes Parteiensystems bildet das Wahlrecht. Im Kanton Bern, zu dem Laufen und sein Bezirk von 1815–1993 gehörten, galt seit dem Jahr 1846 das allgemeine Wahlrecht auf kantonaler Ebene. Personen männlichen Geschlechts konnten ab diesem Zeitpunkt grundsätzlich Politik machen, das heisst sich äussern und an Wahlen und Abstimmungen teilnehmen. Auf eidgenössischer Ebene fiel die Einführung des allgemeinen Wahlrechts für Männer mit der Gründung des Bundesstaats 1848 zusammen.

In den ersten Jahrzehnten des jungen schweizerischen Bundesstaats unterstützte das Laufental gemäss den Resultaten der

[1] *Einwohnergemeinde Laufen (Hg.): Laufen. Geschichte einer Kleinstadt, Laufen 1986 (2. Auflage)*
[2] *Einwohnergemeinde Laufen 1986, p. 183 f.*

*Stadtmusik Laufen
1934*

Nationalratswahlen, die Majorzwahlen waren und bis 1931 alle drei Jahre stattfanden, klar die Freisinnigen. Bei den Nationalratswahlen von 1860 erhielten sie 88 Prozent der Stimmen, 1869 beinahe 77 Prozent. Ab 1866 besassen sie mit dem von Gustav von Burg herausgegebenen «Birsboten» eine Parteizeitung, die erst wöchentlich, ab 1874 halbwöchentlich erschien. Ab 1918 hiess der «Birsbote» «Volksfreund». Von 1864–1884 konnten die Laufentaler Freisinnigen mit dem Grellinger Fabrikanten Niklaus Kaiser auch einen eigenen Nationalrat stellen, den einzigen ihrer Bezirksparteigeschichte.

Nach dem Ausbruch des Kulturkampfs 1870 schwankte der freisinnige Wähleranteil in den Nationalratswahlen stark zwischen 50 und 76 Prozent. 1893 aber waren die Katholisch-Konservativen die stärkste Partei. Sie erreichten 52,5 Prozent, die Freisinnigen 47,5 Prozent[3]. 1894 konnten sie zudem den erstmals in einer verbindlichen Volkswahl bestellten Posten des Statthalters gewinnen. Sie waren, nach einem ersten Versuch mit dem «Wochenblatt» von 1870/71 in Form des halbwöchentlich erscheinenden «Birsthalers» 1888 auch zu ihrer Parteizeitung gekommen, die 1903 in «Nordschweiz» umbenannt und ab 1924 dreimal wöchentlich herausgegeben wurde.

[3] Gruner, Erich: Die Wahlen in den schweizerischen Nationalrat, Bern 1978, Band 1, p. 521

Dominanz der Konservativen

Seit Einführung des Proporzes 1919 liegen fast lückenlose Statistiken über die Wahlergebnisse auf Bezirksebene vor. Sie zeigen, dass das Wahlverhalten der Laufentaler recht offensichtlichen Regeln folgte. Der Bezirk war in der Hand der CVP, die sich vor den 1970er Jahren Katholisch-Konservative Partei, aber zeitweise auch Katholische Volkspartei oder Christlich-soziale Partei nannte. Rund die Hälfte aller Stimmbürger gaben ihr jeweils die Stimme in den Nationalratswahlen. Zweitstärkste Kraft war die Freisinnige Partei. Abgesehen von einer Schwäche in den 1940er und 1950er Jahren pendelte ihr Wahlanteil um die 30 Prozent. Die SP konnte auch im Laufental von dem starken Aufschwung profitieren, den sie ab 1943 für einige Wahlgänge auf nationaler Ebene verzeichnete. In der Zwischenkriegszeit und seit Mitte der 1950er Jahre notierten ihre Ergebnisse aber um 15 Prozent Wahlanteil, dass heisst etwa die Hälfte der freisinnigen Stimmen und ein Drittel der konservativen.

Ergebnisse der Nationalratswahlen im Laufental[4]

Wahljahr	Stimmenanteil der Parteien in Prozent				Wahlbeteiligung in Prozent
	CVP	FDP	SP	Andere	
1919	52,7	32,1	14,6	0,6	81,6
1922	51,4	30,4	12,2	6,0	68,9
1925	55,0	31,6	9,7	3,7	75,5
1928	47,6	33,2	16,9	2,3	80,9
1931	50,6	28,9	16,1	4,4	76,8
1935	52,3	20,2	17,0	10,5	70,1
1939	50	?	?	?	?
1943	55,5	14,4	21,9	8,2	59,4
1947	47,4	23,1	26,5	3,0	71,6
1951	50,	20,1	26,3	3,3	78,7
1955	58,6	19,5	17,6	4,3	79,8
1959	58,6	20,1	16,7	4,6	79,5
1963	54,9	26,3	15,8	3,0	71,2
1967	51,0	29,0	15,0	5,0	64,0
1971	44,3	24,7	14,9	16,1	47,2
1975	51,1	29,9	16,6	2,4	41,6
1979	54	27	18	1	38
1983	40,3	23,7	19,9	16,1	25
1987	45,4	18,3	13,0	23,3	37,3
1991	43,4	16,7	11,4	28,5	38,4

[4] Veröffentlichungen der statistischen Ämter des Kantons Bern und des Bundes, Tageszeitungen

*Turnverein Laufen
1918*

Die höchsten Stimmenanteile verzeichneten die Konservativen, als sie zwischen 1955 und 1967 mit Rainer Weibel den einzigen Nationalrat der Geschichte ihrer Partei und der Stadt Laufen und gleichzeitig den einzigen Nationalrat des Laufentals des 20. Jahrhunderts stellten. Die beiden Laufentaler Nationalratsmitglieder, Niklaus Kaiser und Rainer Weibel, haben gemeinsam, dass sie schon vor ihrem dreissigsten Altersjahr im Kantonsparlament Einsitz nahmen und bedeutende Stellungen in der Laufentaler Industrie innehatten. In den letzten beiden Wahlgängen entwickelte sich die Kategorie der «Anderen» zur zweitstärksten Kraft. Darunter sind Stimmen für die Grünen einerseits und für die Rechtsaussen-Parteien andererseits.

Entstehung der SP

Das Laufen-Buch von 1975 erwähnt als Laufner Parteien nur Freisinnige und Katholisch-Konservative. Bekanntlich existiert aber auch eine sozialdemokratische Partei: Seit wann mischt sie in der Geschichte der Kleinstadt Laufen mit? Aus den 1880er Jahren stammt das erste Zeugnis sozialdemokratisch orientierter Gruppierungen in Laufen. 1885 wird in einer Quelle ein Grütliverein in Laufen erwähnt, der 14 Mitglieder zählte und eine Bibliothek von 88 Büchern besass[5]. Der Schweizerische Grütliverein entstand als Bildungs- und Geselligkeitsverein, daher die Bibliothek, näherte sich aber in den Jahrzehnten um die Jahrhundertwende ideologisch der Sozialdemokratie. Eine andere Quelle hält die Gründung einer Laufner Sektion des Grütlivereins im Jahre 1897 fest; diese muss aber schon 1900, als sie nur noch sechs Mitglieder zählte, wieder aufgelöst worden sein[6]. Ein erster Laufentaler Grütliverein muss übrigens um das Jahr 1870 in Grellingen existiert haben, damals möglicherweise noch eher freisinnig als sozialdemokratisch orientiert.

In den Jahren 1916–1922 wirkte eine erste Sektion der sozialdemokratischen Partei der Schweiz in Laufen. Die 62 Mitglieder, die 1917 ihren Beitrag an die Parteikasse zahlten, verloren sich in wenigen Jahren wieder. Sie schrumpften über 33 (1918), 17 (1919), 18 (1920), acht (1921) auf ein letztes Mitglied 1922. Die Laufner SP war die erste im Tal; in Liesberg und Grellingen folgten Sektionsgründungen im Jahre 1917, wobei die Liesberger Sektion vorerst nur zwei Jahre bestand, während die Grellinger über 1922 hinaus mit über 20 Mitgliedern weiterarbeiteten[7]. SP-Sektionen entstanden in den grösseren Ortschaften mit hohen Arbeiteranteilen.

Langsamer Aufbruch in der Parteienlandschaft

Seit der Einführung des Proporzwahlrechts 1922 bis in die 1980er Jahre hinein blieb es bei drei organisierten Parteien im Laufental, was wohl auf die Kleinheit des Wahlkreises für die kantonalen Wahlen zurückzuführen war. Eine Partei, die einen der drei Laufentaler Sitze gewinnen wollte, musste auch nach Proporzwahlrecht einen Wahlanteil von rund 25 Prozent erreichen, was eine hohe Hürde darstellte und was regelmässig nur die bürgerlichen Parteien erreichten. Nach der Verdoppelung der Sitzzahl für den Wahlkreis Laufen durch den Übertritt in den Kanton Baselland beteiligten sich sofort mehr eidgenössisch und kantonal organisierte Parteien an den Wahlen.

Auch in den Grossratswahlen gaben jeweils rund die Hälfte aller Stimmbürger den Konservativen die Stimme und die Freisinnige Partei war zweitstärkste Kraft. Deren Anteil hängt von der Stärke der SP ab, deren Ergebnisse im Laufental noch unterschiedlicher ausfallen als in den Nationalratwahlen: zwischen 6 und 30 Prozent Wahlanteil. Ist die SP schwach, erreicht die FDP um die 40 Prozent der Stimmen; ist die SP stark, fällt der Freisinn auf rund 30 Prozent zurück. Auf die CVP hingegen hat der Erfolg der SP wenig Einfluss. Die drei Laufentaler Sitze verteilten die bürgerlichen Parteien meist unter sich, wobei die CVP zwei Sitze und die FDP einen Sitz erhielt. Der SP gelang es nur in den Wahlen von 1946, 1954 und 1990 jeweils der CVP einen Sitz abzunehmen. Auch nach dem Übertritt in den Kanton Baselland erzielen die drei traditionellen Laufentaler Parteien im Bezirksdurchschnitt zusammen rund 90 Prozent der Stimmen.

[5] Kohler, François: La genèse et les débuts du parti socialiste dans le Jura bernois (1864–1922), Fribourg 1969, Annexe XV
[6] Aemmer, Robert W.: Die Sozialdemokratie im Kanton Bern 1890–1914, Zürich 1973, p. 23ff.
[7] Kohler 1969, p. 46, Annexe XXVI und XLII

Ergebnisse der Wahlen ins Kantonsparlament (in 12-Jahres-Schritten)

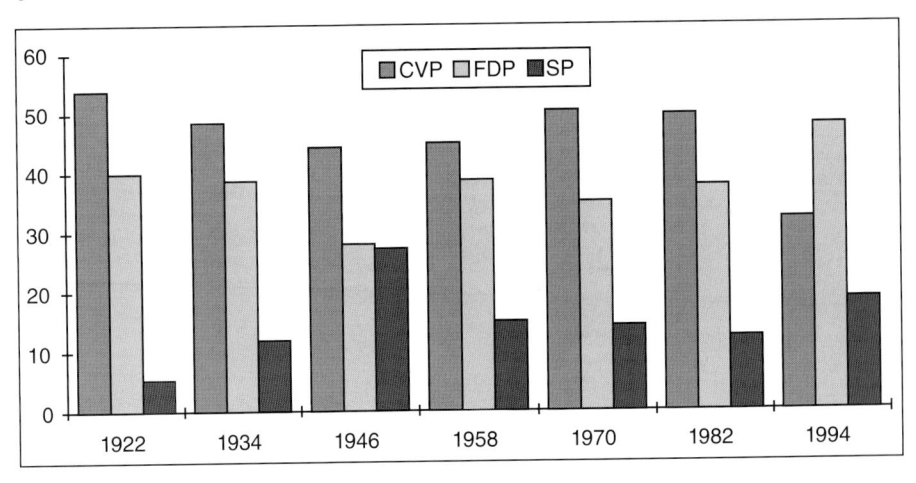

Die Grossratswahlergebnisse in der Stadt Laufen liegen nahe beim Durchschnitt des gesamten Bezirks. Die CVP erhält in Laufen meistens eher noch ein paar zusätzliche Prozent mehr, die SP einige weniger als im Bezirk. In den jüngsten Wahlgängen erwiesen sich allerdings Freisinnige und Verbündete als stärkste Gruppierung.

Die in Laufen und dem Laufental im Vergleich mit dem kantonalen und eidgenössischen Durchschnitt schwache SP leidet unter zwei Nachteilen: Sie verfügt im Gegensatz zu den bürgerlichen Parteien über keine Laufner Zeitung und sie kennt offenbar wenig personelle Kontinuität. Während die bürgerlichen Parteien für mehrere Wahlgänge die gleichen Kandidierenden stellen und damit deren Bekanntheit steigern, finden sich auf der sozialdemokratischen Liste alle vier Jahre andere Männer. Immer wieder ereignen sich Gemeindewahlen, in denen die SP Mühe hat, überhaupt Kandidierende zu finden.

Die führenden Köpfe

Seit dem Jahr 1846 können die Männer des Bezirks Laufen drei Vertreter ins Kantonsparlament delegieren, mit Ausnahme der Jahre 1894–1901, in denen ihnen nur zwei Vertreter zustanden. Bis 1969 war der Bezirk in die Wahlkreise Grellingen (mit einem Sitz) und Laufen (mit zwei Sitzen) eingeteilt; seit 1969 bilden die Bezirksgrenzen auch einen Wahlkreis. Die Männer aus den Dörfern der Umgebung Laufens hatten weniger Chancen, nach Bern delegiert zu werden als die Laufner selbst. Bis 1921 kamen 24 von insgesamt 33 Abgeordneten aus dem Bezirkshauptort; 1922–1993 waren es immer noch 8 von 20; von der 1995 amtierenden Sechser-Deputation ins Baselbieter Kantonsparlament stammt die Hälfte aus Laufen, wobei nur ein Drittel der Bevölkerung des Bezirks im Hauptort wohnt.

Grossräte aus Laufen waren von 1831 bis 1922 die Ärzte Joseph Fenninger (1831–50) und Joseph Cueny (1831–37), der Notar Constantin Scholer (1837–46), der Notar Joseph Cueny (1845–46), der Leutnant Louis Scholer junior (1846–48 und 1854–58), der Postbeamte Dominik Fleury (1849–51), der Advokat Johann Steiner (1850–54), Adolf Botteron, einmal Wirt und einmal Ingenieur genannt (1852–59 und 1862–66), Statthalter Niklaus Frepp (1858), der Wirt Peter Burger (1858–66 und 1870–78), der Notar Ludwig Scholer (1859–62), Leutnant Johann Fenninger (1866–70), der Müller Dominik Fleury (1866–70), Major und Wirt Franz Burger (1870–1890), Notar Franz-Joseph Müller (1878–79), Advokat Théodore Rem (1879–89), Fabrikant Achille Meyer (1889–94), Lehrer Ferdinand Burger (1890–94), Förstermeister Fridolin Imhof (1894–98), Advokat Louis Scholer (1894–98 und 1914–22), Notar Alexander Halbeisen (1898–1905), Fabrikant Alphons Haas (1905–14), Landwirt Adolf Burger (1906–13)[8].

Peter Burger, Franz-Joseph Müller, Ignaz Cueni und Adolf Gressly beansprucht die Geschichtsschreibung der CVP Jura als Konservative, wobei deren Liste nicht mit diesen Namen voll-

Schützenbund Laufen 1897

[8] Diacon, Pierre Alain et al.: La députation jurassienne 1831–1921. Matériaux pour une approche statistique, in: Actes de la Société jurassienne d'Emulation 79, 1976, p.170

Pfadfinder St. Martin 1942

ständig ist, weil von 1850 bis 1874 die Quellen eine sichere Zuordnung zu Parteien nicht erlauben. Auch Leutnant Louis Scholer junior, Constantin Scholer und Advokat Louis Scholer waren offenbar Konservative.

Persönlichkeiten, nicht Parteien

Die ersten Proporzwahlen in den Grossen Rat fanden erst 1922 statt und in den ländlichen Wahlkreisen blieb die Parteiorganisation bis zu diesem Datum in Ansätzen stecken. Die Wahl von Vertretern in den Grossen Rat erfolgte häufig nicht nach parteipolitischen Gesichtspunkten, sondern aufgrund personaler Qualifikationen, die auf lokaler oder regionaler Ebene gewonnen wurden[9]. Die Bezeichnungen «Konservative» für die eine Seite, «Freisinnige/Liberale/ Radikale» für die andere waren seit Mitte des 19. Jahrhunderts in Gebrauch. Wann aber Orts- und Bezirksparteien im Laufental ihre Gründungsdaten ansetzen sollen, ist nicht klar.

Mit der Gruppe der Volksvertreter zu Zeiten des Majorzwahlrechts ist die Bevölkerung nicht gerade gut repräsentiert: Die Juristen sind offensichtlich massiv übervertreten, und immer wieder erscheinen die gleichen Familiennamen. Nach 1922 machten die Juristen anderen Selbstständigen sowie leitenden Angestellten Platz. Laufner Grossräte waren seither der Landwirt Wilhelm Imhof (CVP, geboren 1869, Grossrat von 1922–46), der Direktor Guido Gerster (CVP, 1893, 1922–30), der Techniker Otto Schmidlin (FDP, 1892, 1946–1962), der Direktor Rainer Wei-

[9] Moser, Daniel Vinzenz: *Geschichte der Freisinnig-Demokratischen Partei des Kantons Bern 1890–1922*, Bern 1977

bel (CVP, 1921, 1950–58), der Redaktor Armand Kressig (CVP, 1920, 1958–1970), der Landwirt Max Weber (FDP, 1901, 1962–74), der Direktor Friedrich Hof (CVP, 1935, 1970–1982), der Ingenieur Rudolf Schmidlin (FDP, 1930, 1974–1990), der Chemiker Marcel Metzger (CVP, 1937, 1990–1993). Der letztere ist der einzige Laufner, der Mitglied zweier Kantonsparlamente war, da er nach seiner Zeit als Berner Grossrat Baselbieter Landrat wurde.

Politik in Kirche und Alltag

Die Katholisch-Konservativen verfochten im überwiegend katholischen Laufental die Verteidigung der katholischen Kirche und wurden vom Klerus mehr oder weniger offen unterstützt. Die Konservative Partei konnte sich darüber hinaus ungefähr seit der Zeit des Kulturkampfs auf Freizeitvereine stützen, die katholisch geprägt waren. Um 1870 bestand in jeder Pfarrei des Juras eine Sektion des Piusvereins, der 1857 in der Innerschweiz gegründet wurde.

In der ersten Hälfte des Jahrhunderts wirkten in Laufen eine Vielzahl von katholisch geprägten Organisationen: der Töchterchor Cäcilienverein, der für seine Theateraufführungen bekannte Marienverein, die Römisch-Katholische Kirchgemeinde, der Christlich-Soziale Arbeiterverein, der Römisch-Katholische Kirchenchor, der Katholische Abstinentenverein, der Katholische Volksverein, die Männerkongregation, der Elisabethenverein, der Katholische Jungfrauenverein, der Laufenthaler Organistenverband. Für Laufen und Umgebung zuständig bezeichnen sich der Katholische Jünglingsverein Laufen, der Katholische Männer- und Arbeiterverein Laufen und der Katholische Gesellenverein.

Das katholische Brauchtum bestimmte stärker als heute den Alltag und das Fest. Im «Birsthaler» vom 28. November 1900 stand folgende Mitteilung: «Vom ersten Adventssonntag weg bis nach Weihnachten ist für die Katholiken sog. geschlossene Zeit, während welcher Zeit geräuschvolle Lustbarkeiten, Konzerte, Theater usw., wie Jedermann weiss, kirchlich verboten sind. Der ‹Birsthaler› kann daher in dieser Zeit weder Inseraten noch Korrespondenzen über solche Anlässe Raum geben.» Die gleiche Regelung galt für die Fastenzeit vor Ostern. Veranstaltungen sollten auch nicht mit kirchlichen Feiertagen und Gottesdienstzeiten zusammenfallen[10].

Die Wirkungsgeschichte dieser Formen des katholischen Milieus ist für das Laufental noch nicht geschrieben. Dass sie aber wesentlichen Einfluss auf die Politik des Bezirks hatten, scheint sehr wahrscheinlich. Nur ein Beispiel: Die «Nordschweiz» berichtete am 16. September 1913 von der ersten Versammlung der Jünglingsvereine des Laufenthals und Umgebung. Dabei äussert sich als Festredner Gerichtspräsident Walther explizit politisch:

«Derselbe sprach über: Staatsbürgerliche Pflichten der katholischen Jugend. Die wichtigste staatsbürgerliche Pflicht, zu wel-

[10] *Paul, Thomas: Sportliche und kulturelle Aktivitäten in einer Schweizer Kleinstadt zu Beginn des 20. Jahrhunderts – eine Untersuchung zur Kleinstadt Laufen 1900–1920, Basel: Institut für Sport 1989, p. 6ff. und p. 75*

Musikverein Laufen 1929

cher hauptsächlich in unseren Tagen die Jugend eindringlich ermahnt werden soll, ist die Achtung vor der staatlichen Autorität. Gleichwie die religiöse Autorität durch den wachsenden Unglauben bestürmt wird, so hat gegenwärtig die staatliche Autorität den Ansturm der anarchistischen Umsturzbewegung auszuhalten, denn die Erscheinungen des staatlichen Lebens sind eigentlich nur Wechselwirkungen der Erscheinungen des religiösen Lebens. Die katholische Weltrichtung, die ähnlich wie der Staat auf den Grundlagen der Ordnung und Autorität beruht, ist heute eines der wirksamsten und stärksten Bollwerke gegen die moderne Anarchie geworden und daher ist die katholische Jugend im Gewissen verpflichtet, bei Ausübung ihrer politischen Rechte alle Bestrebungen, die die Untergrabung der staatlichen Autorität und die Vernichtung der Staatsgewalt zum Ziele haben, zu bekämpfen und für die Erhaltung der staatlichen Ordnung einzustehen.»[11]

Schützen- und Consumvereine

Freisinnige und Linke hatten nicht die gleiche breite gesellschaftliche Verankerung wie die Konservativen. Zwar existieren in Laufen manche Vereine doppelt, was möglicherweise auf eine bestimmte Affinität der Vereine zu den beiden bürgerlichen Vereinen zurückzuführen ist: so gibt es mindestens zwei Schützenvereine, Männerchöre und Stadtmusiken.

[11] Paul 1989, p. 58; Hervorhebungen im Original

Sozialdemokratischen Ideen nahegestanden haben dürften die Aktivisten der Genossenschaft Consumverein Laufen. Dessen Gründung am 5. Mai 1909 könnte von den Erfahrungen der rund 200 Laufentaler Arbeiter, die mit dem Bau des auf Laufner Steins gegründeten Bahnhofs Basel beschäftigt waren, mit dem Allgemeinen Consum-Verein Basel angeregt worden sein. Die Errichtung eines Consums bedeutete vor Jahrzehnten nicht einfach die Eröffnung eines neuen Lädelis; sie war auch ein politischer Akt. Der Verband schweizerischer Konsumgenossenschaften schrieb seinen Sektionen ab 1900 zwar parteipolitische Neutralität vor, die Idee der Konsumgenossenschaften hatte ihre Wurzeln aber in der Arbeiterbewegung.

Die etablierten Detailhändler setzten aber alle Mittel ein, um die Konkurrenz der Konsümler abzuwehren: Lieferboykott, Verunglimpfungen, Versuche, ehrenamtliche Genossenschaftsfunktionäre um ihre Anstellungen zu bringen. Die Laufner Konsumgründung war heimlich vorangetrieben worden, und dessen Präsident Fritz Scheidegger, als Eisenbahner Chef der Güterexpedition Laufen, stand unter Beobachtung, damit er nicht während der Arbeitszeit für seinen Verein arbeitete. Man zeigte mit den Fingern auf die Konsümlerinnen und Konsümler. Von Laufen aus wurden Filialgründungen in der Vorstadt (1911), Röschenz (1913), Zwingen (1918), Liesberg (1921), Dittingen (1941) und Brislach (1953) vorangetrieben[12].

Und in Zukunft?

In der zweiten Hälfte des 19. Jahrhunderts war der Bezirk Laufen ein Land der Freisinnigen. Vom Ende des Ersten Weltkriegs bis zum Übertritt in den Kanton Baselland waren im Laufental drei Parteien präsent, unter denen die Konservative Partei, heute CVP, klar dominierte. Es bleibt abzuwarten, was die faktische Einbindung in die Kantonalpolitik, die im Rahmen des Kantons Bern nicht funktionierte, und die Verdoppelung der Sitze für den Wahlkreis Laufental an den politischen Verhältnissen ändern. Erschütterungen des Kräfteverhältnisses haben bereits die Abstimmungen über die Kantonszugehörigkeit gebracht.

Für die Politikgeschichtsforschung bleibt im Laufental einiges zu tun: bis zur Einführung des Proporzes fehlen durchgehende Wahlergebnisse; für die Zeit seit der Mitte des 19. Jahrhunderts müssten etwa genaue Daten der Parteienentwicklung ausfindig gemacht, die entscheidenden Köpfe und Gruppen identifiziert und die Beziehungen zu jurassischen und kantonalen Mutterparteien geklärt werden. Namen wie «Konservative» oder «Freisinnige» sagen über die politische Ausrichtung von Kantonal- oder Bezirksparteien nicht alles aus; deshalb wäre auch den Politikinhalten aufgrund von Abstimmungsempfehlungen und -ergebnissen nachzugehen. Schliesslich wäre zu prüfen, welchen Regeln Laufentaler Gemeindewahlen folgen.

Andreas Cueni

[12] *Stauffer, Hans: Geschichte der Konsumgenossenschaften des deutschen Sprachgebiets der Kantone Bern und Freiburg (Kreis IIIa des VSK), Basel 1957, p. 53f., p. 147ff. und p. 180*

Literatur

Aemmer, Robert W: Die Sozialdemokratie im Kanton Bern 1890–1914, Zürich 1973
Diacon, Pierre-Alain et al.: La députation jurassienne 1831–1921. Matériaux pour une approche statistique, in: Actes de la Société Jurassienne d'Emulation 79, 1976, p. 131–185
Einwohnergemeinde Laufen (Hg.): Laufen. Geschichte einer Kleinstadt, 2. Auflage, Laufen 1986
Gruner, Erich: Die Wahlen in den schweizerischen Nationalrat 1848–1919, 3 Bde, Bern 1978
Kohler, François: La genèse et les débuts du parti socialiste dans le Jura bernois (1864–1922), Fribourg 1969
ders. / Prongué, Bernard: La députation jurassienne 1922–74. Approche statistique, in: Les intérêts du Jura 45, 1974, Nr. 11, p. 255–284
Kottelat, Jean-Jacques: Niklaus Kaiser 1819–1886, in: Laufentaler Jahrbuch 1990, p. 42–28
Moser, Daniel Vinzenz: Geschichte der Freisinnig-demokratischen Partei des Kantons Bern 1890–1922, Bern 1977
Paul, Thomas: Sportliche und kulturelle Aktivitäten in einer Schweizer Kleinstadt zu Beginn des 20. Jahrhunderts – eine Untersuchung zur Stadt Laufen 1900–1920, Basel: Institut für Sport 1989
Stauffer, Hans: Geschichte der Konsumgenossenschaften des deutschen Sprachgebiets der Kantone Bern und Freiburg (Kreis IIIa des VSK), Basel 1957

Abbildungsnachweis:

Laufentaler Museum

Die Autoren und Autorinnen

Christoph Bächtold, Pfarrer in der christkatholischen Kirchgemeinde Laufen
– Studie über Flurnamen im Gebiet des Laufentals

Dr. **Hans Berner,** Historiker, Basel
– «die gute correspondenz»: Die Politik der Stadt Basel gegenüber dem Fürstbistum Basel in den Jahren 1525–1585, Dissertation Basel 1989
– Gemeinde und Obrigkeit im fürstbischöflichen Birseck: Herrschaftsverhältnisse zwischen Konflikt und Konsens, Liestal 1994

Peter Bossart, Mittelschullehrer, Laufen
– Letzter bernischer Statthalter des Amtsbezirks Laufen (bis 1993)

Lic. phil. **Andreas Cueni,** Historiker, Basel
– Mitarbeiter an der Ausstellung «Documenta 700: Dokumente zur Geschichte der Stadt Laufen 1295–1995» in Laufen 1995
– Verfasser lokalhistorischer Artikel
– Lehrblätz Laufental. Vom schwierigen Weg der direkten Demokratie, Zürich 1993

Dr. **Georges Descœudres,** Archäologe, Atelier d'archéologie médiévale SA, Moudon/Zürich
– Leiter der Grabungen bei der Ziegelscheune in Laufen 1992

Dr. **Werner A. Gallusser,** Professor für Humangeographie an der Universität Basel, Basel
– Studien zur Bevölkerungs- und Wirtschaftsgeographie des Laufener Juras, Dissertation Basel 1961
– Zahlreiche Einzelstudien über das Gebiet des Laufentals

Giuseppe Gerster, Architekt ETH, Laufen
– Eidgenössischer Experte für Denkmalpflege

Lic. phil. **Daniel Hagmann,** Historiker, Basel
– Leiter der Ausstellung «Documenta 700: Dokumente zur Geschichte der Stadt Laufen 1295–1995» in Laufen 1995
– Dissertationsprojekt Grenzveränderungen und regionale Identität im Bezirk Laufen im 19. und 20. Jahrhundert
– Teufelreligion und Lumpenpack. Zum «Kulturkampf» in der Laufentaler Kirchgemeinde Dittingen-Blauen 1873–80, Lizentiatsarbeit Basel 1993
– Verschiedene lokalhistorische Artikel

Lic. phil. **Peter Hellinger,** Historiker / Consultant, Laufen
- Vizepräsident des Museumsverein Laufental
- Leiter der Ausstellung «Documenta 700: Dokumente zur Geschichte der Stadt Laufen 1295–1995» in Laufen 1995

Dr. **Sabine Karg,** Biologin, Botanisches Institut der Universität Basel
- Pflanzliche Diversität im Mittelalter: Rekonstruktion einer spätmittelalterlichen Ackerflora bei Laufen (Schweiz) mit Hilfe von verkohlten Kulturpflanzenvorräten, Dissertation Basel 1994

M.A. **Jochem Pfrommer,** Archäologe, Landesdenkmalamt Baden-Württemberg, Tübingen
- Auswertung der Kleinfunde der Grabungen beim Rathausplatz Laufen 1987–1988

Lic. phil. **Dieter Leutwyler,** Redaktionsleitung Inland bei der Basler Zeitung, Basel
- Inventar über die Grenzsteine des Bezirks Laufen

Lic. phil. **Armin Meyer,** Historiker/Gymnasiallehrer, Binningen
- Mitarbeiter an der Ausstellung «Documenta 700: Dokumente zur Geschichte der Stadt Laufen 1295–1995» in Laufen 1995

Dr. **Werner Meyer,** Professor für Schweizer Geschichte und Geschichte des Mittelalters an der Universität Basel, Basel
- Zahlreiche Artikel und Werke über Burgen und Adelsherrschaften im Gebiet der Nordwestschweiz

Inhaltsverzeichnis

Einleitung

Robert Kamber
Ein Buch als Denkanstoss — 5

Daniel Hagmann / Peter Hellinger
Der kleine Unterschied
Was die Stadt zur Stadt macht — 6

Peter Bossart
700 Jahre Laufen
Eine erzählte Chronik der Kleinstadt — 10

Gründung und Wachstum der Stadt

Werner Meyer
Spielball der Mächtigen
Bischöfliche Territorialpolitik und Stadtgründung — 19

Peter Hellinger
Freiheit zwischen Zarg und Grendel
Über das Stadtrecht, für wen es galt, was es bedeutete
und was es bewirkte — 35

Christoph Bächtold
Loufenowe – Louffen – Laufen
Die Siedlungsgeschichte von Laufen im Spiegel der Flur- und
Ortsnamen — 45

Giuseppe Gerster
Rathaus, Kirche, Stachelturm
Die Laufner Stadtanlage als Ausdruck städtischen
Bewusstseins — 59

Leben in der Stadt

Jochem Pfrommer
Spuren im Boden
Archäologische Erkenntnisse über das Alltagsleben
im mittelalterlichen Laufen — 65

Sabine Karg
Leben aus der Asche
Ernährung und Landwirtschaft der mittelalterlichen Stadt
aus archäobotanischer Sicht — 79

Daniel Hagmann
Das wüeste Thier im Buberg
Eine Geschichte über Hexerei, Müllersfrauen und
Standeskonflikte im 18. Jahrhundert — 85

Daniel Hagmann
Stadtrundgang anno 1753
Eine Rekonstruktion der Wohnsituation in Stadt und
Vorstadt Laufen — 95

Arbeitsort Laufen

Georges Descœudres
Brennöfen am Birsufer
Ein archäologischer Beitrag zur Frühgeschichte
der Laufner Ziegelherstellung — 101

Werner A. Gallusser
Im Brennpunkt der Region
Eine wirtschafts- und stadträumliche Untersuchung
der Entwicklung Laufens 1957–1995 — 111

Macht und Ohnmacht

Hans Berner
Zwischen Prädikanten und Jesuiten
Kirchliche Sonderstellung und politische Bedeutung
der Stadtgemeinde während Reformation und
Gegenreformation — 123

Dieter Leutwyler
Grenzen in Stein gehauen
Von Grenzsymbolen und -konflikten im fürstbischöflichen
Amt Laufen und Zwingen — 139

Armin Meyer
Kleinstadt in Bewegung
Ein- und Auswanderung im Wandel der Jahrhunderte — 145

Andreas Cueni
Sittsam und leidenschaftlich
Laufner und Laufentaler Parteien zwischen Kulturkampf
und Kantonswechsel — 159

Die Autoren und Autorinnen — 171